〈유년Childhood〉
토머스 콜, 1842, 캔버스에 유채, 133×198cm
〈인생 여로The Voyage of Life〉 연작, 국립미술관(워싱턴)

〈청춘Youth〉
토머스 콜, 1842, 캔버스에 유채,134×194cm
〈인생 여로〉 연작, 국립미술관(워싱턴)

〈성년Manhood〉
토머스 콜, 1842, 캔버스에 유채,132.8×198.1cm
〈인생 여로〉연작, 국립미술관(워싱턴)

〈노년Old Age〉
토머스 콜, 1842, 캔버스에 유채, 133.4×196.2cm
〈인생 여로〉 연작, 국립미술관(워싱턴)

인생은 왜
50부터
반등하는가

조너선 라우시 Jonathan Rauch

브루킹스연구소 수석연구원이자 《디애틀랜틱》 객원 작가다. 1982년 예일대학교를 졸업하고 기자를 시작으로 언론계에서 주로 일해 왔다. 공공 정책을 전문 분야로 하면서 경제학, 농업, 차별, 동성애, 생체 리듬, 인플레이션, 동물권 등 다양한 분야를 주제로 책과 글을 발표해 왔다. 2005년 내셔널 매거진 어워드 National Magazine Award, 2010년 내셔널 헤드라이너 어워드 National Headliner Award를 수상했다. 《디애틀랜틱》 외에 《뉴리퍼블릭》 《뉴욕타임스》 《월스트리트저널》 《워싱턴포스트》 《이코노미스트》 《타임》 《크로니클오브하이어에듀케이션》 《리더스다이제스트》 등 여러 매체에 글을 쓰고 있다.

저서로 《인생은 왜 50부터 반등하는가 The Happiness Curve: Why Life Gets Better After 50》(2018)를 비롯해 《지식의 헌법 The Constitution of Knowledge: A Defense of Truth》(2021) 《정치적 현실주의 Political Realism: How Hacks, Machines, Big Money, and Back-Room Deals Can Strengthen American Democracy》(2015) 《친절한 심문관들 Kindly Inquisitors: The New Attacks on Free Thought》(2014) 《부인 Denial: My 25 Years Without a Soul》(2013) 《동성 결혼 Gay Marriage: Why It Is Good for Gays, Good for Straights, and Good for America》(2003) 《정부의 종말 Government's End: Why Washington Stopped Working》(1999) 《21세기를 위한 미국 금융 American Finance for the 21st Century》(1998) 《무능 정부 Demosclerosis: The Silent Killer of American Government》(1994) 《이국 The Outnation: A Search for the Soul of Japan》(1993) 등이 있다.

인생은 왜
50부터
반등하는가
The Happiness Curve

브루킹스연구소
수석연구원이 찾아낸
행복의 조건

조너선 라우시 지음 | 김고명 옮김

부·키

옮긴이 **김고명**

성균관대학교 영문학과를 졸업하고 성균관대학교 번역대학원에서 공부했다. 현재 바른 번역 소속으로 활동하고 있으며, 원문의 뜻과 멋을 살리면서도 한국어다운 문장을 구사하는 번역을 추구한다. 《좋아하는 일을 끝까지 해보고 싶습니다》를 직접 쓰고 《직장이 없는 시대가 온다》 《사람은 무엇으로 성장하는가》 《초집중》 《IT 좀 아는 사람》 등 40여 종의 책을 번역했다.

인생은 왜 50부터 반등하는가

2021년 8월 27일 초판 1쇄 발행 | 2021년 10월 15일 초판 6쇄 발행

지은이 조너선 라우시
옮긴이 김고명
펴낸곳 부키(주)
펴낸이 박윤우
등록일 2012년 9월 27일 | 등록번호 제312-2012-000045호
주소 03785 서울 서대문구 신촌로3길 15 산성빌딩 6층
전화 02) 325-0846 | 팩스 02) 3141-4066
홈페이지 www.bookie.co.kr | 이메일 webmaster@bookie.co.kr
제작대행 올인피앤비 bobys1@nate.com
ISBN 978-89-6051-880-3 03100

책값은 뒤표지에 있습니다. 잘못된 책은 구입하신 서점에서 바꿔 드립니다.

오스카 라우시와 도널드 리치,
두 분께
이 책을 바친다

라우시는 탄탄한 과학적 근거로 중년의 불안감과 불만감이 정상인 이유를 설명하고 행복을 증진하는 건강한 방법을 알려 주며 우리를 안심시킨다. 정겨운 가족, 믿음직한 공동체, 든든한 친구가 있다면 우리는 인생에서 아무리 어두운 시기를 만나도 무사히 지나갈 수 있다. 《월스트리트저널The Wall Street Journal》

이 매혹적이고 우리의 가슴을 뛰게 만드는 책에서, 라우시는 다양한 분야의 과학자들 그리고 중년의 위기를 겪고 있거나 겪은 여러 평범한 사람들을 만나 진솔하고 깊은 대화를 나눈다. 그는 중년의 위기란 말 대신 "중년의 슬럼프" 또는 더 나아가 "중년의 리부팅"이라 불러야 마땅함을 멋지게 입증해 보인다. 이 시기는 위기가 아니라 청소년기처럼 지극히 정상적인 전환기, 더 긍정적이고 안정된 인생의 단계로 나아가는 출발점이기 때문이다. 《가디언The Guardian》

모두가 젊음에 매달리는 문화에서 50세 이후로 더 나은 삶이 펼쳐진다는 사실을 납득시키기란 어려운 일일지 모른다. 하지만 라우시는 낡은 고정 관념을 대체할 흥미로운 연구 결과를 제시하면서, 나이 듦에 대한 얄팍한 일반화를 뛰어넘는 참신한 시각으로 우리에게 용기와 희망, 위안을 전한다. 《워싱턴포스트The Washington Post》

너무나 비참하고, 실망스럽고, 혼란스러운 40대라면 이 책을 보라. 정신이 번쩍 들 것이다. 《더타임스The Times》

이 책은 희망, 공감 그리고 행동경제학을 맛깔나게 버무려 한 상에 차려 낸다.

라우시는 안녕과 행동경제학의 최신 연구 성과를 선명하게 종합하고, 더없이 신선한 해석을 내놓는다.《파이낸셜타임스Financial Times》

나이가 들어 감에 따라 계획한 대로 일이 잘 풀리지 않는 경우가 많다. 원하는 만큼 빨리 커리어 사다리를 오르지 못하거나, 명성과 높은 소득이 기대했던 것만큼 만족스럽지 않다는 것을 알게 된다. 동시에 미래에 대한 높은 기대치가 하향 조정된다. 중년은 본질적으로 실망과 증발하는 열망으로 이루어진 이중으로 비참한 시간이 된다. 그런데 역설적이게도 객관적으로 불평할 이유가 가장 적은 사람들(예를 들어 번듯한 직업을 가진 사람)이 가장 많은 고통을 겪는다. 특히 자신이 불만을 품는 것 자체가 부당해 보여 스스로에게 더 큰 배신감과 실망감을 느낀다. 조너선 라우시는 자기 경험담을 포함해 다양한 사람의 사례를 통해 바로 이러한 중년의 위기가 정확히 무엇인지, 왜 그럴 수밖에 없는지, 어떻게 하면 이 시기를 지혜롭게 통과할 수 있는지 명료하게 설명해 준다.《하버드비즈니스리뷰Harvard Business Review》

라우시는 일반적으로 우리 인생에 젊음의 이상주의, 중년의 실망감, 노년의 행복으로 이어지는 U자 형태의 '행복 곡선'이 존재한다는, 이른바 중년의 위기에 대한 새로운 해석을 제시한다. 스스로가 행복 곡선의 밑바닥을 지나온 사람인 그는 "기다림이 헛되지 않았다"라는 말로 마무리하는 이 책을 통해 이 세상 모든 중년에게 진심 어린 격려와 조언을 건넨다.《퍼블리셔스위클리Publishers Weekly》

과연 행복한 노년이 존재하는지 의심하는 이들에게 희망과 응원을 보내는 책

이다. 중년을 버텨 낼 지혜와 기쁨을 찾는 사람이라면 좋은 자극이 되어 줄 것이다.《커커스리뷰Kirkus Reviews》

심리학자들도 중년의 위기가 어불성설이라는 데는 동의한다. 그런데 중년이 되면 왜 그토록 많은 사람이 인생에 대한 깊은 실망감에 시달릴까? 라우시는 행복에 관한 연구 성과를 폭넓게 탐구하고 직접 인터뷰와 설문 조사를 실시해 하나의 패턴을 발견한다. 이 성실한 연구의 산물은 많은 이들에게 지혜와 공감을 선사할 것이다.《북리스트Booklist》

나이 듦을 긍정적인 시각에서 심도 깊고 신선하게 탐구한 책이다.《AARP매거진 AARP the Magazine》

중년은 느리게 진행되는 긴 적응기일 뿐이다. 이것은 지극히 정상이며 결코 병적인 것이 아니다. 당신은 이상하거나 미치지 않았다! 이 책은 흥미진진하고 풍성한 정보로 중년과 인생의 진실을 설득력 있게 밝힌다.《미디엄Medium》

이 책은 제목 그대로 행복 곡선을 소개하며 우리가 최선의 인생을 살 수 있도록 현실적이고 현명한 조언을 건넨다. 이 책을 길잡이 삼아 중년의 슬럼프에서 벗어나 강력한 목적이 이끄는 앙코르 성인기로 나아가자. 리처드 J. 라이더Richard J. Leider, 라이프 코치,《인생의 절반쯤 왔을 때 깨닫게 되는 것들》저자

《인생은 왜 50부터 반등하는가》는 중년의 전환기에 대한 책이다. 1907년 스탠

리 홀의 선구적 정의를 통해 사회에 안착한 '청소년기'처럼 중년의 전환기 또한 우리 삶에 실재한다는 사실이 실증적 생애 연구와 '빅 데이터'를 통해 밝혀졌다. 우리의 심리적 안녕감이 40대까지 하락하다가 50대부터 꾸준히 상승한다는 것을 증명하기 위해 라우시는 다양한 사례를 보여 준다. 나아가 거기서 그치지 않고(사례만으로는 안심은 될지언정 과학적 입증이 불가능하다) 영장류학, 신경생리학, 인구통계 데이터, 항우울제 복용 빈도 등 다양한 분야를 망라하는 권위 있는 생애 연구 자료를 근거로 제시한다. 나이가 들면 감사가 한결 쉬워지고 '포기'라는 형벌이 아니라 '내려놓음'의 기쁨을 누리게 된다. 이 책은 40세 이상의 필독서다. 조지 E. 베일런트George E. Vaillant, 하버드대학교 의학전문대학원 정신의학 교수,《행복의 조건》저자

———————————————

마흔 살 때 인생은 40부터라고 생각했다. 머리에 피도 안 마른 애송이의 착각이었다! 인생은 당연히 50부터지, 아니, 60부터! 조너선 라우시는 특유의 따뜻하고 재치 있는 글로 과학적 증거와 개인의 경험을 지혜롭게 종합해, 성인기를 살아가는 벗들에게 최고의 시절은 아직 오지 않았다고 조언한다. 스티븐 핑커 Steven Pinker, 하버드대학교 심리학 교수,《우리 본성의 선한 천사》《빈 서판》저자

———————————————

35~70세라면 반드시 읽어야 할 책이다. 조너선 라우시는 엄밀한 과학적 증거, 흥미로운 사례, 진솔한 자기 고백을 통해 중년의 수수께끼를 푼다. 바버라 브래들리 해거티Barbara Bradley Hagerty, 저널리스트,《인생의 재발견》저자

———————————————

인생의 궤적이 어떤 형태로 그려지는지 알고 싶은가? 왜 나이가 들면 지금보

다 더 행복해지는지 알고 싶은가? 그렇다면 이 책이 실마리를 제공할 것이다. 경험자로서 단언하는데 행복 곡선의 상승선은 눈부시게 찬란하다. 타일러 코웬 Tyler Cowen, 조지메이슨대학교 경제학 교수, 《거대한 분기점》 《거대한 침체》 저자

우리가 출세의 절정을 달리는 시기에 행복에 구멍이 뚫린다니 이보다 심한 행복의 역설이 있을까. 왜 사람들은 중년에 그토록 불행할까? 조너선 라우시는 과학적 증거를 토대로 그 해답을 흥미진진하게 탐색한다. 이 책은 독자를 더 똑똑하게, 그리고 아마 좀 더 즐겁게 만들어 줄 것이다. 아서 C. 브룩스 Arthur C. Brooks, 전 하버드대학교 경영대학원 및 공공정책대학원 교수

조너선 라우시는 중년의 위기를 더 친절하고 더 인정 넘치는 행복 곡선으로 완전히 바꿔 놓는다. 그는 중년이라고 하면 응당 파경과 빨간 스포츠카를 연상시키는 낡은 고정 관념 속 풍경을 걷어내고 인생의 자연스러운 흐름에 대한 새로운 이해의 지평을 연다. 이 책은 중년과 노년을 여행하는 이들을 위한 훌륭한 안내서다. 대대로 전해질 보물 같은 이 책의 핵심 메시지는 이렇게 우리를 위로한다. "갈수록 더 좋아진다." 엘런 굿먼 Ellen Goodman, 저널리스트, 퓰리처상 수상자

왜 많은 사람이 중년을 힘들게 보낼까? 인간이니까. 이 책은 이 한마디에 대한 명쾌하고 친절한 설명이다. 나이가 들면 더 행복해진다는 말을 믿지 못하는 사람들에게 조너선 라우시는 말한다. 일단 기다려 보라고. 아니면 이 책을 읽어 보라고. 애슈턴 애플화이트 Ashton Applewhite, 에이징 전문가, 연령 차별 반대 활동가, 《나는 에이지즘에 반대한다》 저자

라우시는 사람들이 중년에 느낄 것이라 기대하는 행복감과 실제로 느끼는 행복감을 대조하면서 중요한 과학적 발견을 생생하게 설명한다. 진정성과 열정으로 가득한 이 책은 행복의 과학에 관심 있는 사람, 마흔에 다가서고 있는 모든 사람을 위한 필독서다. 마르틴 빈더Martin Binder, 바드칼리지베를린 경제학 교수

나이, 행복, 인생의 단계들에 관한 의외의 사실, 예리한 분석, 따뜻한 혜안이 넘치는 책이다. 40대라면 누구나 읽어야 할 책, 중년의 어두운 숲을 헤매는 사람을 위한 안정제라고 감히 말하겠다. 아니, 그것만으로는 부족하다. 이 책은 생각하는 성인이라면 누구나 읽어야 할 지적 모험담이자 유익한 인생 안내서다. 스콧 스토셀Scott Stossel, 저널리스트, 《디애틀랜틱》 내셔널 에디터, 《나는 불안과 함께 살아간다》 저자

지친 중년을 위로하는, 손에서 손으로 전해질 명저다. 겪지 않아도 될 괜한 고통을 피하고 싶은 35~55세라면 누구나 읽어 보기를 권한다. 마일스 킴벌Miles Kimball, 콜로라도대학교 볼더캠퍼스 경제학 교수

차례

6장 지혜의 길 ⋯ 행복 곡선에는 목적이 있다

7장 스스로 돕기 ⋯ 인생의 골짜기를 지나는 법

인생 여로의 비밀을 찾아서

다 가졌는데
왜 이렇게 불만스러운 걸까

45세의 칼은 성공한 전문직으로 미국 대도시의 비영리단체에 재직 중이다. 박사 학위를 취득했고 슬하에 두 자녀가 있으며 부부 관계가 완벽하진 않아도 대체로 좋다. 서글서글한 외모에 붙임성 있는 성격인 그는 그간의 인생에 대체로 만족하는 편이다. 중키에 갈색 머리로 특별히 눈에 띄는 외모는 아니지만 챙이 좁은 중절모로 자기만의 스타일을 연출한다. 한마디로 괜찮은 남자다.

많은 사람이 그렇듯 그는 화끈한 20대로 성인기를 시작했다. 석사 학위를 따고 건너온 뉴욕은 중서부 출신인 그의 정신을 쏙

빼놓는 도시였다. "광란" "자유" "혈기". 그가 그 시절을 회상할 때 쓰는 표현이다. "밤새 놀았어요. 여자도 많이 만났고요."

30대에는 책임감이 생기더니 인생이 예측 가능해졌다. 박사 학위 취득 후 취업 전선에 뛰어들었고, 자유분방하고 어디로 튈지 모르던 매력적인 여자친구와 가슴 아픈 이별을 했다. "한 시대가 끝난 겁니다." 그 후 만난 여자친구는 조신하고 야무진 여자였다. 그는 서른셋에 좋은 조건으로 정부 기관에 들어갔고, 서른넷에 결혼했다. 서른여섯에 첫째가 태어나고 둘째는 서른아홉에 낳았다. 20대 때보다 어깨가 무거웠지만 잘 적응했다. "한동안은 현실을 담담히 받아들였습니다. 이제 어른이 돼서 마땅히 해야 할 일을 하고 있다고 생각하니까 재미도 있었죠."

하지만 어느 순간부터 인생의 결이 달라졌다. 외적인 요인이 바뀐 것은 아니었다. 겉으로 보기에는 모두 멀쩡했다. 다른 것이 잘못된 것 같았다. 어른이 돼서 잘 살고 있다는 생각이 문제였다. "왠지 내가 잘못 생각하고 있는 것 같았어요. '에이 씨, 맨날 일만 하는 게 뭐가 좋다고' 하는 말이 절로 나왔죠."

그는 중년의 위기를 겪을 여유가 없었다. 나이 마흔에 아직 애들이 어린데 셋째가 또 생긴 것이다. "그렇게 되니까 이것저것 따지고 잴 겨를조차 없었죠." 하지만 그것도 잠시뿐이었다. "조금 지나고 나니까 내 인생이 회사 일 아니면 집안일뿐이란 생각이 들었어요. 가뜩이나 일할 맛 안 나는데 집에 오면 또 기저귀 갈고 온갖 뒤치다꺼리까지 해야 하는 겁니다." 그는 직장에서 관리직에 지원해 승진했다. 이후에는 정부 기관을 나와서 비영리단체에서 새로운 프로젝트를 시작했다. 미국 정부라는 세상에서 손꼽히는 안정된 직장의 정년을 포기할 만큼 변화가 절실했던 탓이다. "그러고 나서는 조금 숨통이 트이긴 했어요. 하지만 솔직히 내가 정말로 원하는 건 어디 유럽 같은 데 가서 얼마간 혼자 살아보는 겁니다." 물론 그는 가정과 직장을 내팽개치고 도망갈 사람은 아니다. "지금 있는 자리에서 어떻게든 자유를 쥐어짜 봐야죠."

그렇다고 칼이 우울한 건 아니다. 적어도 의학적으로 우울증이라고 진단할 정도는 아니다. 그는 정력적으로 할 일을 척척 해내며 여러모로 자신이 꿈꾸던 삶을 살고 있다. 그러니까 그는 우울하지 않다. 다만 현실이 불만족스러울 뿐이다. 불만족을 느끼는 자신에게도 불만족을 느낀다. 그리고 "두렵다"고 한다.

이 책을 쓰기 위해 나는 많은 사람에게 설문지를 나눠 주고 현재와 과거의 인생 만족도를 점수로 매겨 달라고 했다. 인생을 10년 단위로 나눠서 0~10점으로 만족도를 평가하고, 각 10년을 표현하는 단어나 구절도 알려 달라고 했다. 칼은 40대를 두고 "혼란" "탐색" "두려움"이라는 표현을 썼다.

"왜 '두려운' 거죠?" 내가 묻자 그는 잠시 말을 멈추고 숨을 깊이 들이마신다. 그도 자신의 감정을 이해할 수 없다. 지금 인생이 엉망진창이라면 두려울 법하다. 하지만 그는 원하던 걸 다 가졌다. 아니, 그 '이상'을 가졌다. "내가 정신이 어떻게 된 걸까요? 이걸 어떻게 해결해야 하죠? 매사에 적극적이고 고학력에 누가 봐도 출세한 사람이 길을 잃은 느낌이라니요. 혼자 망망대해에 떠 있는데 항구가 어딘지, 과연 항구에 닿을 수 있을지 알 수 없는 그런 기분이랄까……" 그의 말끝이 흐려진다.

그에게 심리치료나 약물치료 같은 의학적인 방법을 써 볼 생각은 안 했는지 묻는다. 그는 그런 게 필요하거나 잘 들을 때가 있겠지만 지금은 아닌 것 같다고 대답한다. 특히 약을 복용할 필요는 없을 것 같다고 말한다. 일리가 있다. 칼과 대화하는 동안 정신질환, 불안정, 기능 장애의 기미가 전혀 느껴지지 않기 때문이다. 어떤 질병으로 진단할 문제가 아닌 듯하다.

"평소에 이런 얘기를 누구와 나누나요?" 그는 잠깐 생각한 후 말한다. "진짜 친한 한 친구 빼고는 아무한테도 말 안 해요. 선생님이 두 번째네요."

"부인하고도요?"

"그 사람이 어디까지 받아들일 수 있을지 모르겠어요." 자칫하면 부부 관계에 불안과 혼란을 초래할 수 있는 문제다. "괜히 집안 분위기만 개판 될걸요."

"다른 친구들은요?"

"이런 얘기를 하면 왠지 아니꼽게 볼 것 같아요. 내가 펜실베이니아주 시골 출신이거든요. 아마 '야, 이룰 거 다 이룬 놈이 뭘 그리 징징대?'라고 할 겁니다. 가족이 암 투병 중인 친구들도 있거든요." 그들에게 중년의 위기는 "한낱 농담거리"에 불과하다. "괜히 말 꺼냈다가 놀림만 받을 건데 뭐 자랑이라고 얘기하겠어요? 그리고 애초에 말이 안 돼요. 내가 어디 굶고 사나요? 아니죠. 좋은 옷 걸치고 다니고, 번듯한 사무실 있고, 다른 직장인들보다 훨씬 자유롭게 살아요. 좋은 집에 몸도 건강하죠. 그러니 미치지 않고서야 불평이 웬 말입니까? 그런데도 지금 내가 인생에 불만인 이유는……." 그는 더 이상 말을 잇지 못한다.

우리가 생각했던 인생은
이런 게 아닌데

도미닉은 50세로 칼보다 나이가 조금 더 들었다. 그 외에는 공통점이 많다. 서로 연관된 분야에 종사하며 인맥이 겹치다 보니 사적으로 친하진 않아도 안면이 있다. 시골 농장에서 자랐으니 출신도 비슷하다. 칼만큼 자유분방하진 않았지만 마찬가지로 화끈하고 파란만장한 20대를 보냈다. 도미닉은 일찍 결혼했고 세계 최고 명문대 두 곳(하나는 외국 대학)에서 학위를 받은 후 의회에서 일했다.

도미닉 역시 30대에 책임감이 생기고 인생이 예측 가능해졌다. 그는 그 시절에 목표 지향적이었다. 하지만 칼과 달리 직업에 대한 감정은 혐오에 가까웠다. 당시 기업으로 자리를 옮겨 두둑한 보수를 받았지만 주 70시간을 일해야 할 만큼 업무 강도가 높았다. "눈앞에 있는 목표가 아무런 감흥을 못 일으키고 별 의미 없게 느껴지니까 점점 공허한 기분이 들었어요. 열심히 일하면서 능력을 인정받았지만 전혀 기쁘지 않았죠."

40대 초반이 최대 고비였다. 파트너로 승진하려면 더욱더 탐탁잖은 프로젝트들을 맡아 해야 했다. 그래서 칼이 40대에 그랬듯이 도미닉은 비영리단체로 이직했다. "의뢰인들, 동료들 모두 좋았어요. 회사에 다닐 때는 냉소적인 생각이 점점 심해졌는데 그런 게 싹 사라졌죠." 좋은 직장이었다.

그렇지만 그는 여전히 인생이 불만족스러웠다. "40대 때 우리 부부의 고민은 '뭐지, 이건 우리가 생각했던 인생이 아닌데?' 하는 거였어요. 나는 일이 정체성에서 큰 부분을 차지할 만큼 중요한 사람이었는데 앞으로 커리어가 빤해 보이는 겁니다. 물론 나는 어느 모로 보나 출세한 사람이었고 이루려고 했던 건 다 이루었어요. 그런데 언제부턴가 주변에서 어떤 친구는 맥아더재단 천재상

Genius Grant(각 분야에서 독창적인 성과를 낸 사람에게 수여하는 상─옮긴이)을 받고 또 어떤 친구는 판사가 되고 하는 겁니다. 동년배들이 어디서 한 자리씩 차지하는데 내 커리어로는 애초에 그런 게 불가능하다는 자각이 들었어요. 40대 초반에는 그게 이가 갈릴 정도로 너무 분했죠."

그의 40대를 잘 표현하는 말이 뭐냐고 묻자 도미닉은 "스트레스"라고 대답하며 40대의 인생 만족도를 비교적 낮게 평가한다. 하지만 50세인 현재의 삶을 잘 표현하는 말을 묻자 이번에는 "감사"라고 대답하며 인생 만족도를 10점 만점에 9점으로 평가한다.

"왜 그렇죠?"

"40대 후반이 되면서 내가 그동안 이룬 것과 지금 있는 위치에 대해 다시 감사하게 됐거든요." 그때 그는 농장에서 자라던 유년 시절처럼 돈독한 관계와 노동의 소중함을 중시하는 가치관으로 되돌아갔다. "내 인생, 결혼 생활, 직업이 더없이 값진 자산이라고 생각하게 된 거죠. 다 망한 줄 알았는데 아니었어요."

"그렇군요. 그런데 '왜' 그랬을까요? 왜 다시 감사하게 됐을까요?"

"그러게요. 뭔가 정신적인 차원에서 변화가 있었던 것 같아요. 정신적으로 성숙해졌달까요. 너무 내 위주로 인생을 보던 관점이 좀 달라졌습니다. 항상 최고의 결과만 기대하는 게 오히려 독이 된다는 걸 깨달았고요. 내 인생이 모두 내 뜻대로 된 건 아니지만 그래도 제법 괜찮은 삶이라는 생각이 들었어요. 있는 그대로의 현실에 감사하게 됐다고 해도 좋겠네요.

재미있는 건 객관적으로 보면 뭐 하나 크게 변한 게 없다는 겁니다. 여전히 해결되지 않은 문제가 많아요. 애들은 힘든 시기를 겪고 있죠. 또 아무리 내가 좋아서 하는 거라지만 지금 일은 예전 직장들에 비하면 못하다 싶은 구석이 없지 않습니다. 그러니까 외부 환경이 달라지진 않은 거죠. 지금의 변화가 그저 기대치가 낮아져서 그런 건지, 아니면 더 많이 감사하게 돼서 그런 건지 잘 모르겠어요."

그는 잠시 생각에 잠겼다가 다시 말한다. "기대치도 낮아지고 감사도 더 많이 하게 된 것 같네요."

도미닉은 정확히 무슨 이유로 감사하는 마음이 더 커졌는지 모른다. 다만 늘 마음을 괴롭히던 실망감이 옅어지고 있다는 것만 알 수 있을 뿐이다. 그가 찾을 수 있는 최선의 설명은 오랫동안 경쟁과 실적 위주로 인생을 재단하던 시각에서 벗어나 새로운 만족감의 원천을 하나둘 알아 가고 있는 것 같다는 말이다.

"예를 들면요?"

언젠가 집에서 노트북으로 일에 열중하고 있는데 열한 살 된 딸이 그의 발톱에 그림을 그리고 싶다고 했다. "그래서 '안 돼, 아빠는 발톱에 그림 안 그려'라고 대답했어요." 하지만 잠시 후 그는 마음을 바꿔서 스스로도 놀랄 말을 했다. "그럼 일단은 엄지발톱에 웃는 얼굴을 그려 볼까?"

오!

토머스 콜의 걸작
〈인생 여로〉

내가 칼, 도미닉과 대화한 시점으로부터 2세기쯤 거슬러 올라간 1828년 11월, 훗날 미국 풍경화의 아버지로 불릴 27세 청년 토머스 콜Thomas Cole은 친구에게 인생에 대한 불만을 토로하는 편지를 썼다. 서민 가정 출신으로 변변한 기반이 없었던 콜은 이후로 누릴 성공의 서막을 이제 막 연 참이었다. 이미 미국조형학회National Academy of Design의 창립 회원으로 선출되어 활동 중이었기 때문이다. 하지만 그는 편지에서 그저 나뭇잎이나 멋진 경치만 그리는 화가로 남고 싶지 않다고 썼다. 그는 가르침을 주는 그림을 그리기를 갈망했다. "나는 위대한 시인의 작품처럼 감상자의 가슴에 울림을 주는 그림, 상상력과 행복감을 고양하는 그림을 그릴 수 있는 날이 오기를 고대하고 있어."

1839년 30대 후반의 콜은 〈인생 여로The Voyage of Life〉라는 총

4편으로 구성된 연작을 그려 달라는 의뢰를 받았다. "나는 지금까지 그린 것 중 최고의 작품을 그리겠다는 마음으로 이 작업에 '콘 아모레con amore'(이탈리아어로 '열의를 다해'라는 뜻─옮긴이) 임하고 있어." 그의 바람은 이루어졌다. 1840년에 처음 전시된 〈인생 여로〉는 평단과 대중의 호평을 받으며 콜의 작품 중 가장 유명한 불후의 명작으로 남았고 미술로 정신을 고양하는 이야기를 하고 싶다는 그의 포부를 거뜬히 실현시켰다.

이 그림들 각각은 액자까지 포함하면 자그마치 폭 2미터, 높이 1.5미터에 가까운 위용을 자랑한다. 이것만으로 충분히 인상적이다. 세밀한 묘사는 또 어떤가. 가까이서 들여다보면 나무에서 진짜 잎사귀가 뻗은 것 같고 험준한 암벽의 질감이 고스란히 느껴진다. 색채는 마치 꿈속의 한 장면인 양 다채롭고 대비는 선명하다. 콜은 컴퓨터 그래픽과 비디오 게임의 마법이 탄생하기 훨씬 전에 실감 나는 별세계를 만들어 냈고, 그 속에 이야기를 담아 전하고 있다.

여로의 시작인 첫 번째 그림은 〈유년Childhood〉이다. 이 작품 속 풍경은 희망과 환희로 가득 차 있다. 왼편의 울퉁불퉁한 동굴에서 강물이 흘러나온다. 강물 위를 유유히 미끄러지는 황금빛 배 위에서는 이제 막 육신을 입고 서서히 약동하는 감각의 에덴동산으로 들어온 아기가 기뻐하고 있다. 바로 뒤에는 배의 키를 잡고 부모처럼 이 여행자에게서 눈을 떼지 못하는 수호천사가 서 있다. 콜이 생각하는 유년기는 전적인 보호와 천진한 경탄의 시기다. 뱃머리를 장식하는 황금색 천사 모양의 선수상船首像은 모래시계를 쳐들고 있다. 이 여정이 세월의 물길을 따라간다는 암시다.

두 번째 작품인 〈청춘Youth〉은 황홀경에 가까운 풍경을 보여주며 4편의 그림 중 가장 밝고 경쾌하다. 맑게 갠 푸른 하늘 아래로 강물이 잔잔히 흐르고 둔치에는 녹음이 우거져 있다. 두 뺨은 여전히 보드랍지만 어느덧 아기는 청년이 되어 성인기의 첫 자락에 들어섰다. 이제 그가 직접 배를 조종하고 수호천사는 뒤쪽 기슭에서 그에게 보이진 않지만 부르면 들릴 만한 거리에 서서 응원하듯 손을 내밀고 있다.

저 앞에서 여행자를 부르는 천공天空의 성은 콜이 직접 쓴 해설에 따르면 "저 멀리 푸른 하늘에 돔 위로 다시 돔이 솟아오른 형태로 구현된 구름 더미 구조물, 공중에 지은 성"이다. 뭉게구름처럼 피어오른 이 천상의 타지마할을 향해 여행자는 간절히 손을 뻗고 있다. 하지만 우리는 땅보다 높은 관점에서 그가 못 보는 것을 볼 수 있다. 강물이 성으로 향하지 않고 급하게 방향을 틀어 멀리 나무들 사이로 어렴풋이 보이는 절벽 아래 급류로 배를 몰아가리란 것을. 성으로 가려면 강이 아니라 구불구불한 흙길을 통해야 하는데 이 길은 지평선 위 흐릿한 구릉 지대 속으로 사라져 버린다. 가지 않은 길이다. 어쩌면 여행자는 이 샛길의 존재를 모르거나, 아니면 그 길이 어디로 이어질지 잠시 생각해 보지만 운명이 그를 강물과 모래시계로 이끄는 것일 수 있다. 콜은 "눈부시게 아름다운 돔들을 절반쯤 드러내며 찬란히 빛나는 구름의 궁전, 보면 볼수록 드높아지는 이 궁전은 영예를 좇는 청운의 꿈을 상징한다. 그리고 성으로 향하는 희미한 길은, 청춘의 질풍노도 속에서는 우리 인생이 강물이고 그 물줄기가 불가항력으로 도도히 흐르고 있음을 망각하기 쉬움을 암시한다"라고 설명한다.

〈청춘〉은 묘사력으로 보나 이야기 전달력으로 보나 가히 걸작이라 할 만한데, 서양 시각예술사에서 이른 성인기의 무한한 기대감을 이토록 잘 표현한 작품이 또 있을지 모르겠다(단 문학계로 시선을 돌리면 조지프 콘래드Joseph Conrad의 단편 소설 〈청춘Youth〉이란 라이벌이 존재한다). 그림 속에 담긴 기운이 그야말로 희망과 포부로 약동하고 있다.

세 번째 작품인 〈성년Manhood〉의 풍경과 이야기는 또 전혀 다르다. 이제 수염이 덥수룩하게 자라고 탄탄한 골격을 갖춘 여행자는 현대인의 눈에 40대 초반쯤으로 보이는 "중년 남성"(콜의 표현)으로, 마치 간청하듯 두 손을 앞으로 모아 쥐고 있다. 색채, 구름, 수평선이 모두 어둑하다. "바위투성이의 음울한 풍경을 폭풍과 구름이 온통 뒤덮고 있다. 곧 맞닥뜨릴 황량한 벼랑이 무시무시한 모습으로 삐죽삐죽 솟아 있다. 불어난 강물이 거친 소용돌이와 물보라를 일으키면서 어두운 협곡을 사납게 쏟아져 내려, 해무와 빗발 사이로 어렴풋이 보이는 바다로 거세게 흘러간다. 배는 사납게 날뛰는 그 물살 한가운데로 급격히 빠져들고 있다." 키가 부러져 조종이 불가능한 탓에 여행자는 수호천사의 손에 운명을 맡길 수밖에 없다. 하지만 천사는 여전히 그를 주시하고 있긴 하지만 멀찍이 떨어진 뒤쪽 구름 사이에서 그저 내려다보고 있을 뿐이다. 천사는 여행자의 눈에 보이지 않을뿐더러 소리마저 닿지 않을 만큼 먼 곳에 있다. 여행자가 보기에 자신은 혈혈단신이다. 꼭 거머쥔 두 손은 구원의 손길을 간절히 빌지만 두 눈에는 공포가 서려 있다.

콜은 우리에게 말한다. "중년은 고난의 시기다. 유년에는 근심 걱정이 없고 청춘에는 절망이 없다. 우리 눈에서 젊음의 금박이 벗겨지고 가슴 깊은 곳에서 묵직한 슬픔을 느끼는 것은 경험으로 세상살이의 현실을 알게 된 후부터다. 이 그림에서 일식 때처럼 컴컴한 색조, 상충하는 요소들, 폭풍에 쪼개진 나무가 그것에 대한 비유다." 우리는 높은 관점에서 먼바다의 잔잔한 물결을 볼 수 있다. 하지만 여행자의 눈에는 어쩌다 한 번씩 평탄한 바다의 기미만 스칠 뿐, 강물이 당장 그를 이끄는 곳은 온순한 바다가 아니라 야수 같은 여울, 그리고 물보라를 내뿜는 폭포다.

연작의 마지막 작품인 〈노년Old Age〉 역시 전반적인 색조가 어둡다. 하지만 분위기는 다르다. 하늘은 컴컴하지만 폭풍이 걷히면서 천상의 빛줄기가 비친다. 만신창이가 된 배는 후미와 선수상이 떨어져 나갔다. 키와 모래시계도 사라졌다. 이제는 시간을 재거나 방향을 바꿀 필요가 없다. 배가 강어귀의 험난한 지형을 벗어나 고요하고 망망한 바다로 접어들었기 때문이다. 머리가 벗겨지고 수염이 성성한 여행자는 자신의 배처럼 쇠약해졌다. 그는 배위에 굳건히 서 있던 청춘이나 중년과 달리 아기 때처럼 앉아 있다. 우리에게 보이는 그의 왼쪽 얼굴은 기쁨이나 경탄, 공포 없이 그저 평온할 뿐이고, 두 팔은 뭔가를 맞이하듯 양쪽으로 벌어져 있다. 다시 그의 눈앞에 나타난 수호천사가 하늘을 가리키고 있기 때문이다. "이제 노인이 된 여행자는 지금껏 '보이지 않게' 동행한 수호천사의 안내를 받아 구름 사이로 광명을 발하는 하늘을 올려본다. 천사들이 그를 불멸의 안식처로 맞아들이려는 듯 구름 계단을 내려오고 있다. 인생의 강물은 이제 일생의 목적지인 큰바다에 도달했다."

이것이 인간의 인생 여로다. 삶은 행복으로 시작해 행복으로 끝나지만 두 행복은 성질이 전혀 다르다. 처음이 환희와 열기로 들뜬 행복이라면 나중은 고요와 내려놓음이 특징인 행복이다. 청년과 노인 모두 희망 어린 환영을 본다. 그러나 청년은 천공의 성을 보는 반면, 노인은 손짓하는 천사를 본다. 이와 대조적으로 중년의 눈에 보이는 건 온통 험악한 암벽과 사나운 물살뿐이다.

이 4편의 그림이 완성된 직후 개인 소장품으로 팔려 종적을 감추자 야심 찬 화가는 크게 실망했다. 그래서 전시를 목적으로 1842년 원작과 거의 동일한 그림 4점을 다시 그렸다. 이 사본은 수차례 전시되며 큰 인기를 끌었다. 그 무렵 콜은 성공회로 개종하면서 작품의 종교색이 더욱 짙어졌다. 하지만 운명은 그의 편이 아니었다. 1848년 콜은 흉막염으로 겨우 47세에 생을 마감했다. 풍경 묘사와 우의적 표현의 거장이란 명성에 걸맞게 같은 해 뉴욕에서 열린 사후 회고전에 당시 뉴욕 인구의 절반에 해당하는 약 50만 명의 관람객이 몰렸다. 이후 사본도 누군가의 소장품으로 사라졌다가 어느 병원 전시품으로 다시 세상에 등장하지만 관리가 허술했다. 이에 1916년 이름을 밝히지 않은 어느 "저명한 화가"가 이 연작을 "뉴욕 메트로폴리탄미술관The Metropolitan Museum of Art이나 워싱턴 국립미술관National Gallery of Art"에서 구매해 깨끗이 보수한 후 새 액자에 넣어 "단독 전시실에 정식으로 전시할 것"을 촉구했다.[1]

실제로 그렇게 됐다. 1971년 국립미술관 측에서 1842년 작품을 구입해 전시함으로써 수많은 사람이 이 연작을 감상할 수 있게 되었는데, 나도 그중 한 명이었다.

인생은 왜 50부터 반등하는가

내 청춘의 비망록

1980년 겨울. 대학교 2학년인 나는 방학을 맞아 워싱턴에서 며칠간 묵고 있다. 친구와 워싱턴 관광 코스의 하나로 난생처음 국립미술관에 들어선다. 개보수 작업이 한창이라 전시동 사이 통로에 임시로 걸어 놓은 〈인생 여로〉 4편이 시야에 들어온다. 많은 사람처럼 나도 처음에는 그 크기에 압도되어 걸음을 멈추고, 이어서 거기 묘사된 생생한 이야기에 매료된다. 그날 내 기억에 남을 다른 작품은 렘브란트의 풍경화 한 점이 유일하다. 나는 토머스 콜의 혜안이 담긴 그림들에서 한참 눈을 떼지 못한다. 이 이야기가 과연 내 이야기가 될지 궁금해진다.

〈유년〉의 강보에 싸인 천진함은 분명 공감이 간다. 하늘을 찌르는 〈청춘〉의 포부 또한 마찬가지다. 스무 살을 목전에 두고 성년의 입산로에 서 있는 나는 아직 뚜렷이 뜻을 정하진 않았지만 세상에 큰 족적을 남기길 원한다. 최근 학보사에 들어갔고, 뮤지션이 되겠다는 꿈은 재능의 한계를 느끼고 접었다. 글을 읽고 쓰는 걸 좋아하니 혹시 그 방면으로 미래가 펼쳐질까? 하지만 문필가가 되는 건 보통 일이 아니고, 왠지 나는 아버지처럼 변호사가 될 것 같다. 변호사가 되는 길은 최소한 명쾌하게 정해져 있긴 하니까. 뭔가를 잡으려고 높이 손을 뻗고 있는 듯하지만 그 뭔가가 무엇인지 아직 모르겠다. 〈청춘〉은 웅장한 포부와 원대한 기대에 관한 이야기고, 내 포부와 기대 역시 그러하다. 〈노년〉의 고요함은 일리가 있는 것 같지만 아직은 너무 먼 미래 이야기라 그다지 관심이 가지 않는다.

〈성년〉은 멀게 느껴지긴 마찬가지지만 한편으로는 가까운 거리처럼 느껴진다. 중년이 격동의 시기가 될 수 있다는 사실이 이제 곧 스무 살이 되는 새파란 나에게 생소하지 않기 때문이다. 내가 열두 살 때 그간 격무와 스트레스에 시달리던 아버지와 우울증을 앓던 어머니가 결별하고 아버지 홀로 세 자녀를 키웠다. 그리고 열네 살인가 열다섯 살 때 40대 중반이던 아버지가 핵심 고객을 잃고 수입 건수가 반토막 난 걸 알았다. 내가 콜의 〈유년〉이 묘사하는 응석받이 세계와 작별한 순간이 있다면 바로 그때일 것이다. 그로부터 몇 년 뒤인 지금 〈성년〉을 응시하자니 문득 아버지가 보인다. 급류와 암초의 위험 속에서 키도 수호천사도 없는 조각배 한 척에 의지해 혈혈단신으로 찢어진 가족을 부양하고 무너진 사업을 재건하려고 악전고투를 벌이는 아버지가.

하지만 나는 〈성년〉이 '내' 인생 여로는 아닐 거라 생각한다. 물론 위기와 고난은 있을 것이다. 실망도 하고 실패도 할 것이다. 어쩌면 아버지처럼 가혹한 시련이 닥칠지도 모른다. 하지만 스무 살의 나는 "'어디든' 여기보다 못하겠어?"라고 생각한다. 지금 난

확고한 목표도 없고, 돈도 없고, 로맨스도 없고(그럴 가능성조차 없고), 출중한 재능도 없다. 가진 거라곤 학업과 여름 방학 아르바이트 자리가 전부다. 그날 국립미술관에서는 아니지만, 그 무렵 난 앞으로 내 출발점을 기억하고 내가 누리게 될 것들에 감사하겠다고 맹세한다. 중년이 될 때까지 의미 있는 일을 이루고 당연히 그 성취에 감사할 거라 확신한다.

누가 보든 성공한, 하지만 고통스러운 중년

이후로 다사다난한 20년의 세월이 흐른다. 마흔의 문턱에 이르는 동안 나의 성취는 나의 기대를 뛰어넘었다. 나는 성공한 17년 차 언론인이다. 생애 최초의 성공한 로맨스 역시 3년간 순항 중이다. 하지만 아직 추위가 가시지 않은 2월의 어느 날, 워싱턴DC에서 나는 근심에 찬 일기를 쓰고 있다.

이 아침에 지금 내가 누리고 있는 걸 하나씩 헤아려 보고 있다. 요 사이 괜히 내 인생이 실망스럽고 나 자신이 실망스럽게 느껴지면서 자꾸만 마음이 요동치는 까닭을 모르겠다. "넌 너무 안전을 추구해" "넌 모차르트가 아냐" "넌 팬이 없어" "넌 《내셔널저널National

Journal》말고 찾는 데가 없어" 같은 마음의 소리가 그때그때 기분에 따라 커지고 작아지면서 종일 머리에 맴돈다.

침대에 누워 잠깐 따져 봤다.

스무 살의 나는 문필가나 대중 지식인이 되기를 염원하면서도 결국엔 변호사가 될 거라 생각했다. 저명한 잡지에 단 한 편의 글이라도 실리면 행운일 거라 생각했다. 현재의 나는 여러 저명한 잡지에 기고했고 꾸준히 원고 청탁이 들어오며 표지 모델도 몇 번 했다. 우리 세대의 내로라하는 논픽션 작가들과 친분을 나누고 있다. 내 글이 《노턴 리더: 논픽션 앤솔로지The Norton Reader: An Anthology of Nonfiction》에 수록되기까지 했다!

스무 살의 나는 내 몸을 혐오했고 어떤 여자애는 내 몸을 보고 방금 아우슈비츠에서 탈출한 사람 같다고 말했다. 당시 내 체중은 50킬로그램인가 52킬로그램인가 됐던 것 같다. 지금은 62킬로그램 정도 되고 그 차이만큼 근육이 붙었다.

스무 살의 나는 내 명의로 된 재산이 하나도 없었다. 현재의 나는 이 아파트를 포함해 60만 달러를 보유하고 있다. 몇 년 안에 100만 달러가 되는 것도 불가능하지 않다.

스무 살의 나는 로맨스와 사랑과 섹스가 불가능하다고 믿었고, 평생 키스 한번 못 할 거라 생각했다. 현재의 나는 사랑하는 사람과 3년째 교제 중이고 성적인 번민을 잊은 지 오래다.

그런데도 나는 충분히 성취할 수 있는 걸 노력이 부족해 못 하고 있다며 수시로 나를 몰아세운다. 방금 나열한 목록에서 뻔히 알 수 있는 사실을 왜 마음으로 수용하지 못하는지 모르겠다. 이 가운데 하나만 20년 안에 달성한다면 비범하고 자랑할 만하다는 걸 말이다. 그런데 나는 다 이루었다! 그리고 아직 젊다! 문득 이런 내 처지 변화를 도외시하는 건 죄악이란 생각이 든다. 나는 왜 성취감이 충만한 삶을 살지 못하는 것일까?

나는 혼란스럽다. 지난달만 해도 모교에 강연자로 초빙되어 스무 살 때 내게 발행한 약속 어음을 또 하나 무사히 처리했다. 나는 일기에 이렇게 썼다. "이번 강연은 내 콤플렉스에 명약이 됐다. 나는 VIP 대우를 받고 있고 나를 대하는 사람들에게서 어떤 경외심 같은 것이 느껴진다. 그들은 내가 어떻게 지금 위치에 올 수 있었는지 알고 싶어 한다. 나는 아직 내가 꿈 많은 애송이 같은데 문득 정신을 차리고 보니 산 반대편에 서 있다. 지금 여기에서 나는 저명한 잡지에 내 글이 단 한 편이나마 실리길 꿈꾸던 시절을 생생히 기억한다. 사실 내가 그토록 이르기를 갈망했던 곳이 바로 여기였다."

'그런데도 나는 왜 성취감이 충만한 삶을 살지 못하는 것일까?' 나는 행복 곡선happiness curve의 골짜기에 진입하고 있었다.

이것은 '위기'가 아닌 '전환기'다

그때는 중년에 불만을 느낄 이유가 전혀 없는데 불만을 느끼는 현상이 지극히 정상임을 알 수 없었다. 내가 인간은 물론이고 침팬지와 오랑우탄에게도 나타나는 적응기에 접어들고 있다는 사실 또한 알 수 없었다. 내가 마흔이 되던 2000년은 학계에서 말하는 U자형 인생 만족도 곡선U-shaped life-satisfaction curve의 증거가 이제 막 수면으로 떠오르기 시작하던 때였다. 주요 학술지에서 이 현상을 다루는 논문은 그로부터 4년 후에야 최초로 등장한다.

그런 증거를 통해 우리 모두가 알고 있는 현상이 다소간 사실로 확인된다. 대체로 성인기 중반부에 불안, 스트레스, 불행이 최고조에 이른다는 점이 그것이다. 물론 중년의 스트레스는 업무의 중압감, 공사다망한 일정, 사춘기 자녀, 노년의 부모님으로 인해 발생하기도 한다. 하지만 바로 이 대목에서 과학적 증거와 대중적 통념이 서로 갈린다. 스트레스와 압박감과 인생의 부침을 제외하더라도 중년의 행복 급락 현상이 여전히 나타난다. 아니, 오히려 그런 요인을 제외했을 때 더욱 선명히 나타난다. 말하자면 시간의 흐름 자체가 우리가 느끼는 만족과 감사의 분량에, 더 정확히 말하자면 만족과 감사를 잘 느끼는 정도에 영향을 미친다.

흔히 청년기는 자연스러운 흥분감과 엄청난 기대감이 막대한 불확실성과 공존하는 시기다. 이런 정서가 한데 어우러져서 인생 만족도가 높아지긴 하지만 심하게 널을 뛴다. 그다음에 정착과 성취의 성인기가 오는데 그와 함께 실망감이 증가하고 낙관론이 약해진다. 하락세가 완만해도 누적되기 때문에 급기야는 골짜기로 굴러떨어진다. 그러면서 실제로는 만족감을 느낄 이유가 가장 많은데 그간의 성취를 음미하지 못하고 도리어 그것을 불신하고 거부하면서 성취감이 최저점을 찍는 중년의 슬럼프가 찾아온다. 보통은 이런 슬럼프가 몇 년간 이어진다.

하지만 한 꺼풀 들춰 보면 이 골짜기는 사실 감정의 방향이 바뀌는 '전환점'이다. 우리가 자각하지 못하는 와중에 가치관이 재설정되고, 기대치가 재조정되고, 뇌가 재조직되면서 중년 후반에 반등이 일어나며, 그런 다음 성인기 후반에 뜻밖의 행복이 찾아온다.

이런 패턴은 일반적으로 그렇다는 말이지 모든 사람에게 해당하지는 않는다. 앞으로 이 책에서 누차 말하겠지만 우리 인생길은 저마다 다르다. 하지만 내 경우에는 위의 패턴이 감쪽같이 들어맞았다. 마흔다섯이 됐을 때 이미 여러 권의 책을 출간하고, 수차례 언론인 상을 받고, 모음집에 글이 수록되고, 숱하게 강연을 하고 미디어에 출연했다. 모두 내가 선택한 직업에서 성공의 기준으로 꼽히는 것이었다. 나는 몸 건강하고 재정 상태가 건전했으며 훗날 결혼하게 되는 사람과 관계가 날로 더 돈독해지고 있었다.

객관적으로 보면 불평할 것이 전혀 없었다.

그런데 내가 이루지 '못한' 것에 대한 미련이 아무리 떨쳐내려 해도 끈질기게 달라붙었다. 그나마 낮에는 다른 데 신경을 쓰느라 좀 나았지만 아침이 제일 힘들었다. 눈을 뜨는 순간 머릿속에서 볼멘소리가 들렸다. "넌 인생을 낭비하고 있어." "요 몇 년 동안 번듯하게 이룬 게 없잖아." "다른 곳으로 가서 뭐가 됐든 다른 일을 해야 해." "일요 시사 프로그램에서 섭외가 하나도 안 들어오잖아?"(미국에서는 저명인사를 초청해 정치와 사회 이슈를 논하는 프로그램이 주로 일요일 아침에 방영된다—옮긴이) "그렇다고 회사가 됐든 뭐가 됐든 리더로서 조직을 이끌고 있는 것도 아니고?"

이렇게 머릿속에서 윙윙대는 자책 중 대다수가 명백히 말이 안 되는 소리였기에 나는 더욱 혼란스러웠다. 예를 들어 일요 시사 프로그램 출연이나 회사 운영은 내가 꿈꾸던 일이 전혀 아니었다. 내가 진짜 목표를 많이 달성하니 뇌 속에서 어떤 괴팍한 기관이 가짜 목표를 마구잡이로 만들어 내는 것만 같았다. 그리고 내 의지와 상관없는 타인과 비교 역시 억누르려야 억누를 수가 없었다. "저 사람이 하는 걸 넌 왜 못 해?" "저 사람은 저기 있는데 넌 여기 있잖아. 한심하긴!" 내 안의 불만은 진실과 거짓을 따지지 않고 닥치는 대로 구실을 만들었다. 내 뇌에 어떤 시끄러운 말벌 같은 것이 기생하면서 투정을 만들어 내고는 빨아먹고 사는 것 같다는 생각이 들었다.

마흔다섯 살의 내가 실제로 이룬 것을 스무 살의 내가 일부나마 이루었다면 얼마나 감격하고 감사했을지 나는 똑똑히 알았다. 그렇기에 감사하지 못하고 불만족스러워하는 자신이 부끄럽고 당혹스러웠다. 하지만 배우자에게는 그런 속사정을 말하지 않았다. 배우자만이 아니라 누구에게든 되도록 말하지 않으려고 했다. 내고민을 들은 극소수 친구 중 하나는 "우울증 약을 먹어 봐"라고 말했다. 하지만 내가 느끼는 감정은 우울이 아닌 불만이었다. 아침에 일어나 즐길 것 즐기고, 열심히 일하고, 음악 감상하고, 섹스하고, 친구들과 어울리는 데서 오는 즐거움은 모두 그대로였다.

물론 중년의 위기라는 개념은 알고 있었지만 나에게는 부합하지 않는 것 같았다. 모름지기 위기란 극적이다. 불시에 닥쳐 다른 문제들을 몰아내고 긴급한 대응을 요구한다. 흔히 하는 생각대로라면 중년의 위기로 인해 나는 파괴적이거나 무분별하게 행동해야 했다. 실제로는 어느 쪽도 아니었다. 아무 대책 없이 '오늘 당장' 잡지사를 그만두는 상상을 해 보긴 했지만 절대로 경거망동하지 않았다. 애초에 나는 위험 회피형 인간이다. 그래서 오히려 몸을 사렸다. 몇 달이 몇 년이 되고 마흔이 마흔다섯이 되고 마흔여섯, 마흔일곱이 되는 사이에 내 불만이 위기와는 정반대라는 자각이 들었다. 내 불만은 영구적이라고 생각했다. 내가 평생 감내하며 살아야 하는 것, 내 심리의 새로운 표준 같았다.

그 정도는 버텨낼 수 있고 어차피 극적인 사태는 발생하지 않을 것이라고 믿으니 안도감이 드는가 싶으면서 또 한편으로는 불길한 예감이 들었다. 혹시 내가 만성 불만증에 걸렸다면? 점점 의욕이 떨어졌다. 왠지 내가 싫어하는 유형의 인간이 되어 가는 기분이었다. 감사할 줄 모르는 마음이 나를 규정 짓는다는 생각이 들기 시작했다.

그런데 내 마음을 뒤덮은 안개는 피어오를 때도 그러더니 걷힐 때도 뚜렷한 이유 없이 걷히기 시작했다. 그 시점이 참으로 묘했다. 내가 40대 후반일 때 어머니가 돌아가셨다. 어머니보다 훨씬 가까운 사이였던 아버지 역시 중증 신경 증후군에 걸려 돌아가셨다. 쉰 살에는 미국 언론계의 불황으로 잡지사 일이 끊겼다. 그래서 작가들을 위한 아이디어 거래소를 창업하려 했지만 무산됐다. 나는 졸지에 중년의 협곡으로 던져져 급류를 떠내려가고 있었다. 그런데 오히려 머릿속의 목소리는 미세하게 줄어들더니 점점 확실하게 잦아들었다. 강박적으로 남과 비교하며 나 자신을 깎아내리던 습관이 누그러졌다. 그 변화가 워낙 미묘하고 점진적이라 선뜻 인정하지 못하고 혹시 내가 착각하고 있거나 일시적인 현상은 아닐까 염려했다. 하지만 내 안에서 분주하게 불만의 이유를 만들어 내던 무언가가 갈수록 잠잠해지는 것 같았다.

당시에는 지금 알고 있는 사실을 알지 못했다. 콜이 그린 중년의 여행자처럼 내가 시간의 손아귀에 잡혀 있었음을.

인생의 골짜기에서 벗어나 다시 행복해지는 법

중년이 힘든 시기일 수 있다는 건 새로운 사실이 아니다. 토머스 콜은 물론이고 이미 14세기 초에 단테도 알고 있었다. 단테의 지옥 방문기(《신곡》 중 〈지옥〉편-옮긴이)가 괜히 중년에 시작되는 게 아니다.

인생 여로의 반 고비에

나는 똑바른 길을 잃어버린 채

어두운 숲속에 서 있었네.

아! 이 숲이 어찌나 야만스럽고 사납고 가혹하던지

이루 말로 다 하기 어려워

그 생각만으로 다시 두려움이 엄습하네.

어두운 숲이란 은유는 콜이 그린 중년의 급류와 크게 다르지 않다(그 급류 역시 "야만스럽고 사납고 가혹"하다). 하지만 콜과 단테가 아무리 영민했다 한들 나이와 행복의 관계에 관해서는 모르는 게 많았다.

이제부터 나는 경제학, 심리학, 신경생물학의 최신 연구 성과로 그려진 지도의 도움을 받아, 토머스 콜의 작품 속 여행자의 행로를 되짚으려 한다. 이 책은 경제학이라는 음울한 학문이 행복에 새롭게 비추는 빛줄기를 보여 줄 것이다. 또한 흔히 우리 상식에 어긋나는 인생 만족도에 관해 이야기할 텐데, 이는 생각만큼 우리의 물질적 상황이나 성취 정도와 관련이 깊지 않다. 이 현상을 설명하면서 경제학계의 이단아들이 중년에는 다른 요인들과는 무관하게 나이 자체가 더 만족을 느끼기 어렵게 만든다는 뜻밖의 사실을 발견하는 과정을 자연스럽게 이야기할 것이다. 그리고 서서히 감정이 리부팅되면서 중년 이후의 삶이 의외로 만족스럽게 느껴지는 현상과 그것이 진화의 산물이라고 볼 만한 이유를 설명할 것이다. 요컨대 이 책은 성인의 발달 단계 중에서 새롭게 조명받고 있는 단계, 이미 은퇴, 교육, 인간 잠재력에 대한 우리의 사고를 변화시킬 만큼 큰 영향을 미치고 있는 새로운 단계의 출현에 관한 해설서다.

논의를 진행하는 과정에서 나는 중년에 근거 없는 불행을 초래하는 부정적 되먹임의 고리를 발견한 젊은 경제학자, 슬럼프의 건너편에서 우리를 기다리고 있는 놀라운 개인적·사회적 보상을 규명하는 심리학자들과 신경과학자(뇌과학자)들을 소개할 것이다. 또한 노화로 육신은 쇠약해질지언정 더 행복하고 더 친절하게 인생을 살 채비가 갖춰지는 현상을 설명하며 지혜의 과학이란 새로운 영역을 개척하고 있는 정신의학자와 사회학자를 포함한 여러 학자를 소개할 것이다. 아울러 성인 발달 단계 중 완전히 새로운 단계를 탐색하며 지도를 그리고 있는 사회사상가들과 개혁가들에 대해서도 다룰 것이다.

이들을 비롯해 학계가 밝혀내고 있는 현상이 진실이라면 이제 우리에게는 인식의 전환이 필요하다. 지금까지 노화와 행복에 관해 우리가 믿어 온 것 중 다수가 착각인 이유를 알아야 한다. 대다수 사람에게 중년의 불만족이 "위기"가 아니라 자연스럽고 건전한 "전환"의 과정인 이유를 알아야 한다. 그럴 때 더 영리하게 행복 곡선에 대응할 수 있기 때문인데, 그 대처 방법 또한 뒤에서 이야기할 것이다. 중년에 맞닥뜨리는 인생의 골짜기를 피해 가는 길은 생각해 낼 수 없다. 하지만 우리는 그것을 '뚫고 지나가는' 길은 생각해 낼 수 있다.

나아가 우리는 다른 사람들이 뚫고 지나가도록 도와줄 수도 있다. 나는 다년간 행복 곡선의 과학, 또 나이와 행복의 연관성에 대한 증거를 탐구했다. 그런데 비로소 이 이야기의 의의를 이해하게 된 건 그것이 '나'나 '너'가 아닌 '우리'의 이야기임을 깨달으면서였다. 행복 곡선은 나이가 들면서 우리에게 요구되는 변화, 야심과 경쟁이 아니라 연대와 연민을 주축으로 하는 사회적 역할 변화에 적응하기 위한 방편으로 우리 안에 각인된 것으로 보인다.

행복 곡선에 대응하는 일은 본래 대응이란 행위가 혼자 머리로 생각만 한다고 잘할 수 있는 게 아니라는 점에서 사회적 이야기다. 우리에게는 사회의 도움이 필요하다. 사회적으로 중년과 노년에 대한 인식을 바꾸어야 한다. 그럼으로써 이른바 중년의 위기를 탈출하기 위해 빨간 스포츠카를 구입해야 한다는 둥, 늙으면 우울하고 성질이 고약해진다는 둥 하는 선입견을 타파해야 한다. 그래서 중년의 골짜기에 처한 사람들에게 수치심과 고립감을 주는 게 아니라 도움의 손길을 내미는 사회를 이룩해야 한다.

혹시 당신이나 주위 사람이 지금 그 골짜기에 떨어져 있다면 내가 마법의 묘약을 주지는 못하겠지만(그런 건 존재하지 않는다) 이 책 7장과 8장에서 현실적인 조언을 찾을 수 있을 것이다. 더불어 몇 가지 희소식을 전하고 싶다.

첫째, 중년의 슬럼프('중년의 위기'가 아니다!)는 지극히 정상적이고 자연스러운 현상이다. 아이들이 이가 나고 사춘기를 겪듯이 중년의 슬럼프 역시 종종 고통스럽긴 해도 건전한 변화의 과정이며, 우리가 인생의 새로운 단계를 위한 채비를 하게 해 준다. 그러니 이 시기에 불만이 느껴질 수 있지만 그 때문에 너무 걱정할 필요 없다는 뜻이다.

둘째, 중년 이후의 반등은 일시적인 기분 변화가 아니다. 그것은 가치관이 바뀌고 만족감의 원천이 바뀐 결과고, 따라서 나라는 '존재' 자체가 바뀐 결과다. 보통은 예상치 못한 만족감이 노년까지 이어지며 심지어는 육체가 쇠약해지고 병이 들어도 유지된다.

셋째, 현대 의학과 보건 시스템 덕분에 우리의 수명이 연장되면서 이미 이 반등기가 10년 이상 연장됐고 앞으로 더욱 연장될 전망이다. 어쩌면 지금 우리는 인생에서 가장 만족스럽고 가장 친사회적인 시기가 20년 연장되는 과정에 있을지 모른다. 일부 사회학자들은 이 인생의 새로운 단계를 "앙코르 성인기encore adulthood"라고 부른다. 명칭이야 어떻든 간에 이 시기는 인류가 지금껏 알지 못했던 종류의 선물이다.

이 선물을 이해하고 선용하자면 우리 부모와 조부모(그리고 그들의 부모와 조부모) 세대가 당연시하며 그들의 세계관과 우리의 세계관에 각인시킨 인생의 패턴을 재검토해야 한다. 다행히 우리에게 필요한 지식은 빠른 속도로 발전 중이다. 그리고 이 지식은 인간의 행복에 관한 왜곡된 논리 또는 억지 논리를 들춰 보는 일에서 시작된다.

1장

행복과 불행의 갈림길

인생 만족도의 놀라운 결과

행복은 합리적이지 않다

캐럴 그레이엄Carol Graham은 윤기 흐르는 곧은 갈색 머리에 나이보다 50년은 젊어 보일 만큼 호리호리한 몸매다. 평소 15킬로미터씩 조깅을 하는 그녀는 진취적 성격이 직설적인 화법에 고스란히 묻어난다. 처음 보는 사람도 그레이엄이 경제학자라는 사실에는 놀라지 않을 테지만 구체적으로 어떤 분야를 연구하는 사람인지 알면 놀랄지 모른다.

그레이엄과 나는 40대 초반부터 알고 지낸 동년배다. 같은 싱크탱크에서 일하다 보니 어느 순간 친해졌다. 당시 나는 내 안에 있는 중년의 불만감을 비밀에 부치고 있었고 특히 동료에게 약한 모습을 들키지 않으려 애썼다. 하지만 번번이 점심을 같이 먹다 보니 자연스럽게 점점 더 개인적인 이야기를 하게 됐다. 알고보니 그녀의 40대도 순탄치 않았다. 출장이 잦은 남편 몫까지 대신해 세 아이를 키우는 와중에 두 조직에서 새롭게 관리직을 맡게 됐는데 양쪽 다 업무 부담이 상당했다. 설상가상으로 어머니는 알츠하이머병, 아버지는 폐기종에 걸렸고 부부 관계마저 악화 일로를 걸었다. 급기야 18년을 같이 산 남편과 갈라서기에 이르렀다. "그때 정말 심한 트라우마가 생겼어요." 두 사람 사이에 소규모 전쟁이 발발해 평화 협정을 맺기까지 7년이란 세월이 걸렸다. 그 기간 동안에 그녀가 토로했던 좌절감을 나는 기억한다. 그녀는 그 일로 인해 여전히 경도의 외상 후 스트레스 장애를 경험한다고 한다. "지금도 아침에 일어나면 언제든 나쁜 일이 생길 수 있다는 불길한 생각이 드는 걸 어쩔 수가 없어요." 하지만 그 시련 속에서 그레이엄은 《세계 행복 연구: 행복한 소작농과 비참한 백만 장자의 역설Happiness Around the World: The Paradox of Happy Peasants and Miserable Millionaires》(2010) 같은 역작을 탄생시켰다.

그녀를 만나기 전까지 나는, 나를 포함한 인간의 행복이란 인생이 얼마나 순탄하게 흘러가고 있는지를 나타내는 것이라고, 적어도 그런 점을 반영해야 '마땅하다'고 생각했다. 주관적 행복과 객관적 행복, 인식과 실제가 당연히 같이 가야 한다고 보았다. 그래서 내 불만을 부적절한 감정으로 여기고 그레이엄만이 아니라 아무한테도 말하지 않았다. 하지만 그녀의 연구 결과를 듣자니 갈수록 내 짐작이 틀렸다는 생각이 들었다. 토머스 콜의 여행자는 변화무쌍하게 굽이치는 강물에 속수무책으로 휘둘리지만, 강물은 결국에는 왔던 길을 되돌아가는 전혀 말이 안 되는 흐름을 보인다.

행복 곡선을 이해하기 위해서는 행복이 합리적이지 않고 예측 불가능하며 반드시 우리의 객관적 상황을 반영하지는 않는다는 점을 알아 두면 좋다. 경제학계가 오랫동안 애써 무시했던 이 사실이 최근에야 중요한 지지를 받기 시작한 것은 캐럴 그레이엄을 포함한 새로운 계열의 경제학자들이 발견한 특이한 현상들 때문이다.[1]

불만스러운 성취자와 행복한 소작농의 역설

페루의 수도 리마는 그레이엄이 태어난 1962년 당시 양극화가 극심한 도시였다. 그레이엄의 아버지는 유명한 미국인 의사였고 어머니는 "페루인의 전형 중 전형"이었다. 여섯 자녀 중 막내인 그레이엄은 네 살 무렵에 온 가족이 미국으로 이주하기 전까지는 영어를 몰랐다. "나는 여러모로 페루인과 미국인이 공존하는 사람이에요." 어느 봄날 그녀가 워싱턴의 본인 연구실에서 내게 한 말이다. 어릴 때 그녀는 극단적인 빈곤과 극단적인 부를 목격했다. "그렇게 극명하게 대조될 수가 없었어요." 그녀는 일찍부터 사회 불평등과 경제 개발에 관심을 가졌다. 이 관심은 이후로도 식지 않았다.

그녀의 20대는 수많은 사람과 마찬가지로 모험과 발견의 시기였다. 대학 졸업 후 브루킹스연구소Brookings Institution에 연구보조원으로 입사해 즐겁게 일하면서 개발경제학과 정치경제학 박사 학위를 취득했다. 박사 논문 주제는 페루 빈곤층의 하이퍼인플레이션 대응법이었다. 이후 학계에서 일반적인 정년직을 마다하고 위촉직으로 여러 조직을 오가며 저명한 경제학자들과 공동 연구를 수행했으며 중국, 베트남, 몽골 등지를 방문해 급격한 사회경제적 변화가 진행 중인 국가의 빈곤층을 도울 방법을 모색했다. 두 발로 빈민가를 돌아다니며 직접 영아 영양실조의 해결책을 강구했다. "내가 하고 싶어서 한 일이었어요. 가끔은 겁이 나기도 했죠. 아프리카행 비행기에 오르면서 이런 생각을 했던 기억이 나네요. '야, 너 지금 뭐하는 거야? 네가 아프리카에 대해 아는 거라곤 프랑스어를 쓴다는 거밖에 없잖아.'" 30대 초반에는 어느새 가정을 꾸려 첫 아이를 키우며《안전망, 정치, 빈곤층: 시장 경제로 전환Safety Nets, Politics, and the Poor: Transitions to Market Economies》의 출간을 앞두고 있었다.

1990년대 들어 북미자유무역협정NAFTA을 비롯해 각종 국제 무역 협정이 논의되고 체결되자 그 여파로 세계화에 대한 반발 여론이 조성됐다. 시민 단체들은 경제 개발로 불평등이 심화된 사례가 많다며 경제학자들이 불평등에 더 많은 관심을 기울일 것을 촉구했다. 마침 그레이엄의 수중에 페루 빈곤층의 사회경제적 이동성mobility에 관한 귀중한 데이터가 있었다. 그 데이터를 분석해 보니 페루는 빈곤층으로 유입과 이탈이 놀라울 만큼 활발하게 일어나고 있었고, 그 빈도가 미국보다 높았다. 이를 계기로 그녀는 당시 경제학계에서는 가히 이단적이라고 할 의문을 품게 됐다.

"그런 생각이 들었어요. '이 사람들이 자신의 상황을 어떻게 생각할까? 다들 세계화가 가난한 사람들의 적이라고 말하는데 당사자들에게 직접 물어보면 어떨까?'"

그래서 그녀는 가난한 사람들에게 "10년 전과 비교해 현재 본인의 경제 상황이 어떻다고 생각하십니까?" 같은 질문을 했다. 그녀에게는 그들의 실제 경제 사정을 보여 주는 데이터가 있었기에 객관적 상황과 주관적 만족도를 비교할 수 있었다.

그런데 결과는 뜻밖이라는 말로는 다 표현이 안 될 정도였다. "제일 좋은 성과를 낸 사람들, 그러니까 가장 큰 폭으로 소득 사다리를 올라간 사람들 중에서 절반 정도가 예전보다 자신의 경제 상황이 '나빠졌다'고 말했어요." 그 반대편에 있는 사람들의 평가 역시 의아하기는 마찬가지였는데 어떻게 보면 일관성 있는 결과였다. "시골 지역 빈곤층을 중심으로 사다리에서 전혀 위로 올라가지 못한 사람들, 그러니까 소득 변화가 전혀 없었던 사람들은 상황이 '나아졌다'거나 그대로라고 말했고요."

처음에 그레이엄은 본능적으로 이 결과에 의문을 느꼈다. 어쩌면 페루인들이 특이한 건지 몰랐다. 어쩌면 페루의 환경이 특이한 걸 수 있었다. 그래서 러시아의 데이터를 입수했다. 러시아에서는 격동의 1990년대에 가장 큰 폭으로 상향 이동을 한 사람 중 70퍼센트가 전보다 사정이 나아지긴커녕 나빠졌다고 말했다. 더 많은 나라에서 더 많은 데이터를 수집했지만 동일한 양상이 나타났다.

2015년 그레이엄은 중국 경제가 폭발적으로 성장했던 시기인 1990~2005년의 데이터를 분석했다. 당시 중국은 1980년 67세에 불과했던 평균 수명이 75세를 돌파했다. 분석 결과는 어땠을까? 그녀는 샤오지에 저우Shaojie Zhou, 준이 장Junyi Zhang과 공동 집필한 논문 〈중국의 행복과 건강: 발전의 역설Happiness and Health in China: The Paradox of Progress〉(2015)에서 이렇게 쓰고 있다. "같은 기간에 중국인의 인생 만족도는 전혀 다른 추세를 보였다. 고속 성장 초기에 급감한 후 다소 회복되는 양상이었다. 인생 만족도의 감소는 자살률과 정신 질환 발생률의 증가를 동반했다." 페루, 러시아와 마찬가지로 중국에서도 사람들은 경제 형편이 나아지면 오히려 만족감이 떨어지는 것처럼 보였다.

이처럼 의아한 현상은 민주주의 산업 국가에서 똑같이 나타 난다. 영국의 저명한 경제학자 리처드 레이어드Richard Layard는 2005년 출간한 《행복: 새로운 과학이 주는 교훈Happiness: Lessons from a New Science》(한국어판: 《행복의 함정: 가질수록 행복은 왜 줄어드 는가》, 북하이브, 2011)에서 이렇게 쓰고 있다. "모든 증거가 요즘 사 람들이 50년 전 사람들보다 평균적으로 더 행복하지는 않다고 말 하고 있다. 하지만 평균 소득은 2배 이상 증가했다. 이것은 미국, 영국, 일본에서 공통으로 발견되는 역설이다." 그에 따르면 미국 에서 물질적 안녕wellbeing이 크게 향상되었지만 "매우 행복하다"는 사람이 대거 증가하거나 "매우 행복하지 않다"는 사람이 대폭 감 소하지는 않았다.

즉 개인 차원에서든 국가 차원에서든, 사람들이 인생에 대해 실제로 느끼는 감정은 호모 이코노미쿠스homo economicus(경제적으 로 합리적인 인간-옮긴이)의 물질적 기준으로 봤을 때 예상되는 수 준과 반드시 일치하지는 않는다. 도리어 이 관계가 역으로 성립하 는 경우가 더 많다(인구통계학적 요인들과 건강 같은 비경제적 변수의 영향을 보정하더라도 마찬가지다). 그레이엄은 "경제가 초고속으로 성장 중인 국가의 사람들이 경제 성장이 더딘 국가의 사람들보다 덜 행복해요. 급격한 변화는 사람들을 매우 불행하게 만들죠"라고 내게 말했다. 이러한 결과를 그레이엄은 "불만스러운 성취자와 행복한 소작농의 역설paradox of frustrated achievers and happy peasants"이라고 부른다.

1990년대에 그레이엄이 이 역설을 발견했을 당시에는 그런 연구 결과가 이상하게 느껴졌다. 당연히 종래의 경제학에서는 소득이 증가하면 사람들이 행복과 만족감을 더 크게 느끼고 불만은 감소하는 게 일반적이라고 봤다. "그 결과를 어떻게 설명해야 할지 몰랐어요. 그런데 여기저기 뒤져 봤더니 아직 극소수지만 행복의 경제학에 대한 논문들이 있더군요." 그렇게 그녀는 리처드 이스털린Richard Easterlin에게 이르렀다.[2]

부유한 나라가 행복한 나라일까
: 이스털린의 역설

어느 늦은 봄날, 나는 서던캘리포니아대학교 경제학과 교수인 이스털린에게 전화를 걸었다. 내가 만나 본 노벨경제학상 수상자들이 많이들 그랬듯이 이스털린도 서글서글하고 겸손한 사람이었다. 단 그들과 달리 노벨상을 받지는 못했는데, 경제학의 새로운 분파를 창시한 사람에게 온당치 못한 처사로 느껴졌다.

만일 그간 현대 경제학에 어떤 슬로건이 존재했다면 아마 이렇게 표현할 수 있었을 것이다. "사람들의 말이 아닌 행동을 보고, 사람들이 무엇을 느끼는지가 아니라 무엇을 하는지를 보라." 경제학은 현실 세계의 엄정한 사실을 엄밀하게 다루는 과학적 학문을 자처한다. 어떤 달을 기준으로 삼든 자동차가 몇 대 팔렸고 일자리가 몇 개 생겼는지 알 수 있다. 이에 비하면 전통적인 교육을 받은 경제학자에게 사람들의 '느낌'이란 소비자 심리에 따라 수요가 증감하는 경우를 제외하면 그다지 중요한 문제가 아니다.

아니, 애초에 사람들의 느낌을 어떻게 정확히 알 수 있단 말인가? 물어볼 수야 있지만 설문 조사 문항의 표현을 조금만 바꿔도 답변이 달라질 수 있다. 더욱이 사람들이 항상 자신의 진정한 욕구나 감정을 잘 아는 것은 아니며, 설령 안다고 한들 솔직하게 답한다는 보장이 없다. 사람들의 선호와 욕구를 더 잘 알 수 있는 방법, 더 나아가 주관적인 심리 상태를 더 효과적으로 추정할 수 있는 방법은 겉으로 드러나는 "현시 선호revealed preference"를 살펴보는 것이다. 미국인들이 말로는 햄버거보다 핫도그를 더 좋아한다고 할 수 있지만 매출 통계는 거짓말을 하지 않기에 실제로는 햄버거를 선호하는 것으로 나올 수 있다. 사람들은 매일 자신이 가치 있게 여기는 것을 더 많이 얻기 위해 재화와 서비스를 거래함으로써 기호를 표출한다. 그렇다면 올바르게 작동하는 시장에서는 당연히 만족도가 증가해야 한다.

리처드 이스털린은 40대 중반에 인구통계학 연구에 몰두했다. 그가 보니 인구통계학자들은 심리학자들처럼 주관적 진술에 많은 관심을 기울였다. 이스털린은 주류 경제학에서 사람들이 기분과 행복에 대해 하는 말을 묵살하는 행태를 "매우 한심하다"고 여겼다. 1970년경 스탠퍼드대학교에서 첨단 조사 기법을 연구하던 어느 연구소에서 오찬 모임이 있었는데, 그 자리에서 한 사회학자가 행복도 조사 사례를 언급했다. 그때 이스털린은 그런 자료를 한번 살펴보면 재미있겠다고 생각했다.

이 탐구의 결과물이 1974년 이스털린이 발표한 논문 〈경제 성장이 인간의 운명을 개선하는가? 몇 가지 실증적 증거Does Economic Growth Improve the Human Lot? Some Empirical Evidence〉다. 여기서 그는 근본적인 의문을 제기했다. "한 사회의 부유층이 빈곤층보다 더 행복한 것이 일반적인가? 부국과 빈국을 비교한다면 더 발전한 나라가 대체로 더 행복한가? 경제 개발로 국가 소득이 증대되면 국민 행복도 향상되는가? 즉 경제 성장이 인간의 운명을 개선하는가?" 경제학이 이미 오래전부터 이와 같은 기본적인 질문에 천착했다고 생각할지 모르나 실은 그렇지 않았다. 이스털린은 논문에서 이렇게 썼다. "경제학 논문에 '행복'이라는 말이 느슨한 의미로나마 간헐적으로 등장하기는 한다. 하지만 내가 아는 한 실제 증거를 탐색하려는 시도는 이번이 처음이다."

이스털린은 행복에 관해 묻는 19개국 설문 조사 자료를 취합했다. 질문은 2가지였다.

하나는 "자신의 전반적 행복도를 '매우 행복함' '그럭저럭 행복함' '별로 행복하지 않음' 중 무엇으로 평가하시겠습니까?"라는 비교적 단순한 질문이었다.

다른 하나는 이른바 "캔트릴 사다리Cantril Ladder" 질문으로, 20세기 중반에 명성을 떨친 미국인 여론 조사 연구자 해들리 캔트릴Hadley Cantril의 이름을 딴 명칭이다. 캔트릴은 여론 조사에서 사람들에게 각자의 삶이 11단 사다리 중 어느 단에 해당하는지 물었다. 이때 "사다리의 최상단은 가능한 최고의 삶, 최하단은 가능한 최악의 삶을 나타냅니다"라고 안내했다. 사람들에게 행복에 대해 묻는 게 간단한 일임에도 불구하고, 아니, 어쩌면 간단한 일이기 '때문에' 이스털린은 "이 기법은 나름의 매력이 있다"라면서 "사람들이 얼마나 행복한지에, 즉 주관적 만족도에 관심이 있다면 그들 각자가 직접 기준을 세우고 자신이 거기에 얼마나 근접하는지 판단하도록 하는 게 낫지 않을까?"라고 평했다.

이스털린이 설문 조사 결과를 정밀 분석하자 특이한 현상이 포착됐다. 일단 일부 국가에서 "소득과 행복이 양의 연관성positive association"을 보였다. 예를 들어 미국의 경우 최고 소득층에서 매우 행복하다고 말한 사람의 비율이 최저 소득층보다 2배 정도 높았다. 경제적 지위와 행복의 상관관계는 별로 놀랄 만한 일이 아니었고, 이스털린이 검토한 모든 설문 조사에서 정도의 차이가 있을지언정 동일한 양상이 발견됐다.

이처럼 부유한 '사람'이 가난한 '사람'보다 행복하다면 당연히 부유한 '국가'도 가난한 '국가'보다 행복해야 하지 않을까? 그런데 실제로는 그렇지가 않았다! "동일 국가 내 경제적 지위에 따른 행복도 차이에 근거해 예상할 수 있는 부국과 빈국 간 행복도 차이는 국제적인 데이터로 입증되지 않는다." 어떤 나라가 다른 나라들에 비해 얼마나 부유한지 안다고 해서 그 나라 사람들의 상대적 만족도가 어느 정도인지 알 수는 없었다.

당혹스러운 현상은 또 있었다. 당시 최상의 데이터가 확보된 국가인 미국에서는 1940년대 중반 이래 소득이 급증했다. 지금도 경제학자들은 2차 세계대전 이후 약 25년을 공동 번영의 황금기로 여긴다. 하지만 반전은 "소득 증가가 조직적으로 행복도 증가를 동반하지는 않았다"는 사실이다. 부유한 '사람'이 가난한 '사람'보다 더 행복했지만 '국가' 차원에서는 더 부유한 나라가 되었다고 해서 더 행복한 나라가 되진 않았다.

일견 모순되는 듯한 이 결과를 어떻게 해석해야 할까? 어쩌면 겉으로 보기에만 모순된 현상일 수 있었다. 이스털린은 행복이 자신의 지위를 주변 사람들과 비교함으로써 결정된다는 가설을 세웠다. "어떤 한 사람의 소득만 증가하면 그 사람의 행복도가 높아지지만 모든 사람의 소득이 증가하면 행복도가 변하지 않을 것이다. 마찬가지로 더 부유한 국가가 반드시 더 행복한 국가이진 않을 것이다." 하긴 사람들은 웬만해서는 이역만리에 사는 사람과 자신을 애써 비교하지 않는다. 친구, 동료, 같은 국민과 비교할 뿐이다. 이스털린은 이것을 키에 비유했다. 내가 얼마나 크다고 느끼는지는 주변 사람들이 얼마나 큰가에 달렸다. 내 키가 자랐어도 비교군의 키가 똑같은 수치로 자랐다면 더 커졌다는 느낌이 들지 않는다. 그리고 남들은 컸는데 나는 안 컸다면 실제로는 키가 단 1밀리미터도 줄어들지 않았는데 더 작아진 느낌이 든다. 그래서 만일 모든 사람이 더 부유해지기 위해 미친 듯이 일한다면 만인이 만인과 경쟁하는 형국이 되어 그 사회는 행복경제학자들이 말하는 "쾌락의 쳇바퀴hedonic treadmill"에 갇힐 수 있다.

"이스털린의 역설Easterlin Paradox"(나중에 붙은 명칭이다)은 경제학계에 일대 혁명을 불러일으킬 잠재력을 품고 있었다. 이 역설은 학계의 패권을 장악하고 있던 현시 선호와 물질적 측정법에 당당히 도전장을 내밀었다. 경제학자들이 사람들을 단순히 물질적으로 더 잘 살게 돕는 데 그치지 않고 더 깊은 차원에서 인생을 더 잘 향유하도록 돕고자 한다면 현시 선호가 그리는 그림은 불완전하거나 심지어는 왜곡된 것일지 모른다. 그 괴리를 좁히려면 경제학자들은 주관적인 측정법에 의지해야 할지 모른다. 사람들이 무엇을 느끼고 왜 느끼는지를 탐색해야 할 수 있다는 뜻이다. 더 나아가 경제학의 본질을 다시 생각해야 할지 모른다.

하지만 이스털린의 혁명적 논문은 현실에서 어떤 혁명도 일으키지 못했다. 경제학자들은 여전히 설문 데이터를 의심했다. 그들은 애초에 '행복'이 무슨 의미냐고 물었다. 캔트릴 사다리 같은 질문으로 사람들이 저마다 행복을 정의하게 하면 각자 다르게 질문을 해석할 여지가 있다. 그렇게 위험한 결과를 초래할 수 있는 접근법을 주류 경제학계는 아직 수용할 준비가 안 되어 있었다. 이스털린의 연구 결과는 행복이 단순히 물질적 안녕의 추이만 관찰해서는 알 수 없을 만큼 복잡하고 비선형적임을 보여 주었다.

그렇지만 그렇다고 한들 그런 정보로 누가 무엇을 할 수 있겠는가? 개인이 소득을 늘리려는 노력을 멈출 것도 아니고, 기업이 수익 창출을 포기할 것도 아니었다. 만일 사람들이 비합리적이거나 신경과민이라면 그것은 심리학자들이 해결해야 할 문제지, 경제학자들의 소관은 아니다.

이스털린이 내게 말했듯, 그의 1974년 논문이 당시 학계의 외면을 받고 그저 파티의 안줏거리로 취급됐다는 사실은 별로 놀랍지 않다. 지금 관점에서는 그의 연구 성과가 지극히 타당하고 존

경할 만하다고 할 것이다. 하지만 그때는 그가 답할 수 없는 질문이 너무 많았다. 그저 별난 학설로만 간주되던 이스털린의 역설이 비로소 후대 학자들의 조명을 받기 시작한 것은 그로부터 20년쯤 지난 후였다.

행복이란 무엇인가
: 행복의 2가지 유형

이스털린이 제기한 질문 중에서 그나마 가장 수월하게 해결된 질문은 가장 근본적인 질문이기도 했다. "사람들이 말하는 행복의 의미는 무엇이고, 서로 다른 사람들이 서로 같은 의미로 그 말을 쓰는지 어떻게 알 수 있는가?"

추상적인 차원에서 보자면 이 질문은 성서 시대부터 철학자들을 고민하게 했고 지금도 여전히 열띤 논의의 대상이 되고 있다. 하지만 1980~1990년대에 세계 각지에서 이스털린이 이전 시대에 입수할 수 있었던 것보다 훨씬 많은 양의 설문 데이터가 쏟아져 나왔다. 그리고 거기에는 사람들이 행복에 대해 말하는 방식이 놀라울 만큼 일관성 있게 나타났다. 평범한 사람들은 철학자들과 달리 행복을 말할 때 행복이 무엇인지 잘 알았다. 그 이후로 사람들이 주관적으로 평가하는 안녕감이 친구들이나 독립적인 관찰자들이 평가하는 안녕감과 근접하며, 심지어는 뇌의 전기 활동과도 일맥상통한다는 사실이 연구를 통해 밝혀졌다. 캐럴 그레이엄은 내게 말했다. "정말 인상적인 건 행복의 기본적인 결정 요인들과 관련해 일관되고 표준적인 패턴이 발견된다는 거예요. 우리가 아는 모든 요인이 매번 매우 안정적으로 나타나요."

또 하나 일관되게 나타나는 것은 다른 많은 것의 근간이 되는 행복 유형의 구별이었다. '행복'은 2가지를 의미할 수 있다.

하나는 지금 이 순간의 기분이다. 현재 얼마나 유쾌하거나 화가 나거나 걱정이 되느냐 하는 것이다. 이런 감정은 금요일 밤에 친구들과 한잔하는 것, 교통 체증 속에서 버스 매연을 맡는 것, 마감을 지키지 못하는 것 등의 상황에 쉽게 영향을 받는다. 이처럼 단기적인 마음의 상태를 "정동적 행복affective happiness"이라고 부르는데, 심리학 용어로 '정동affect'은 일시적인 감정을 뜻한다. 연구자들은 정동적 행복을 측정하기 위해 "어제 얼마나 많이 웃었습니까?" "지금 스트레스가 어느 정도입니까?" 같은 질문을 한다.

행복의 또 다른 의미는 그와 전혀 다른 차원의 판단을 요구한다. "지금 내 삶에 얼마나 만족하는가?" "내가 상상할 수 있는 최상의 삶과 비교한다면 현재의 삶은 어떤 수준인가?" 여기에는 많은 변형이 존재하겠지만 대표적인 질문은 이것이다. "전반적으로 볼 때 현재의 삶이 얼마나 만족스럽거나 불만족스럽습니까?" 이 질문은 단순히 기분을 묻는 것이 아니라 인생에 대한 종합적 평가를 요구한다. 이런 유형의 행복을 "평가적 행복evaluative happiness" 또는 동의어로 "주관적 안녕subjective wellbeing"이라 부른다.

정동적 행복과 평가적 행복은 어느 정도 연관되어 있긴 하다 (예를 들어 지속적으로 우울한 기분이 들면 인생 만족도에 부정적 영향을 미친다). 하지만 그 연관성이 생각만큼 크진 않다. 사람들이 두 개념의 차이를 직감적으로 알고 쉽게 구별한다는 사실이 많은 데이터가 확보되면서 밝혀졌다. 사람들에게 어제 행복했는지(다시 말해 '기분'이 어땠는지) 물으면 주말일 때 더 행복하다는 대답이 돌아온다. 하지만 인생 전반의 행복도를 물을 때는 이 "주말 효과"가 사라진다. 40대 때 나는 과연 이래도 되나 싶을 정도로 인생 만족도가 저조했지만 내 '기분'은 웬만해서는 문제가 안 됐다. 내가 의학의 도움을 받을 필요가 없다고 생각한 데는 그런 이유가 있었다. 나는 기분 장애 같은 건 없었다. 다만 '만족' 장애가 있었을 뿐이다.

이스털린은 내게 정동적 행복과 평가적 행복의 차이를 역설했다. 그의 1974년 논문을 기점으로 캐럴 그레이엄 같은 행복경제학자들의 주된 관심사는 바로 평가적 행복이었다. 그들은 "돈이 반드시 인생 만족도를 높이는 게 아니라면 무엇이 그럴까?"라는 의문의 답을 원했다.

여기서도 꽤 일관성 있는 결과가 나왔다. 얼마나 일관된지 이제는 많은 연구자가 기본 원리들이 정립됐다고 생각할 정도다. 캐럴 그레이엄은 2011년 출간한 《행복 추구: 안녕의 경제학The Pursuit of Happiness: An Economy of Wellbeing》에서 다년간 세계 각국의 데이터를 분석한 경험을 토대로 이렇게 썼다. "내가 행복을 연구한 모든 지역에서 발견되는 매우 단순한 패턴이 있다. 안정된 결혼 생활, 건강, 충분한(하지만 과하지 않은) 소득은 행복에 긍정적으로 작용한다. 실업, 이혼, 경제적 불안정은 행복에 악영향을 미친다. 행복을 연구한 모든 지역에서 동일하다."

타인의 소득이 증가하면
나의 행복이 훼손된다

그레이엄이 거론한 항목을 하나씩 살펴보자.

먼저 돈이다. 돈은 중요하다. 아버지가 종종 하시던 말씀이 있다. "내가 부자도 돼 보고 가난뱅이도 돼 봐서 아는데 부자가 더 좋다." 실제로 그렇다. 당장 다음 끼니는 어떻게 해결할지, 오늘 밤은 어디서 잘지 고민해야 한다면 삶이 피폐해진다. 하지만 돈과 인생 만족도의 관계는 일직선이 아니다. 그레이엄은 앞서 언급한 2015년 공저 논문에서 "소득이 개인의 안녕에 영향을 미치긴 하지만 어느 시점을 넘어서면 타인의 소득 등 다른 요인들이 영향을 미친다"라고 썼다.

"타인의 소득"이 어떻게 영향을 미칠까? 답을 알고 나면 인간이란 존재가 쩨쩨해 보일 수 있다. 사람들은 소득이 제법 넉넉해지면 그때부터는 이웃이나 친구와 비교하면서 기대치를 거기에 맞춘다. 좋은 태도는 아니다. 리처드 레이어드는 다수의 논문을 검토한 후 "이 논문들은 타인의 소득이 증가하면 나의 행복이 훼손된다는 명백한 증거를 제시한다"라고 쓰고 있다.

이와 관련해 케냐의 실험에서 인상적이고 조금은 씁쓸한 사례가 나왔다. 이 실험을 소개하는 2015년 논문이 〈너의 이익은 나의 고통: 현금 지원이 심리에 미치는 부정적 외부 효과Your Gain Is My Pain: Negative Psychological Externalities of Cash Transfers〉다. 제목만 봐도 내용을 짐작할 수 있다.

기브디렉틀리GiveDirectly라는 비영리단체가 케냐의 가난한 마을 60곳에서 무작위로 가구를 선정해 약 400달러 또는 1500달러의 일회성 지원금을 아무 조건 없이 지급했다. 해당 지역들에서 일반 가구의 자산이 400달러 미만이었으니 얼마를 받든 당사자에게는 횡재였다. 이후 프린스턴대학교의 조하네스 하우스호퍼Johannes Haushofer와 제임스 레이신저James Reisinger가 나이로비 소재 부사라행동경제학연구소Busara Center for Behavioral Economics의 제

러미 샤피로Jeremy Shapiro와 함께 그 결과를 분석했다. 우선 지원금 수령자의 인생 만족도가 상승하는, 누구나 예상할 만한 현상이 확인됐다. 하지만 반전은 수령자들의 인생 만족도가 올라간 것 이상으로 비수령자들의 인생 만족도가 대폭 '하락'했다는 사실이다. 세 학자는 이렇게 쓰고 있다. "이 [부정적 여파가 미친] 영향이 동일한 금액의 자산을 획득했을 때 미친 영향보다 4배 이상 크다는 점에 주목해야 한다." 내가 1달러를 벌면 옆 사람은 내가 느끼는 만족감의 4배쯤 되는 불만을 느낀다는 뜻이다. 적어도 케냐의 가난한 마을에서는 그랬다.[3] (이 뜻밖의 소득이 불러온 대부분의 긍정적 효과와 모든 부정적 효과는 약 1년 후 주민들이 그 새로운 현실에 적응하면서 사라졌다. 이는 보는 관점에 따라 다행이라 할 수도, 불행이라 할 수도 있을 것이다.)

이 대목에서 우리의 주름살을 더 늘리는 사실이 있다. 행복은 주관적인 것이라서, 우리의 '인식'이 객관적 현실과 맞먹는 영향력을 발휘할 수 있다는 점이다. 어떤 짓궂은 악마가 아프리카의 가난한 마을 말고 선진국에서 빈부의 행복 격차를 더 벌리기 위해 전 국민의 소득세 신고 내역을 온라인에서 쉽게 검색할 수 있게 만들었다고 가정해 보자. 실제로 2001년 노르웨이 정부가 그렇게 했다. 2016년 리카도 페레스-트러글리아Ricardo Perez-Truglia라는 마이크로소프트 연구원이 기발한 통계 기법을 이용해 2001년을 전후한 노르웨이인의 행복도를 분석함으로써 이런 투명성이 어떤 영향을 미칠 수 있는지 조사해 봤다.

당연하다고 해야 할까, 이번에도 결과는 인간에게 그리 호의적이지 않았다. 첫째, 무수히 많은 사람이 온라인에서 친구와 지인의 소득을 검색했다. 다들 얼마나 열심히 염탐했는지 소득 검색 건수가 유튜브 검색 건수의 5분의 1에 달할 정도였다. 둘째, 사람들이 누가 누가 더 잘 버는지 알게 되자 오랫동안 큰 변동이 없던 행복 불평등도가 갑자기 치솟았다. 행복의 빈부 격차는 29퍼센트, 인생 만족도의 빈부 격차는 21퍼센트 증가했다. 페레스-트러글리아는 "이를 통해 소득 공개가 노르웨이인의 행복에 큰 영향을 미쳤음을 알 수 있다"라고 건조하게 기술하고 있다.

그런데 노르웨이에서 달라진 것은 실제 사회적 불평등의 수준이 아니라, 사람들이 아는(또는 안다고 생각하는) 불평등의 수준이다. 우리의 주관적 안녕을 결정하는 것은 물질적 안녕의 절대적 수준이 아니고, 타인과 비교되는 자신의 상대적 위치조차 아니다. 그것은 다름 아닌 우리가 '생각하는' 자신의 위치다.(남들이 우리를 어떻게 생각하느냐도 중요하다. 2014년 위와 같은 현실을 인지한 노르웨이 정부가 익명으로 세금 신고 내역을 검색할 수 없게 했다. 그러자 사람들이 친구나 이웃에게 괜한 호기심을 들킬 것을 걱정해 세금 염탐 빈도가 순식간에 90퍼센트가량 감소했고, 덕분에 남는 에너지는 누가 자신을 염탐하는지 색출하는 데 쓰이기 시작했다.)

이 정도면 이스털린의 당초 추측이 사실로 입증됐다고 할 수 있을 것 같다. 어느 시점을 지나면 국민총생산GNP이 증가한다고 해서 반드시 국민총행복GNH이 증가하지는 않는다. 특히 불평등(실질적 불평등일 수도 있고 인지적 불평등일 수도 있다)이 덩달아 증가하면 국민총행복의 증가가 더욱 어려워진다. 그래서 사회가 더 부유해지는 것만으로는 부족하다. 만일 경제 성장으로 증대된 부가 불공평하게 분배된다면 설령 중산층이 보유한 자산의 절대 액수는 증가할지언정 사회적으로 좌절감과 분노가 증폭될 수 있다. 소득 분산도income dispersion가 높아지면 소득 사다리의 발판 간격이 더 벌어진다. 그러면 우리는 바로 위에 있는 사람이 점점 더 멀어지는 데 분노하고, 또 우리 바로 밑에 있는 사람은 우리를 보며 자신이 점점 더 뒤처진다고 느낀다. 이 효과는 노르웨이 사례에서 보듯이 불평등의 '가시성'이 커지면 더욱 강하게 나타난다.

미국에서 방금 말한 두 현상을 확실하게 볼 수 있다. 미국은 불평등이 커졌고 불평등의 가시성은 더욱더 커진 것 같다. 사회학자들이 지적하다시피 미국의 경제적 상위층은 학교와 마을을 따로 만들고 남다른 생활 양식과 취향을 영위하면서 자기들만의 세계로 더욱 깊이 들어갔다. 만일 당신이 샌프란시스코의 중산층 교사나 서민층 택시 기사라면, 그리고 매일 아침 마치 10대처럼 보이는 부유한 사람들이 밴네스애버뉴에 줄지어 서서 이른바 '구글 버스Google buses'를 기다리는 모습을 본다면 아마 지위의 격차가 소득의 격차보다 훨씬 크게 다가올 것이다.('구글 버스'는 실리콘 밸리의 테크놀로지 기업들 직원 전용 셔틀 버스를 통칭하는 말이다. 2013년 주민들이 특권과 계층 분열 조장을 이유로 항의 시위를 벌여 일부 셔틀 정류장은 폐쇄되거나 옮겨졌다-옮긴이) 실질적으로든 인지적으로든 불평등이 심해지면 그럭저럭 잘 사는 사람들조차 남들이 훨씬 더 잘 사는 걸 보고 박탈감을 느끼는 경우가 많아서 경제 성장에 독이 된다. 지금 미국이 그런 형국인 듯하다

사회적 부 대 물질적 부
: 행복을 결정하는 6가지 요인

행복경제학의 가장 중요한 성과는 우리의 행복이 물질적 요인이 아닌 사회적 요인에 크게 좌우된다는 사실을 발견한 것이다. 인간은 극히 사회적인 동물이다. 그래서 (어느 시점을 지나면) 돈을 중요하게 여기는 이유가 돈으로 무엇을 살 수 있기 때문이 아니라 돈으로 주변에서 어떤 위치에 서게 되느냐가 정해지기 때문이라는 사실이 그리 놀랍지 않다. 아버지가 종종 하시던 말씀이 또 있다. "돈은 우렁찬 갈채다."

그러면 행복의 결정 요인에는 또 무엇이 포함될까? 대부분은 쉽게 예상 가능한 것들이다. 리처드 레이어드는 책에서 7대 요인을 거론한다. "우리의 가족 관계, 우리의 경제 상황, 우리의 일, 우리의 공동체와 친구들, 우리의 건강, 우리의 개인적 자유, 우리의 개인적 가치관. 이 중 건강과 소득을 제외하면 모두 인간관계의 질과 연관되어 있다."

행복경제학계의 또 다른 저명 인사 존 F. 헬리웰John F. Helliwell도 비슷한 결론에 도달했다. 헬리웰은 "아리스토텔레스의 연구 조교"를 자처하는데, 아리스토텔레스가 일찍이 행복의 의미와 성취법을 탐구한 탁월한 연구자였기 때문이다. 아리스토텔레스는 한 순간 느끼는 쾌락이나 고통과, 인생을 잘 살 때 느끼는 더 깊은 차원의 만족감을 철저히 구별하면서, 실제로 행복에 더 중요하게 작용하는 것은 후자라고 설파했다. 그는 이 더 깊은 차원의 만족감이 좋은 기분이 아니라 좋은 행실에서 나온다고 가르쳤다. 여기서 좋은 행실이란, 삶에 균형감을 주면서 타인과 깊은 관계를 맺게 해 주는 고결한 습관을 기르고 유지하는 것을 말한다.

지금은 이러한 아리스토텔레스의 혜안을 뒷받침하는 강력한 증거들이 존재한다. 헬리웰과 동료 학자들은 '세계 가치관 조사World Values Survey'라는 방대한 데이터를 주기적으로 분석한다. 세계 가치관 조사는 150여 개국 국민의 인생 만족도를 조사하고 그

밖에 그들의 특징과 사회적·경제적 환경에 대해 많은 정보를 제공하는 프로젝트다. 헬리웰을 포함한 연구자들이 데이터를 처리해 얻은 결과를 보면 사람들이 말하는 행복 중 4분의 3은 다음과 같은 6가지 요인으로 설명된다.

- **사회적 지원:** 힘들 때 믿고 의지할 사람이 있는 것.

- **아량:** 사람들은 관대하게 행동할 때, 그리고 주변에 관대한 사람들이 있을 때 더 행복하다.

- **신뢰:** 부정부패는 인생 만족도를 저해한다.

- **자유:** 인생에서 중요한 것을 스스로 결정할 자유가 충분히 있다고 느끼는 것.

- **1인당 소득**

- **건강 수명**(평균 수명에서 아픈 기간을 제외한 수명-옮긴이)

그런데 이 목록에서 6가지 요인 중 4가지가 사회관계와 연관되어 있다. 6가지 중에서 가장 중요한 항목은 사회적 지원이다. 이것을 포함해 전문 용어로 '관계재relational goods'(사람과 사람의 관계 속에서 생성되는 재화-옮긴이)라고 할 사회적 요인이 총 4가지나 되어 우리를 행복하게 만드는 요인 대부분을 차지한다.《세계 행복 보고서》2015년 판을 인용하자면, 인생 만족도와 사회적 유대의 강력한 연관성은 "지리와 시간의 차이를 떠나 인생 만족도 데이터에 대한 실증적 분석에서 거의 예외 없이 나타나는" 현상이다.

심리학 실험 역시 동일한 결론이 나온다. 사람들은 건강과 관계 중에서 굳이 하나를 선택해야 한다면 몸은 좀 덜 건강하더라도 사회적으로 더 많은 관계를 맺었을 때 더 큰 만족감을 느낀다고 한다. 소득이 중요하긴 하지만 이미 살펴본 대로 무조건 중요하게 작용하진 않는다. 특히 다른 사람들이 물질적으로 자신과 같은 수준이거나 더 높은 수준일 때 소득의 힘은 감소한다.

이탈리아 경제학자 스테파노 바르톨리니Stefano Bartolini와 프란체스코 사라치노Francesco Sarracino가 27개국(주로 선진국)의 데이터를 분석해 보니, 실제로 국민 소득 증가와 함께 인생 만족도가 증가하는 현상은 단기간(2년 정도)에만 나타나고 이후에는 사람들이 소득 증가분에 익숙해졌다. 더 장기적인 관점에서 보면 경제 성장이 행복에 끼치는 영향은 완전히 소멸된다. 이와 반대로 어떤 집단에 대한 소속감이 강해지거나 그 밖에 여러 형태로 사회적 유대감이 강화되면 단기적으로는 만족감이 조금 증가하지만 장기적으로는 크게 증가한다. 이처럼 사회적 유대의 효과는 누적되고 지속된다. 소득으로 만족감을 유지하려면 계속해서 더 많은 돈을 벌어야 하는 것으로 보인다. 반면에 신뢰를 쌓고 관계를 형성하는 등 여러 형태로 사회적 지원을 확보하는 것은 행복을 차곡차곡 저

축한다.[4]

또 한편으로 사회적 유대는 경제 위기가 초래한 고통을 크게 완화할 수 있다. 대침체Great Recession(2007년 서브프라임 모기지 사태로 촉발된 글로벌 경제 위기-옮긴이) 당시 인생 만족도라는 관점에서 보자면 신뢰와 상호 지원의 수준이 높은 국가가 사회적 유대가약한 국가보다 위기를 훨씬 잘 버텨 냈다. 힘든 시기에 다 함께 힘을 합친다는 연대 의식이 참혹한 사회적 또는 경제적 시련조차 누그러뜨릴 수 있음을 2차 세계대전을 겪은 미국인과 영국인이라면잘 알 것이다. 진정한 부는 '물질적 부'가 아니라 '사회적 부'다.

가장 친밀한 형태의 사회적 유대, 많은 사람이 가장 중요하게여기는 사회적 유대는 결혼이다. 우리의 아내와 남편은 우리가 가장 먼저 의지할 수 있는 의사요 간호사요 상담사다. 우리의 배우자는 양육의 동반자이자 인생의 역경에 함께 맞서는 동지다. 결혼을 하면 친족과 지인의 범위가 2배 정도 넓어지고, 모든 형태의 유대 관계 중에서 제일 중요한 관계인 가족이 만들어진다.(이런 이유로 동성애자들은 결혼할 권리를 쟁취하기 위해 열렬히 투쟁했다.) 그러니 평균적으로 볼 때 결혼, 특히 초혼이 행복에 매우 긍정적으로작용하고 반대로 이혼은 심각한 악영향을 미치는 것이 당연하다. 한 통계 추정치에 따르면 파경을 '상쇄'하기 위해서는 연간 약 10만 달러가 필요하다고 한다.

나는 쉰 살이 되던 2010년에 현재 살고 있는 주에서 동성 결혼이 합법화되자마자 마이클과 결혼했다. 우리는 이미 10년 이상 동거 중이었고 우리의 소중한 관계를 증명하기 위해 "정부가 발급하는 종이 쪼가리"(일부 회의론자들이 결혼을 지칭할 때 쓰는 표현을 빌리자면)가 필요하지도 않았다. 하지만 그런 것을 다 떠나서 당시 미국 내에서도 극히 일부 주에서만 인정된 우리의 결혼이 최소 10만 달러 가치가 있었다고 나는 자신 있게 말할 수 있다. 그 이유는 물론 결혼을 통해 우리가 더 가까워졌기 때문이기도 하지만, 또 한편으로 우리가 부부로서 지역 사회에 더 단단히 편입될 수 있었기 때문이다.

지난 몇 년간 나는 데이터를 통해 드러나는 사회적 자본과 인생 만족도의 관계가 사실임을 또한 몸소 체험했다. 나는 버지니아주 북부 교외 지역에 위치한 아들리 코트Ardley Court라는 주택 단지에 살고 있다. 이 단지의 주민들은 중산층과 서민층이 섞여 있고 미국 토박이만 아니라 다양한 인종의 이민자가 함께 산다. 단지 내의 막다른 길cul-de-sac(출입구가 하나뿐이고 끝에 회차 공간이 있는 주택 단지 내 도로-옮긴이)은 별 특징 없이 무미건조하며, 길게 늘어선 난잡한 상점가와 인접해 있다. 집값은 평범한 수준이다. 하지만 이곳은 지금까지 내가 살았던 동네 중에서 가장 부유한 동네다. 여름날 저녁이면 특별한 약속 없이도 남녀노소가 잔디밭과 마당에 먹을거리를 차려 놓고 모여 어른들은 담소를 나누고 아이들은 망아지처럼 이곳저곳을 휘젓고 다닌다. 주민들이 서로 아이들과 집을 봐주기 때문인지 범죄가 거의 없다시피 하다. 금요일에 퇴근해 동네 아이들의 포옹과 동네 견공들의 혓바닥 세례를 받고 서로의 근황을 듣는 즐거움이 집값에는 전혀 반영되지 않는다.

실업은 물론 당사자에게 십중팔구 경제적 위기를 초래하므로 행복의 경제적 요인이라고 할 수 있다. 하지만 다시 한 번 더 큰 그림을 보면 역시나 사회적 유대와 지위가 중요하다. 직업은 생계 수단일 뿐 아니라, 우리가 사회적 교류의 폭을 넓히고, 소명 의식을 느끼고, 한 가정의 부양자이자 지역 사회의 일원으로서 입지를 강화하는 수단이다. 그러니 통계로 볼 때 실업이 행복에 끼치는 손실이 미국의 소득 중간값보다 많은 연간 6만 달러 정도 된다는 사실은 놀랍지 않다. 비록 파경의 비용만큼은 아니라고 해도 큰 비용이긴 하다.[5]

그렇다면 양육과 행복의 관계는 어떨까? 복잡한 문제다. 양육은 인간이 많은 정성을 기울이는 중요한 활동이다. 이제 나는 아이가 없는 삶을 담담히 받아들이게 됐지만, 오래전 아버지에게 왜 자식을 낳았냐고 물었을 때 들은 대답이 아직 기억난다. "그건 선택하고 자시고 할 문제가 아니잖아." 물론 다른 선택이 아주 '불가능'하진 않지만 많은 사람이 부모가 되는 쪽을 택한다. 예부터 부모가 되어 봐야 비로소 자신이 느낄 수 있는 사랑과 분노의 극치를 실감할 수 있다고 했는데, 이는 현대 학자들이 옳다고 입증하는 사실이다.

하지만 경제학자 앵거스 디턴Angus Deaton과 심리학자 아서 스톤Arthur Stone이 미국인 170만 명의 데이터를 분석해 보니, 부모로 사는 사람들은 정서적 진폭이 더 크긴 해도 "그것이 인생에 대한 평가에 긍정적 영향을 미치지는 않으며, 자녀가 없는 사람보다 평균 평가 점수가 더 낮다"라는 결과가 나왔다.[6] 자식을 잘 키운 것이 훗날 돌아보면 만족스러운 업적으로 꼽힐 수 있겠지만, 키우는 당시에는 인생 만족도가 높아지긴커녕 오히려 떨어질 수 있다는 사실이 다수의 연구를 통해 증명됐다. 특히 초보 부모는 극심한 스트레스에 시달린다. 독일의 한 연구에서는 부모 중 3분의 2 이상이 자녀가 생기고 2년 동안 인생 만족도가 떨어졌다고, 심지어 대부분이 급격하게 떨어졌다고 대답했다.[7]

"사람들이 말하지 않는 어두운 면 중 하나가 애들이 어릴 때 결혼 생활에 끼치는 부정적인 영향이야." 두 자녀의 어머니인 친구를 만났을 때 그녀는 아이들이 태어난 직후에 유독 힘들었던 이유를 설명하면서 이렇게 말했다. 그들 부부는 그 시기를 무사히 지나왔고 자식들이 장성한 현재에 대해서는 "우리 애들 둘 다 잘 컸어. 걔들이랑 같이 있으면 얼마나 좋은지 몰라. 자식 농사 잘 지은 것 같아"라고 말했다. 양육이 자신의 불만족에 대한 해법이 되리라 기대하는 사람들은 대개 실제로 그런 보상이 주어지는 시기가 먼 훗날이라는 사실을 깨닫게 된다.

행복에 생각만큼 큰 영향을 미치지 않는 요인이 또 있다. 바로 성별이다.《세계 행복 보고서》2015년 판에 따르면 남성보다 여성이 인생에 매기는 점수가 평균적으로 약간 더 높지만 차이는 미미하다. 내가 이 책을 쓰기 위해 인터뷰와 설문 조사를 하며 얻은 결론 역시 동일하다.

만일 내가 마흔 살에 행복의 역설을 알았더라면 내 인생 이력서의 진가를 인정하지 못하고 감사하지 못하는 일로 그토록 혼란스러워하진 않았을 것이다. 스무 살 때 했던 생각과는 다르게, 마흔 살의 내가 비교하는 대상은 스무 살의 내가 아니었다. 나는 다른 40대 동년배와 나를 비교했다. 그중 많은 이가 좋은 관계를 지속하고(대체로 나보다 더 오래), 부를 축적하고(대체로 나보다 더 많이), 직업상 높은 지위에 있었다(대체로 나보다 더 높이). 물론 나는 대다수 사람보다 형편이 나았지만 대다수 사람은 내 비교군이 아니었다. 내 안에서 내가 인생을 낭비하고 있다고 다그치던 비판자의 목소리는 유감스럽게도 자꾸만 나보다 나은 사람과 나를 비교하라고 했다. 이것이야말로 최악의 태도다.

리처드 레이어드는 이렇게 쓰고 있다. "행복의 비결이 하나 있다면 나보다 성공한 사람과 비교하고 싶은 마음을 버리는 것이다. 비교를 하려면 상향식으로 하지 말고 하향식으로 할 일이다.”

안타깝게도 이런 건실한 조언을 따르기란 쉽지 않다. 이것이 얼마나 어려운가는 우리의 마음가짐만이 아니라 나이에 따라 좌우되는 탓이다.

인생의 전환점
: 마음가짐 자체가 달라지다

캐럴 그레이엄은 트라우마가 생길 만큼 혹독한 순간이 종종 있고 많이 힘들었지만 또 한편으로는 생산적이었던 40대를 보낸 후 일대 전환점을 맞았다. 행복경제학자들이 광야를 헤매던 시절이 끝나고 그들의 학문이 학계에서 주류로 편입되면서 언론의 사랑을 받기 시작한 것이다. 그녀는 내게 말했다. “나의 50대는 내 연구 분야가 인기를 얻기 시작한 것과 떼놓고 생각할 수 없어요. 우리의 접근법이 드디어 관심을 받기 시작했다고 생각하면 엄청난 보람이 느껴져요. 그걸로 사람들의 생각이 바뀌고 있잖아요. 젊은 학자들이 이 분야에 매진해 예전의 나라면 생각조차 못 했을 만큼 멋진 성과를 내고 있어요.” 가정에서도 요즘 10대 자녀와 같이 기타를 치고 달리기 대회에 참가하는 등 즐거운 시간을 보내고 있다.

"혹시 개인적인 면에서 어떤 변화가 있나요?" 내가 묻자 그녀는 잠시 생각에 잠겼다. 그러고는 10대 아들이 연애를 할 때 세상을 다 가진 것처럼 굴다가 헤어지고 나면 세상을 다 잃은 것처럼 군다면서 이렇게 말했다. "나이가 드니까 나쁜 일이 생기면 내가 이전에 헤쳐 나온 일들과 비교할 수 있게 됐어요. 그러니까 예전과는 관점이 전혀 달라졌죠. 더 현명해진 거죠. 옛날 같았으면 끙끙 앓았을 일이지만 이젠 안 그래요." 예를 들면 그녀의 글에 대한 부정적인 평가가 그렇다. "40대 때 그런 소리를 들었으면 '아, 최악이야'라고 생각했을 거예요. 그런데 지금은 그러거나 말거나예요. 내가 쓰고 싶으면 쓰는 거지, 이젠 굳이 뭔가를 증명해야 한다고 생각하진 않거든요. 마음가짐 자체가 달라진 것 같아요. 이젠 남들이 나를 어떻게 평가하든 신경 안 써요." 그레이엄은 행복 곡선(그녀가 발견에 공헌한 바로 그 곡선)에서 전환점을 지났다.

2001년 그레이엄은 동료 개발경제학자 스테파노 페티나토Stefano Pettinato와 《행복과 시련: 신흥 시장 경제국의 기회와 불안정Happiness and Hardship: Opportunity and Insecurity in New Market Economies》을 출간했다. 이 책에는 라틴아메리카에서 인생 만족도가 20대부터 감소하다가 약 48세를 기점으로 다시 증가하는 추세를 보여 주는 도표가 실려 있다. 그들은 "선진 산업 경제국을 대상으로 한 조사에서도 비슷한 관계가 발견되는데, 보통은 행복 곡선의 최저점이 국가별로 이보다 조금 더 빠르거나 느리게 나타난다"라고 썼다. 그러고는 몇 문장 뒤에서 다음 논점으로 넘어갔다. 이런 패턴이 특이하긴 하지만 더 중요한 주제들에 비하면 곁다리에 불과하다고 판단한 것이다. 실제로 이 현상을 포착한 다른 학자들 역시 대부분 그렇게 생각했다.

하지만 모두가 그랬던 건 아니었다.

2장

경이로운 발견

행복 곡선을 찾아 나선 모험

중년의 위기는 실제로
존재할까

일부러 '행복 곡선'을 찾으려고 했던 사람은 아무도 없었다. 애초에 아무도 그런 곡선이 존재하리라곤 생각지 못했기 때문이다.

　중년이 정서적으로 힘든 시기고 노년이 되면 점점 평온해진다는 생각이 최근에야 생긴 것이 아니라는 사실은 국립미술관에 전시된 토머스 콜의 그림을 본 사람이라면 누구나 인정할 것이다. 그러나 중년에 뭔가 특별한 사태가 벌어진다는, 이른바 '중년의 위기'라는 개념은 의외로 최근에 와서 생겼다. 중년의 위기라는 말은 1965년 캐나다 출신 정신분석학자 엘리엇 자크Elliott Jaques

가 《국제정신분석학저널International Journal of Psychoanalysis》에 발표한 〈죽음과 중년의 위기Death and the Midlife Crisis〉라는 논문에서 처음 등장했다. 어쩌면 당연하달까, 당시 자크는 40대 후반이었다.

"내가 이 시기를 인간의 발달 과정에서 중대한 단계로 인식하게 된 것은 대가들이 30대 중후반이 되면 창작 활동이 위기로 치닫는 뚜렷한 경향성을 발견하면서였다"라고 자크는 썼다. 영민한 통찰과 경솔한 추측을 조합하는 정신분석학 특유의 탐구법을 통해 자크는 자신이 발견한 현상을 일반론으로 확장했다. "중년의 위기는 천재적 창작자들만이 아니라 어떤 형태로든 만인에게서 나타나는 반응이다."

무엇에 대한 반응일까? 이전까지 추상적이고 멀게만 느껴졌던 죽음이 30대 중반부터 구체적이고 가깝게 느껴지는 현상에 대한 반응일 것이라는 가설을 자크는 제시했다. "이제 성장이 멈추고 노화가 시작된다. 새로운 외부적 조건을 마주해야 한다. 성인기의 첫 단계는 끝났다. 가족과 직업이 확립됐고(또는 적응에 크게 실패하지 않았다면 확립돼 있어야 하고), 부모님은 연로하고, 자녀는 성인기의 문턱에 서 있다." 삶의 마지막 순간이 곧 닥칠 것이란 예감을 더는 억누르거나 외면할 수 없다. 이것이 "중년기의 핵심적이고 중대한 특징"이다.

이어서 1960년대 당시에 이미 구닥다리 취급을 받고 있던 신

프로이트학파 용어들이 빗발친다.("무의식 속에서 내면세계에 무참히 집어 삼켜지고 파괴된 나쁜 젖가슴이 존재해 박해와 파멸을 가져다주는 것처럼 느껴지고, 에고는 분노에 휩싸인다.") 결국 중년이 되면 결코 도달할 수 없고 결코 이룰 수 없는 모든 것을 어쩔 수 없이 포기하게 된다. "성취하기를 바랐고, 되기를 욕망했고, 소유하기를 염원했을 중요한 것들이 실현되지 않을 것이다. 닥쳐오는 좌절감에 대한 자각이 특히 강렬하다."

그로부터 반세기가 넘게 과학의 물줄기가 세월의 수로를 지나온 지금은 자크가 맞고 틀린 것에 대해 많은 이야기를 할 수 있게 됐는데, 이에 대해서는 이후의 장들에서 다룰 것이다. 여기서는 대중문화가 자크의 기본 개념이랄까, 아무튼 함축적 표현을 가져다가 순식간에 하나의 고정 관념을 만들어 버렸다는 점만 지적하겠다.

그렇지만 심리학자들은 자크의 주장이 옳다는 증거를 찾지 못했다. 물론 중년에 어려움을 겪는 사람이 있긴 하지만 그 정도로는 흥미로운 발견이라고 하기 어렵다. 심리학자들은 중년의 특이점을 찾으러 떠났다가 빈손으로 돌아왔다.

"학자들은 객관적인 면에서 큰 차이점을 못 찾았어요." 사회학자이자 코넬대학교 인간발달학 교수인 일레인 웨딩턴Elaine Wethington이 내게 한 말이다. 웨딩턴은 2000년 학술지《동기와 감정《Motivation and Emotion》에 〈스트레스 예측: 미국인과 '중년의 위기'Expecting Stress: Americans and the 'Midlife Crisis'〉라는 논문을 발표했다. 이 논문에 따르면 웨딩턴이 무작위로 설문한 사람 중에서 약 4분의 1이 "나이 듦, 육체의 쇠퇴, 달갑지 않고 굴레처럼 느껴지는 역할의 강요를 자각함으로써 심적 혼란을 경험하고 개인적 목표와 생활 양식이 돌변했다"라고 응답했다(여성과 남성이 거의 동일한 비율로 중년의 위기를 겪었다고 응답했다). 하지만 "성인기의 심적 고통에 관한 역학적 연구에서는 남녀를 막론하고 중년이 현저한 고통의 시기라는 증거가 발견되지 않는다"라고 그녀는 지적했다.

많은 사람이 중년의 위기를 경험했다고 '말'하지만, 그 이유가 40대 즈음에 어려운 일을 겪는 경우가 많기 때문일 것이라고 웨딩턴은 추측한다. "중년의 위기가 실제로 존재한다고 믿는 사람들이 있어요. 자신의 일대기를 돌아보면 말이 된다고 생각하는 거죠. 중년이라는 긴 기간 중 어느 시점에 자신에게 실제로 위기가 있었다고 보는 겁니다." 그러면 중년의 위기라는 개념은 과학적 타당성을 떠나서 인생을 보는 하나의 관점으로 당사자에게 유용할 수 있다. "그게 사실이라고 믿으면 사실이 돼서 영향을 미치는 거죠." 중년의 위기는 과학적 정설이라기보다는 속설에 가깝다.

중년에 특별한 위기가 찾아온다는 주장을 아예 용납하지 않는 심리학자들이 존재한다. 위스콘신대학교 노화연구소Institute on

Aging의 캐럴 리프Carol Ryff 소장은 "데이터상으로는 그 증거를 찾았다고 보기 어렵습니다"라고 내게 말했다. 많은 심리학자와 마찬가지로 그녀 역시 애초에 인생 전반이나 인류 전체에 대한 일반화는 무의미하다고 본다. 그보다는 개개인의 인생에서 나타나는 흐름과 굴곡이 훨씬 흥미롭고 중요하다고 여기기 때문이다. "따지고 보면 이렇게 포괄적이고 일반적인 이야기는 진짜 현실을 살아가는 사람들의 이야기가 아니에요. '이건 모든 사람이 겪는 일이다' '저건 모든 사람이 겪지 않는 일이다' 하는 생각 자체를 버리는 게 오히려 모두에게 큰 도움이 될 겁니다. 무엇이 '누구'에게 '어떤 상황'에서 발생하느냐, 이렇게 구체적으로 생각하는 게 더 좋아요."

이런 접근법은 개개인의 감정과 발달을 주로 실험실이나 통제된 환경에서 소규모 집단을 통해 연구하는 심리학자의 직업 특성과 잘 맞아떨어진다. 소규모 집단을 대상으로 구체적인 사례를 연구할 때 개개인의 상황과 성격이 인생에 미치는 영향이 선명하게 드러난다. 그중에서 행복이나 불행에 영향을 미치는 어떤 통계 요인 하나만 따로 떼서 집중 조명하는 건 부적절하다. 인간은 통계 수치가 아니며, 보편적인 위험 인자만으로는 각 사람의 인생에 대해 말할 수 있는 게 거의 없기 때문이다. 물론 중년의 '스트레스 요인'은 실재한다. 부모님을 봉양하면서 자녀를 키우고 있는 사람들에게 물어보면 알 수 있다. 하지만 그것이 어떤 연령대에 당연히 발생하는 특징적인 현상이라고 말할 수는 없다. 그래서 2000년대 초반에 주류 심리학계에서는 중년의 위기를 근거도 없고 재미도 없는 개념으로 치부하고 다른 데로 관심을 돌렸다.

이제는 많은 사람이 중년의 위기를 둘러싼 이야기는 다 끝났다고 생각한다. 예를 들어 2011년 과학 뉴스 웹사이트 〈라이브사이언스Live Science〉에 전속 작가인 로빈 닉슨Robin Nixon이 〈중년의 위기는 허무맹랑한 미신에 불과하다The Midlife Crisis Is a Total Myth〉라는 글을 올렸다. 2015년에는 《사이콜로지투데이Psychology Today》 웹사이트에 존경받는 심리학자 수전 크라우스 휘트본Susan Krauss Whitbourne이 〈중년의 위기가 걱정이라고? 걱정하지 마라. 그런 건 존재하지 않으니까Worried About a Midlife Crisis? Don't. There's No Such Thing〉라는 글을 발표했다. 여기서 휘트본은 "중년의 위기가 보편적 경험이라는 주장을 뒷받침하는 데이터는 사실상 전무"하고(진실), 보통은 중년에 특별한 위기가 찾아오지 않으며(역시 진실), 자신이 30~60대 성인 약 500명(심리학계 기준에서 제법 큰 표본 규모)을 조사했지만 중년의 위기가 존재한다는 증거를 찾지 못했다고 쐐기를 박았다.

하지만 중년과 행복을 또 다르게 보는 관점이 존재하는데, 이 관점은 다른 유형의 사상가가 발견했다.

행복의 주관적 요인과
빅 데이터에 주목한 별난 경제학자

2015년에 처음 만났을 때 워릭대학교 경제학 교수인 앤드루 오즈월드Andrew Oswald는 61세였다. 평균보다 키가 조금 큰 그는 희끗희끗한 머리가 반쯤 벗겨지긴 했지만 매일 2시간씩 걷는 습관 덕분에 날씬하고 탄탄한 몸을 유지하고 있었다. 허리를 꼿꼿이 세우고 점잖게 하는 말에서 예리한 분석력이 돋보였다. 그는 자신을 "고지식한 영국인"이라고 소개했는데 무슨 뜻인지 알 것 같았다.

우리가 그의 연구실에서 만난 때는 늦은 봄이었고, 워릭대학교는 격식을 요구하지도 않고, 찾아볼 수도 없는 분위기였다. 그럼에도 오즈월드는 보라색과 주황색 줄무늬가 들어간 진청색 정장을 입고 크림색 넥타이, 갈색 구두, 챙이 좁은 중절모로 포인트를 준 차림이었다. 원래 차려입는 걸 좋아한다고 했다. 연구실에는 의자와 책이 많고 화이트보드에 공식들이 어지럽게 쓰여 있었다. 하지만 연구는 집에서만 한다고 강조한 그의 말에 비춰 보면 보여 주기 용도인 것 같았다. 과묵한 벌칸족(《스타트렉》 시리즈에 등장하는 외계 종족으로, 논리와 이성을 중시하며 감정을 잘 드러내지 않는다-옮긴이) 같은 인상을 깨는 건 한 번씩 문장에 구두점을 찍듯이 짓는 웃음이었다.

오즈월드는 1953년 영국 브리스틀에서 태어났다. 걸출한 정신의학자였던 아버지는 가족을 데리고 스코틀랜드 에든버러로, 다시 호주로 거처를 옮겼는데, 아들에게 거는 기대가 컸다. 오즈월드는 첫사랑과 결혼하고, 옥스퍼드대학교에서 박사 학위를 받고, 학위 논문으로 학계에서 적잖은 주목을 받고, 두 자녀를 낳아 아버지의 기대를 뛰어넘었을 뿐 아니라 그 모든 걸 20대에 이루었다. "그땐 의욕이 충만하다는 말로 부족할 정도였죠."

마거릿 대처 정권 이전인 1970년대에 오즈월드는 당시 영국에서 목격되던 참담한 경제 상황과 그것이 평범한 사람들에게 끼치는 고통에 깊은 관심을 가졌다. "그 시절 영국은 엄청난 실업률과 인플레이션 때문에 혼돈 자체였어요. 그래서 경제학에 발을 들였죠. 내가 그 문제를 해결하겠다고 나선 겁니다." 이렇게 말하곤 웃음을 지었다.

현재 기준으로는 이상하게 들리겠지만 당시 영국 경제학계에서는 실업이 당사자에게 정말로 심각한 문제인가를 두고 공방이 벌어지고 있었다. 일하기 싫어서 자발적으로 실업을 택한 경우도 많다거나 실업이 그리 나쁜 건 아니라는 견해가 존재했다. "그때나 지금이나 우파 진영에서는 기술이 부족한 사람들은 어차피 정부에서 보조금이 나오니까 합리적인 판단 아래 실업을 선택하는 측면이 있다고 주장합니다. 이건 경제학자들이 100년 넘게 주목해 온 쟁점이기도 해요. 실업을 경제적 균형으로 볼 것이냐 대참사로 볼 것이냐 하는 거죠." 오즈월드는 아마 대참사가 맞을 거라 생각했고, 그래서 일자리와 임금을 연구하는 노동경제학으로 방향을 틀었다. 특히 일자리와 임금이 주관적 안녕에 미치는 영향을 집중 연구했다. 그가 1979년 최초로 발표한 논문 주제는 타인의 소득을 기준으로 자신의 소득을 평가하는 현상, 전문 용어로 "비교 성향relative concern"이었는데 당시에는 이 현상에 대해 밝혀진 것이 지금처럼 많지 않았다. 오즈월드는 노동조합에서 상대 소득에 집착하는 경향에 주목했다. 노동조합들은 소속 조합원들에게 최소한 다른 노동조합과 동일한 수준의 소득을 보장하기 위해 노력했다. "딱 봐도 그게 바로 사람들을 움직이는 원동력인 것 같았어요."

당시에는 주관적 요인을 중심으로 연구하는 오즈월드가 별종으로 취급됐다. 그는 개의치 않았다. 그 시절에 스스로에게 했던 말을 지금도 젊은 학자들에게 하고 있다. "모든 사람이 내 연구를 좋아하면 그건 내 연구가 별로 중요하지 않다는 뜻입니다. 그때 난 진짜 보통 고집이 아니었어요. 뭐가 중요한지 잘 알고 있다고 확신했죠."

지금은 아니지만 당시에는 이상하게 여겨진 점이 또 하나 있다. 바로 데이터가 이론을 능가한다는 그의 신념이었다. "나는 옥스퍼드 전통 속에서 공부했는데, 그때는 데이터가 필요 없다는 주의가 암암리에 존재했어요." 똑똑한 경제학자는 천하게 실증적 연구를 하지 않고 수학을 한다는, 현시점에서 그가 보기에는 "위험하고 끔찍한" 사고방식을 그는 주입받았다. 온갖 방정식으로 무장한 청년 오즈월드는 박사 후 연구원으로 프린스턴대학교에 들어가 배운 대로 수학 모델들을 제시했다. 하지만 돌아온 것은 냉담한 반응뿐이었다. "사람들이 그러는 거예요. '앤드루, 이거 괜찮긴 한데 증거는 어디 있어?' 그게 엄청나게 고통스러운 각성의 계기가 됐죠. '아니, 증거는 어디 있냐니 그게 무슨 말이지?'" 오즈월드는 당혹감 속에서 자신을 재정립했다. "진짜로 똑똑한 사람들은 증거를 중시한다는 걸 깨달았어요." 그렇게 그는 '빅 데이터'란 말이 존재하기 훨씬 전에 빅 데이터를 활용하는 학자가 됐다.

빅 데이터, 반골 정신, 주관적 안녕에 매혹된 학자가 행복경제학을 거부하지 못한 건 어찌 보면 당연하다. "나는 실업이 사람들에게 미치는 영향이 궁금했어요. 우리는 사람들이 행복에 대한 질문에 대답한 결과를 모아 놓은 그야말로 '방대한' 데이터 세트를 발견했죠. 자연스럽게 거기서 패턴을 찾으려 시도하게 됐고요." 당시 리처드 이스털린의 선구적 연구는 거의 묻혀 있었다. 하지만 오즈월드는 학계에서 주관적 안녕에 전혀 관심을 갖지 않아서 오히려 그 주제가 더 매력적으로 느껴졌다. "아무도 좋아하지 않을 걸 알았고 연구 결과를 논문으로 발표하지 못할 가능성이 크다고 생각했어요. 그래도 자꾸 마음이 가는 겁니다. 아무리 봐도 그게 제일 중요한 문제였거든요. 우리가 원하는 건 '인간의 행복'을 이해하는 거잖아요? '그렇다면 경제적 요인을 포함해 각종 요인이 어떤 역할을 하는가?' 어쩌면 이게 사회과학을 통틀어 가장 중요한 질문일 수 있단 말이죠."

조슈아 울프 솅크Joshua Wolf Shenk가 《두 사람의 힘: 관계는 어떻게 창조력을 이끌어 내는가Powers of Two: How Relationships Drive Creativity》(한국어판: 《둘의 힘: 창조적 성과를 이끌어 내는 협력의 법칙》, 반비, 2018)에서 밝혔듯이, 위대한 창조물은 이질적인 두 사람이 동반자가 되어 서로를 보완하며 걸출한 사고력이나 창조력을 발휘한 결과물, 즉 창조적 2인조의 결과물인 경우가 많다. 대표적인 예로 비틀스의 존 레넌과 폴 매카트니, 애플 컴퓨터를 설립한 스티브 잡스와 스티브 워즈니악, 개인의 자유와 입헌 통치라는 개념을 결합한 정치적 동지 토머스 제퍼슨과 제임스 매디슨이 있다. 이들은 각자가 출중한 능력의 소유자였지만, 양자의 결합이 화학 반응을 일으켜 어마어마한 결과물을 탄생시켰다.

오즈월드 역시 행복에 관한 방대한 데이터 세트를 발견했을 무렵 데이비드 블랜치플라워David Blanchflower라는 창조력의 촉매를 만났다. "그는 천재예요, 데이터 천재."

행복 데이터에 나타나는
엄청난 일관성

앤드루 오즈월드를 만나고 몇 주가 지난 6월의 어느 날 오전 10시, 다트머스대학교 경제학부에 도착한 나는 바닥이 삐거덕거리는 복도를 지나 오즈월드의 파트너를 만났다. 나를 연구실로 맞아들이는 블랜치플라워는 오즈월드와 '정반대'라는 표현조차 부족하게 느껴질 만큼 달라도 너무 달랐다. 당시 63세던 그는 희끗희끗하고 헝클어진 갈색 머리에 골격이 우람한 건장한 체구였다. 손은 어찌나 두꺼운지 나를 맞으며 악수를 하는데 내 손이 잡아먹히는 것 같았다. 호쾌한 성격이 방 안을 가득 채웠다. 그날 블랜치플라워는 꽃무늬 셔츠(바지 밖으로 나온 셔츠의 뒷자락이 해져 있었다)와 베이지색 면 반바지를 입고 샌들을 신은 차림이었는데, 왠지 계절에 상관없이 그런 바캉스 스타일을 즐겨 입을 것 같았다. 어수선한 연구실에서 단연 눈에 띄는 건 인터뷰하는 동안 거의 내내 그가 반쯤 누워 있다시피 했던 소파였다. 그리고 소파보다 더 눈길을 끄는 것이 책상 위에 일렬로 놓인 모니터 3대였다.

내가 첫 번째 질문을 하기도 전에 대니(블랜치플라워의 별명)는 내가 도착하기 30분 전 그때껏 한 번도 검토해 보지 않았던 데이터 세트를 열어 봤다는 말로 인터뷰를 시작했다. 급히 분석해 봤더니 인생 만족도와 나이 사이에서 전형적인 U자 관계가 발견됐다고 했다. 내가 그의 어깨너머로 모니터에 나열되어 있는 숫자들을 보려고 눈살을 찡그리자 그가 말했다. "죽이죠? 진짜 거들떠보지도 않았던 거거든요. 근데 이런 게 딱 나온 거죠!"

그 데이터 세트에는 37개국에서 취합한 데이터가 수록되어 있었는데 미국과 덴마크 같은 선진국 위주였지만 간간이 중국, 라트비아, 터키 같은 나라가 끼어 있었다. 블랜치플라워는 "정말 희한한 나라 묶음이에요"라고 말했는데, 그래서 굳이 그 데이터 세트를 열어 볼 생각을 안 했던 것이다. 데이터 출처는 "현재의 삶을 전반적으로 볼 때 얼마나 행복하거나 불행하다고 평가하시겠습니까?"라고 묻는 설문 조사였다.

나는 그가 어떻게 데이터를 처리하는지 직접 보고 싶다고 말했다. 그는 데이터를 응시하면서 "미국 쪽은 1200건밖에 없어요"라고 말했다. 유의미한 결과를 도출하기엔 부족한 규모였다. 그래서 그는 서유럽 국가들을 선택했다. 그리고 손가락이 보이지 않을 정도로 빠르게 키보드를 두드리고 이 모니터 저 모니터로 마우스 커서를 이동하면서 데이터 탭을 열고 방정식의 변수를 지정하고 회귀 분석을 돌렸다. 입에서는 "젠장, 이건 또 어디 처박혀 있는 거야?" "대니, 인마, 정신 차려!" 같은 말이 수시로 튀어나왔다.(그는 "역시 이런 건 혼잣말을 좀 해 가면서 해야 제맛이지!"라고 중얼거렸다.)

왠지 다른 사람이라면 몇 시간씩 걸릴 분석을 그는 단 몇 분 만에 처리하고 있는 것 같았다.

과연 50대 초중반에 최저점을 찍는 U자 곡선이 등장했다. 다음으로 동유럽 쪽을 봤더니 역시 U자 곡선이 나타났는데 서유럽보다 최저점이 더 뒤에 있고 반등의 기세도 더 약했다.("동유럽 사람들 불쌍해서 어쩌나.") 이어서 개발도상국들은 50대 초반에 최저점을 찍는 U자 곡선이었다. 그가 여러 가지로 통계적 조작을 더하거나 제외해도, 또 그런 조작을 전혀 하지 않아도 이야기는 거의 달라지지 않았다. 그러자 그는 흡족한 표정을 지으면서, 그리고 어쩌면 그가 보여 주는 결과들을 메모하느라 정신이 없는 나의 가망 없는 분투를 즐기기라도 하듯, 이번에는 영국인 30만 5000명의 설문 결과가 담긴 데이터 세트를 열고 스트레스와 불안을 개입시켰다. 영국인의 인생 만족도는 49세에 최저점을 찍는 U자였고 불안과 스트레스는 비슷한 시기에 최고점을 찍었다.

잠깐 머리를 식히는 동안 그가 말했다. "내가 지금까지 본 데이터 파일이 수백 개는 돼요. 다 셀 수조차 없어요. 기본적으로 방금 본 것 같은 걸 해요. 그러면 또 이런 그래프가 나와요. 이런 게 안 보인다는 사람들이 있어요. 아니, 이걸 왜 못 봐?"

블랜치플라워가 처음부터 데이터 천재는 아니었다. 영국 남부의 해안 도시 브라이턴에서 청춘을 보낼 때만 해도 그는 종잡을 수 없는 인생이었다. 대학을 나온 사람이 전무한 집안에서 대니가 최초의 대학 졸업자가 될 가망성은 별로 없어 보였다. 열세 살 때 꼴찌 반에서 꼴찌를 해서 부모님이 학교에 불려올 정도였다. 그런데 고등학교 때 공부에 좀 관심을 보였더니 성적이 제법 잘 나와 옥스퍼드대학교에 지원하라는 말을 들었다. 하지만 그는 중위권인 레스터대학교에 들어가 경제학을 전공했는데 학업을 소홀히 한 것에 비하면 성적이 좋았다. 이후 "약간 히피 같던" 시기에 캘리포니아 술집의 기도, 록밴드의 로드 매니저 같은 아르바이트를 전전하다가 약간의 여비가 마련되자 훌쩍 아프가니스탄까지 도보 여행을 떠났다. "한동안 샛길로 샜달까요."

하지만 그 과정에서 자신이 경제학, 그중에서 통계에 소질이 있음을 알게 됐다. 그러다 전문대학에서 앞날이 막막한 경제학 개론 강사로 일하던 중 불현듯 "전구에 불이 번쩍 들어오는 순간"을 경험하고는("문득 깨달은 거죠. 와, 씨, 내가 이렇게 똑똑했다니!") 스물여덟에 경제학 석사 과정을 시작했다. 그는 허송한 세월을 만회하듯 빠르게 석사 학위를 취득했고 이후 2년이 안 돼 박사 학위까지 땄다. 당시는 1970년대로 영국에서는 잦은 파업과 실업난 때문에 상당수의 젊은 인재가 자리를 못 잡고 있었다. 그의 박사 학위 논문은 앤드루 오즈월드와 마찬가지로 노동조합과 임금을 주제로 했고, 그의 성향 역시 오즈월드처럼 데이터에 귀 기울이고 일상의 세계에 주목하는 것이었다. "나는 이걸 발품의 경제학이라고 불러요. 나는 경제학이 좋았어요. 하지만 청년 실업의 현실을 이해하고 싶은 마음이 간절했죠."

어쩌면 그와 오즈월드의 인연은 필연이었을지 모른다. 그들은 1980년대 중반 런던에서 만났다. 금세 의기투합해 공동 연구를 하기로 했는데 그때만 해도 앞으로 다 세기조차 귀찮을 만큼 많은 논문을 같이 쓰게 될 줄은 몰랐다. "함께 쓴 논문이 아마 수백 편은 될걸요. 우리는 서로를 완벽하게 보완하는 관계예요. 나는 데이터를 처리하고 그는 초안을 쓰죠." 그들은 임금과 노동 시장에 관한 논문을 많이 썼고, 그중 1988년 논문에서는 마치 누가 더 반골인지 경쟁하다 새로운 경지에 이르기라도 했는지 기존 경제학에 가운뎃손가락을 들어 보이는 것과 같은 선언을 했다. "이 논문에는 수학 모델이 일절 포함되어 있지 않고 (……) 계량경제학적 분석도 없다." 이 노골적인 경고문을 보고 아연실색하는 경제학자들의 반응을 블랜치플라워와 오즈월드는 만끽했다. "1988년에 다들 우리한테 콧대를 한 방씩 맞은 거죠." 1980년대 말에 두 사람은 배포가 맞는 또 다른 경제학자 앤드루 클라크Andrew Clark와 함께 다트머스대학교를 아지트 삼아 당시 거의 잊혀 있던 리처드 이스털린의 행복설을 재발굴하기 시작했다.

오즈월드가 먼저 행복에 관심을 갖고 블랜치플라워를 설득했으나 처음에는 반응이 시큰둥했다. "자꾸 행복 데이터에 뭔가가 있다길래 '그러든가 말든가'라고 했죠. 그런데 실제로 보니까 행복 데이터도 임금 데이터만큼 엄청난 일관성이 보이는 거에요." 빅데이터 연구자에게 어떤 패턴이 일관성 있게 반복해서 나타난다는 건 뭔가가 있다는 뜻이었다. 그래서 1993년 오즈월드와 앤드루 클라크를 포함한 몇몇 연구자가 행복경제학 학술회의를 열었다. "교내에 대대적으로 홍보하고 의자를 100개씩 가져다 놨는데 파리만 날렸어요"라고 오즈월드는 기억한다. 그나마 참석한 극소수 발표자가 들고 온 논문조차 행복과 관련성이 있어 봤자 희박한 수준이었다.

나이와 행복의 명료한 관계, U자 곡선

이러한 학계의 무관심은 물론 반골 2인조가 이 주제에 더 매력을 느끼게 만들었을 뿐이었고, 두 사람은 집요하게 데이터 세트를 파고들며 패턴을 탐색했다. 이때 행복과 관련성을 테스트한 요인 중 하나가 '나이'였다. 그렇다고 뭔가 짚이는 게 있었던 건 아니고 순전히 데이터가 있으니까 그냥 테스트해 본 것뿐이었다. 그런데 번번이 동일한 패턴이 출현했다. 오즈월드와 앤드루 클라크는

1994년 영국왕립경제학회Royal Economic Society의 《경제저널Economic Journal》에 발표한 논문에서 실업이 불행의 원인이 되는지 논하면서(강력한 원인이 된다가 답이다) 이렇게 썼다. "나이와 관련해 정신적 안녕의 U자 곡선이 나타난다." 이어서 1996년 《직업조직심리학저널Journal of Occupational and Organizational Psychology》에 발표한 논문에서는 피터 워Peter Warr라는 심리학자와 함께 직업 만족도가 "나이에 따라 U자 곡선"을 보인다고 밝혔다.

그때는 이런 결과가 그저 흥미롭고 특이한 현상으로만 보였다. 이 현상을 설명할 이론이나 증거가 마땅치 않았기에 그들 또한 큰 관심을 기울이지 않았다. 오즈월드는 "우리도 그럴 때 남들이 하는 것처럼 했어요. 그냥 다른 사안으로 넘어간 거죠. 연구란 건 안개 속에 있는 거와 비슷해요. 당장은 뭐가 잘 안 보이거든요"라고 말했다.

하지만 나이와 행복의 관계는 끈질기게 포착됐고 더욱이 그들의 연구에서만 나타나는 현상도 아니었다. 일례로 캐럴 그레이엄이 또 다른 나라와 데이터 세트를 분석했을 때 비슷한 패턴이 포착됐다. 2004년 《공공경제학저널Journal of Public Economics》에 발표한 〈영국과 미국의 안녕감 추이Well-Being over Time in Britain and the USA〉에서 블랜치플라워와 오즈월드는 충분한 데이터를 근거로 나이가 그 자체로 행복의 결정 요인이 된다고 자신 있게 선언할 수 있었다. 이 논문에서 그들은 결혼은 행복에 매우 긍정적으로 작용하고 실업은 매우 부정적으로 작용한다고, 영국에서는 인생 만족도가 정체되어 있고 미국에서는 감소 추세라고(단 미국 흑인의 경우는 증가 추세), 상대 소득이 중요하다고 썼다. 그리고 나이가 인생 만족도에 독립적인 영향을 미친다고 밝혔다. "나이가 응답자들이 말하는 행복도에 미치는 선명한 영향이 흥미롭다. 이것은 U자 곡선으로 나타난다."

그들은 영미 양국에서 결혼, 교육, 취업 같은 주요 변수를 보정해도 여전히 나이의 영향이 나타난다고 했다. 남녀 모두 마찬가지였다. 시대가 변하면서 사회적 또는 경제적 상황이 달라진 결과로 보기도 어려웠는데 동일한 패턴이 선 세내에 길쳐 발견됐기 때문이다. "모종의 구조적 요인이 있는 것으로 보인다. 심리학 문헌에서조차 명쾌한 해설을 찾을 수 없다."

이 2004년 논문은 나이가 뭔가 심상치 않은 변수임을 세상에 알리는 선언문으로 큰 파장을 불러일으켰다. 블랜치플라워와 오즈월드는 4년 뒤 학술지 《사회과학과 의학Social Science & Medicine》에 나이와 행복에 관한 역작 〈인생 주기에서 안녕감은 U자 곡선을 그리는가?Is Wellbeing U-Shaped over the Life Cycle?〉를 발표했다. 유럽과 미국에서만 50만 명 이상 설문한 결과를 포함해 수십 개국 수십만 명의 방대한 데이터를 토대로 그들이 내놓은 대답은 "그렇다"였다. "보다시피 안녕감이 인생 중반 즈음 최저점에 도달한다. 이러한 규칙성은 대단히 흥미롭다. U자 곡선은 남성과 여성에게 비슷하게 나타나고, 대서양 왼편과 오른편에서 비슷하게 나타난다(단 미국 남성의 경우 최저점에 도달하는 시기가 조금 더 늦다)."

U자 곡선이 나타나지 않는 국가가 20개 남짓 됐지만 대부분 표본 규모가 작은 개발도상국이었다. 통계학에서 표본이 작을 때는 개개인의 특수한 상황이 큰 편차를 만들어 '잡음'이 발생하기 때문에 패턴을 발견하기가 어렵다. 가령 표본이 겨우 3인으로 구성되어 있다면 한 사람은 25세의 구직자, 또 한 사람은 45세의 행복한 재혼자, 나머지 한 사람은 65세의 암 환자일 수 있다. 이런 초소형 표본에서는 그런 특성들로 인해 나이 자체의 영향이 무력화된다.

2008년이 되자 블랜치플라워와 오즈월드는 U자 곡선을 발견한 다른 학자들의 논문을 20개 이상 인용할 수 있었다. 두 사람은 더 많은 증거를 확보하기 위해 정신 건강 쪽도 살펴보기로 했다. 중년에 인생 만족도가 저조하다면 이 시기에 우울증이 증가한다고 볼 여지가 있다고 판단해 16~70세 영국인 약 100만 명의 데이터를 확보했다. 과연 40대 중반에 우울증 발병 확률이 최고점을 찍는 역 U자(언덕 모양) 곡선이 발견됐다. 2012년에는 논거를 확충하기 위해 유럽 27개국의 항우울제 처방 건수를 집계한 데이터를 분석했다. 결과는 동일했다. 40대 중반에 항우울제 복용 확률이 최고점을 찍는 언덕 모양이었다. 이듬해에 그들은 미국 뉴햄프셔주와 뉴멕시코주의 정신 건강 약물 복용 현황에 대한 데이터를 입수했다. "45~49세 집단에서 복약 확률이 가장 높다. 이 데이터 역시 중년에 최고점이 발견된다."[1]

이 현상은 2010년 영국 시사 주간지 《이코노미스트》에 실린 〈인생의 U곡선The U-Bend of Life〉이란 기사를 통해 더 많은 사람에게 알려졌다. 이 기사는 블랜치플라워와 오즈월드의 연구 성과만 거론하지 않았다. 서던캘리포니아대학교의 심리학자 아서 A. 스톤이 조지프 E. 슈워츠Joseph E. Schwartz, 조앤 E. 브로더릭Joan E. Broderick, 앵거스 디턴과 공서한, 당시로서는 최신 논문에 수록된 그래프를 함께 실었다. 〈미국인의 심리적 안녕감의 연령 분포 스냅숏A Snapshot of the Age Distribution of Psychological Wellbeing in the United States〉이라는 제목이 붙은 이 논문은 미국인 30만 명 이상이 참여한 갤럽 설문 조사 결과를 토대로 심리적 안녕감이 40대 후반~50대 초반에 최저점을 찍는 U자 곡선을 보여 준다. 통계적 보정을 거치지 않고 맨눈으로 봐도 이 패턴이 뚜렷이 드러난다.[2]

이 현상에 관해서는 뒤에서 다시 이야기하겠다. 지금은 그들의 연구에서 이전의 중년 연구들이 놓쳤던 '무언가'의 징후가 포착됐다는 점만 알아 두자. 인생 만족도는 성인기 초반을 지나며 서서히 하락해 중년에 바닥을 친 후 서서히 반등하는 경향을 보인다. 앤드루 오즈월드는 이 데이터의 잠재력을 자신 있게 말한다. 우리가 처음으로 대화를 나누었을 때 그는 서두에 이렇게 말했다. "나는 이게 인간에 대한 특급 발견으로, 우리가 죽은 후에도 수백 년간 영향을 떨칠 거라 봅니다."

U자 곡선에 내포된
문제점

모든 사람이 설득된 건 아니었다. U자설에는 잠재적 문제점이 하나 있었다. 그로 인해 관련 연구가 전혀 예상치 못한 방향으로 나아가게 된 만큼 짚고 넘어갈 필요가 있다.

말했다시피 U자 곡선은 빅 데이터 현상이다. 블랜치플라워, 그레이엄, 오즈월드 등의 연구자들은 기본적으로 수만 명, 가능하면 수십만 명, 때로는 수백만 명을 포괄하는 데이터 세트를 분석해 U자 곡선을 발견한다. 이처럼 가히 인산인해를 이루었다고 할 만큼 무수한 사람의 데이터가 있을 때 강력한 통계 기법을 이용해 패턴을 찾을 수 있다.

그들이 분석하는 유형의 데이터, 즉 전 세계를 아우르는 초대형 행복 설문 조사 데이터가 1960년대에 엘리엇 자크가 중년의 위기 가설을 주창할 때는 존재하지 않았다. 그리고 데이터가 곧 인간은 아니기에 심리학자들은 설득되지 않았다. 사람들이 어떻게 사는지, 그들의 만족도가 어떻게 하락하고 상승하는지 알고 싶으면 훨씬 작은 표본을 분석해야 하고, 개개인을 구별해야 하며, 보통은 그들의 삶을 세밀하게 관찰해야 한다. 개인의 경험은 빅데이터로 탐구할 수 있는 것이 아니다. 적어도 당시에는 그렇게 생각했다.

U자 곡선은 또 다른 장벽에도 부딪혔다. 1975년에 다양한 연령대의 미국인 100만 명에게 인생이 얼마나 만족스러운지 물었다면 엄청나게 큰 데이터 세트가 확보됐을 것이다. 하지만 그것은 스냅숏, 그러니까 사람들이 1975년 '현재'에 느끼는 만족도를 순간 포착한 사진일 뿐이다. 예를 들어 1975년에 30세와 60세 미국인들이 45세 미국인들보다 행복하다고 해도 그건 단지 각 세대가 인생에서 경험한 상황이 다르기 때문일 수 있다. 어쩌면 45세 미국인들은 대공황기에 유년을 보내면서 불황이 남긴 상흔을 안고 살기 때문에 대체로 인생에 대한 낙관적 전망이 약한 것일 수 있다. 이 예시는 가설이 아니다. 실제로 아버지는 대공황을 겪으면서 돈에 대한 비관론과 불안감이 생겨 돈을 악착같이 모았다.

U자 곡선이 통계학에서 말하는 "동년배 효과cohort effect"(출생 시기별로 세대 경험이 다르게 나타나는 현상-옮긴이)의 영향이 아니라

나이의 영향으로 나타나는 것임을 확인하려면 서로 다른 시대에 태어났으나 세대 경험은 동일한 사람들을 비교해 보는 게 이상적이다. 물론 불가능한 일이다. 아니면 개개인을 인생 전반에 걸쳐 조사하는 방법이 있긴 하지만 그러자면 당연히 평생이란 시간이 소요될 것이다. 그사이에 많은 사람이 이탈하거나 종적을 감출 것이고 남은 사람들을 계속 조사하는 데도 어마어마한 비용이 든다. 사람들을 1년 동안 조사하는 것조차 매우 어려운 일이다. 소수의 연구자들이 평생 데이터를 구해 분석했을 때 U자 곡선이 일관되게 나타나지 않았던 이유 중 하나가 이것이었다.

2002년 워릭대학교의 젊은 대학원생 닉 파우드타비Nick Powdthavee가 오즈월드에게 박사 과정 지도 교수가 되어 달라고 부탁했다. 파우드타비는 태국 출신 영국 이민자로 원래는 "불교경제학"을 연구할 계획이었다. 하지만 오즈월드의 지도로 남아프리카의 안녕감에 대한 데이터를 분석하는 쪽으로 방향을 틀었다. 그랬더니 아니나 다를까 U자 곡선이 발견됐다. 내가 만났을 때 30대 후반이던 파우드타비는 이미 수십 편의 논문을 쓰고 행복경제학 책도 한 권 출간한 상태였다. 우리는 당시 그가 교수로 있던 런던정치경제대학교 지하 카페에서 커피를 마시며 이야기를 나누었다(이후 그는 워릭대학교로 복귀했다). 그때 그가 말했다. "항상 같은 패턴이 발견돼요. 어떤 데이터 세트를 보든 간에 거의 예외 없이 이 U자 곡선이 존재하죠."

하지만 남아프리카의 데이터 역시 스냅숏에 불과했다. 파우드타비는 스냅숏이 아닌 영화를 원했다. 그래서 그와 오즈월드는 또 다른 학자 테런스 청Terence Cheng과 함께 이 문제에 정면으로 도전했다. 그들은 백방으로 수소문한 끝에 3개국(호주, 영국, 독일)에서 장기간에 걸쳐 사람들을 조사한 결과를 담은 총 4개의 데이터 세트를 확보했고, 각 데이터 세트에 통계 기법을 적용해 그들의 표현을 빌리자면 인생 만족도의 "동일인 내 변화"를 확인했다. 4개 데이터 세트에서 공히 U자 곡선이 발견됐고 최저점은 모두 40대에 포진해 있었다. U자 패턴이 나이가 들면서 실제로 겪는 현상이라는 증거였다. 물론 모든 사람에게 해당하진 않는다고 해도 패턴의 타당성을 입증하기엔 충분했다. 파우드타비는 "이건 실제로 존재해요"라며 "근본적이고 중요한 현상이죠"라고 덧붙였다.[3]

그런데 근본적이라면 얼마나 근본적일까? U자 곡선은 생물학적 현상일까? 아니면 문화적 현상일까? 외부 압력에 의한 것일까, 내면 설계에 의한 것일까?

이런 의문점을 염두에 두고, 하지만 순전히 직감에 의존한 채 오즈월드는 알렉산더 와이스Alexander Weiss에게 메일을 보냈다.

유전성 또는 생물학적 요인이
행복에 미치는 영향

때로는 개인의 어떤 별난 점이 커리어의 전환점과 중대한 발견의 계기를 만들기도 한다. 알렉산더 와이스는 현재 스코틀랜드 에든버러대학교에 재직 중인 미국인 비교심리학자다. 비교심리학은 쉽게 말하자면 인간 심리를 더 잘 이해하기 위해 동물 심리를 연구하는 학문이다. 와이스는 밤눈이 어둡다. 그는 말미잘과 표범무늬상어 연구로 석사 학위를 받은 후 박사 과정에서 나방의 심리를 연구하려고 했다. 하지만 야맹증이 발목을 잡았다. 그래서 대안을 찾던 중 지도 교수의 권유로 침팬지 연구에 합류했다.

인간의 성격과 전반적 행복도는 5대 성격 특성의 영향을 강하게 받고, 이 5대 특성은 다시 유전자의 영향을 강하게 받는다. 5대 성격 특성은 흔히 사용되는 명칭을 쓰자면 신경성neuroticism, 외향성extroversion, 경험에 대한 개방성openness to experience, 우호성agreeableness, 성실성conscientiousness이다. 이 중에서 낙관적이고 긍정적인 특성들은 서로 결속을 통해 상호 강화됨으로써 낙관적이고 긍정적인 성격을 만드는 것이 보통이다. 와이스와 다수의 동료 학자들은 이 현상을 "상호활성화covitality"라고 부른다. 우리의 성격 구조와 기본적인 행복도는 부모에게서 물려받는 부분이 많다.

인간의 주관적 안녕(넓은 의미의 행복)과 성격 구조는 서로 긴밀하게 영향을 주고받을 뿐 아니라, 둘 다 유전성이 매우 강하다(유전의 영향이 무려 50퍼센트 정도 된다). 그렇다면 생물학적 요인은 얼마나 중요할까? 이에 대한 힌트는 인간의 가장 가까운 친척에게서 얻을 수 있다.

와이스는 동료 학자 R. 마크 엔스R. Mark Enns, 제임스 E. 킹James E. King과 함께 동물원의 침팬지 연구에 돌입했다. 그런데 침팬지의 지배성dominance(침팬지의 성격과 안녕에 큰 영향을 미치는 요인으로, 인간의 외향성 및 낮은 신경성과 밀접한 관련이 있는 침팬지의 성격 특성)을 분석하자 놀랍게도 유전성이 강하고 안녕감과 강한 연관성이 있는 것으로 드러났다.[4] 이런 결과는 인간에게서 보이는 양상과 비슷했고, 이는 곧 생물학적 요인이 행복에, 그리고 행복을 일으키는 성격 특성들에 강력한 영향을 미친다는 뜻이었다. 와이스는 나와 영장류 연구에 대한 대화를 나누면서 이렇게 말했다. "그 결과를 보고 자극을 받았어요. 우리는 침팬지 같은 유인원 연구를 통해 인간의 성격과 안녕에 대해 많은 걸 배울 수 있죠."

영장류의 심리와 성격을 연구하는 과정에서 와이스는 2가지 유익한 성취를 이루었다.

첫째, 와이스는 제임스 킹과 함께 침팬지와 오랑우탄의 행복도를 평가하는 기법을 개발했다. 물론 유인원이 스스로 얼마나 행복한지 말할 수야 없다. 하지만 여러 감정을 표현할 수 있고, 이것은 자신이 돌보는 동물을 속속들이 알고 있을 사육사를 통해 꽤 신뢰성 있게 인간의 언어로 전달될 수 있다. 예를 들어 유인원이 긍정적인 기분인지 부정적인 기분인지, 사회적 교류에서 얼마나 즐거움을 느끼는지, 목표를 얼마나 달성했는지 등을 물었을 때 다수의 평가자가 일관성 있게 대답했고, 그 대답은 성격 특성을 측정하는 데 사용되는 객관적 지표(예들 들어 신체 건강)와 일치했다. 그래서 와이스는 유인원의 감정에 대해 많은 정보를 확보할 수 있었다.

둘째, 와이스는 나이가 침팬지의 성격에 영향을 미치는 양상이 인간과 흡사하다는 사실을 알게 됐다. 그와 제임스 킹은 "인간의 성격 발달은 점차 내향성이 강해지고, 경쟁성과 감정성이 약해지며, 행동 통제력이 강해지는 것이 특징이다. 이런 패턴은 침팬지에게도 대체로 보존되어 있다"라고 썼다.[5] 나이가 침팬지의 성격 형성에 영향을 끼친다는 사실은 대단히 흥미로운 발견이다. 우리의 성격 구조는 물론이고 성격 '발달' 양상이 고등영장류의 생물학적 특징과 어느 정도 연계되어 있음을 알려 주기 때문이다. 와이스는 내게 이렇게 말했다. "침팬지가 취업 같은 걸 하진 않죠. 그렇게 우리와 서로 처한 상황이 매우 다르긴 해도 기본 궤적은 동일합니다. 침팬지와 오랑우탄이 50~55세까지 산다는 사실을 통계적으로 보정하면 나이가 만드는 격차의 수준이 인간에게서 볼 수 있는 것과 굉장히 유사하단 걸 알 수 있죠." 그렇다면 인간 과 유인원의 정서 발달에서 다른 유사점이 발견된다 한들 별로 놀랍지 않을 것이다.

침팬지도 중년의 슬럼프를 겪는다

어느 날 와이스는 이름을 한 번도 들어 본 적 없던 앤드루 오즈월 드라는 경제학자의 메일을 받았다. "이런 내용이었어요. '침팬지 와 오랑우탄의 안녕에 관한 연구 결과 잘 봤습니다. 내 연구에서 나이와 안녕에 근본적으로 존재하는 U자 곡선이 발견됐는데 혹시 유인원에게서 이런 곡선을 찾으려고 생각해 본 적 있으십니까?' 그는 그런 생각을 해 본 적이 없었다. 오즈월드와 직접 만나 이야 기하기로 한 후 와이스는 곧장 미국과 일본을 중심으로 그 외 호 주, 캐나다, 싱가포르를 포함한 나라에서 서식 중인 침팬지 336마 리와 오랑우탄 172마리의 데이터를 면밀히 분석하기 시작했다(이 유인원들의 서식지는 동물원, 연구소, 보호 지역이었다). 그 결과는 명백했다. "진짜로 유인원에게도 U자 곡선이 존재한다는 증거가 나왔죠." 유인원은 인간으로 치면 45~50세에 해당하는 시기에 안녕감이 최저점을 찍었다.

이 연구 결과가 2012년《미국국립과학원회보Proceedings of the National Academy of Sciences》에 발표한 논문〈인간 안녕의 U자 곡선과 일치하는 대형 유인원의 중년의 위기에 대한 증거Evidence for a Midlife Crisis in Great Apes Consistent with the U-Shape in Human Wellbeing〉다. 여기서 오즈월드와 와이스를 비롯한 공동 연구자들(영장류학자 포함)은 이렇게 썼다.[6] "우리가 얻은 결과는 인간의 안녕에서 나타나는 곡선이 인간의 전유물이 아니며, 설령 이 곡선이 인간의 삶과 사회라는 측면에서 설명될 수 있는 부분이 있을지라도, 다른 한편으로는 우리와 가까운 친족인 대형 유인원과 공유하는 생물학적 특성에서 일부 기인했을 여지가 있음을 시사한다."

이 논문은 큰 파장을 불러일으켰다. 원숭이에게 중년의 위기라니! "당시에는 좀 부담스러울 정도였죠"라고 와이스는 말했다. 가장 놀란 사람은 자신의 직감이 정말로 들어맞을 줄 몰랐던 앤드루 오즈월드였다. 그는 3차 데이터 세트까지 본 후에야 비로소 수긍했다며 벌써 여러 해가 지났지만 그때 기억이 생생하다고 했다. "지금까지 살면서 '나는 죽어도 이건 남겠다. 이게 완전히 틀린 게 아니라면 인간에 대한 근본적인 발견이야'라고 생각했던 적이 서너 번 있었는데 그때 앉아 있었던 책상이 아직 기억납니다."

충실한 실증주의자인 오즈월드는 다른 사람의 유인원 연구에서 동일한 결과가 나와야 안도의 한숨을 쉴 수 있을 것 같다고 말했다. 그래도 개인적으로는 어떻게 생각하는지 묻자 "인간에게 지극히 보편적인 현상이 아닐까 싶습니다"라고 대답했다. 여기서 "보편적"이라는 말은 어디까지나 그런 '경향성'이 보편적이라는 뜻이지, 모든 사람이 중년에 번뇌의 시기를 겪는다는 뜻은 아니다. "기본적인 과정은 모든 사람에게 동일할 거라고 생각해요. 물론 내가 틀렸을 가능성에 마음을 열어 두고 있지만 지금까지 나온 증거가 그래요."

나는 이 유인원 연구 결과를 보고 마침내 행복 곡선에 완전히 사로잡혔다. 그렇지 않아도 다른 모든 것이 내가 40대에 느낀 만성적 불만은 나를 둘러싼 상황에서 기인한 게 아니며, 더 나아가 그 원인은 '나', 즉 의식적이고 합리적인 내 자아가 아니라고 말하고 있었다. 거기에 유인원들이 쐐기를 박아 버린 것이다. 그러니 내가 꼭 어리석은 결정을 내리며 살았다고 생각하거나, 인간으로서 스스로에게 실망하거나 끔찍해할 필요가 없었다. 그런 불만을 느끼는 이유를 유인원들이 모르는 것처럼 나라고 꼭 다 알아야 할 필요는 없었다. 만약에 어떤 이유로든 진화 과정에서 중년에 불만을 느끼는 경향이 우리 안에 깔렸다면 우리가 그 이유를 이해하지 못하는 건 '당연할' 수 있다. 대자연이 우리 안에 어떤 생리적·심리적 프로세스를 내장 장치로 설치할 때 그 원리를 꿰뚫어 보는 안목까지 함께 설치하는 경우는 거의 없다. 이 모두가 나의 충동적이고 황당한 심리, 멀쩡히 잘하고 있던 글 쓰는 일을 관두는 공연한 상상을 하는 심리를 설명하는 데 도움이 될 것 같았다.

데이터로 풀 수 없는
불가사의

"그런데 나는 확실히 U자를 경험한 것 같아요." 언젠가 오즈월드가 문득 생각났다는 듯이 말했다. 그는 40대에 이혼했다.("원수한테도 차마 권하지 못할 짓이죠.") 당시에는 그의 행복 연구가 빛을 발할 것 같지도 않았다. "내 인생의 후반전이 영 시원찮게 느껴졌어요. 전반적으로 내리막길이라고 생각했죠."

블랜치플라워 또한 중년이 힘들었다. "그때 내가 원했던 게 뭔지 알아요? 유명해지는 거였어요. 이미 아이비리그 대학교에서 정교수가 됐고 《임금 곡선The Wage Curve》〔블랜치플라워와 오즈월드가 노동 시장에 관해 쓴 명저〕이란 공동 저서까지 냈는데 아직 마흔밖에 안 됐죠. 그때 우리 둘 다 그랬어요. '와! 이거 생각했던 것보다 좀 빠른데!' 그게 중년의 위기였던 것 같아요. 이런 식이었죠. '이 정도론 아직 부족해.'" 당시 덫에 걸린 기분이었는지 묻자 블랜치플라워는 싱긋 웃으면서 "난 아니었지만 아내가 내 덫에 걸린 기분이었을 거예요"라고 대답했다. 그는 스트레스를 풀려고 스노모빌과 요트를 구입하고, 연구에 더욱 몰두했다. "거의 하루 종일 일할 때가 많았죠. 일을 안 할 때면 애들하고 시간을 보냈고요. 확실히 부부 관계에는 소홀했어요." 그도 오즈월드처럼 심적으로 고통스러운 이혼 과정을 겪었고 설상가상으로 암 판정까지 받았다. 그는 그 시기를 한마디로 표현할 수 있다고 말했다. "고통".

앤드루 오즈월드는 쉰 살 즈음에 현재 부인을 만났는데, 전 부인이 그와 상극이었다면 지금 부인은 천생연분이었다. 그는 인생을 보는 관점이 달라지고 미래에 대한 전망이 더 밝아졌다. "내 나이쯤 되면 자기한테 한결 너그러워져요. 자기가 잘한 거에 더 비중을 두게 되죠. 나쁜 거에 미련을 둬서 뭐하겠습니까."

블랜치플라워도 비슷한 역전 현상을 경험했다. 그의 표현을 빌리자면 50대 초반에 "인생이 폈다"고 한다. 7년 동안 마음고생을 한 끝에 이혼에 종지부를 찍었고 암도 호전됐다. 재혼으로 행복한 결혼 생활을 시작하고, 건강을 되찾고, 유명한 신문에 정기적으로 칼럼을 쓰고, 잉글랜드은행(영국 중앙은행) 통화정책위원회의 일원이 됐다. 그리고 성격이 더 느긋해졌다. "따분한 학자로 사는 게 점점 싫어져요. 굳이 뭘 또 증명해." 낚시를 즐기는 그는 낚시 이야기를 할 때면 경제학자다운 엄밀한 분석이 빛난다. "해질 때 맞춰서 저녁 7시 30분쯤 갑니다. 낚시는 주위가 조용해야 잘 되거든요. 근데 또 조용할 때는 벌레가 잘 꼬인단 말이죠. 트레이드오프(한 가지를 얻으려면 다른 한 가지를 포기해야 하는 상황을 말하는 경제학 용어–옮긴이)랄까요."

블랜치플라워와 오즈월드는 재혼하면서 마음가짐이 바뀐 걸까, 아니면 마음가짐이 바뀌면서 행복한 재혼 생활이 가능해진 걸까? 그들과 나눈 대화를 돌이켜보니 행복 곡선의 방향 변화가 인생과 선택의 결 변화와 어떤 식으로 서로 영향을 주고받았는지는 나나 당사자인 그들이나 절대 알 수 없을 것 같았다. 이것은 어떤 데이터 세트로도 풀 수 없는 불가사의다. 나는 다만 곡선의 변곡점을 돌아 행복해진 두 남자를 만났다는 사실만 알 수 있을 뿐이다.

앤드루 오즈월드를 처음 만났을 때 나는 이렇게 말했다. "이제 50대 초반이 되니까 만족감이 점점 커지는 것 같아요." 그러자 돌아온 그의 일성.

"예순은 돼 보고 말해요!"

3장

나이 든다는 것의 의미

시간, 행복, U자 곡선

인생 만족도의 다양한 패턴
: 우상향 선, V자 곡선

물론 모든 사람이 45세에 불행해지거나 그 이후로 행복해지진 않는다. 그래서 이번 장에서는 행복 곡선의 의미와 범위를 살펴보려 한다.

행복 곡선을 소개하려면 먼저 이 곡선이 무엇이 아닌지부터 이야기하는 게 가장 좋은 방법이다. 행복 곡선은 필연성이 아니다. 행복 곡선은 '경향성'이다.

필연성과 경향성은 천지 차이다. 이 차이를 알아야 현실에서 행복 곡선의 효과가 미묘하고 예측 불가능하고 이상하게 나타나는 이유를 더 잘 이해할 수 있다. 인생 여로를 이루는 강물은 표준적인 흐름이 있고 잘 규명된 굽이가 있다. 그런데 역설적이게 어떤 두 여행자도 동일한 여로를 경험하지 않는다.

심리학자들은 중년의 위기가 보편적이라는 생각이 착각이라고 말한다. 수전 크라우스 휘트본은 《사이콜로지투데이》 기고문에서 "물론 성인기 중반에 불행한 기분이 들 수 있고 홧김에 스포츠카를 살 수도(또는 그런 상상을 할 수도) 있다. 하지만 그것이 나이 때문이라거나 나이와 직접 관련이 있다는 데는 회의적이다. 변화는 나이를 막론하고 우리가 성취를 위해 매진할 때라면 언제든 생길 수 있고 그 형태가 반드시 위기여야 하는 것도 아니다"라고 썼다.[1] 전적으로 옳은 말이다. 나는 행복의 U자 곡선을 경험한 사람만 많이 만난 것이 아니라 인생 만족도의 추이가 전혀 다른 형태인 사람도 많이 만났다.

말했다시피 나는 설문지를 통해 중년 이상의 성인 약 300명에게 그간의 인생을 10년 단위로 평가하고 표현해 달라고 요청했다.(나는 캔트릴 사다리의 탁월한 질문을 이용해 응답자들에게 인생 만족도를 0~10점으로 평가해 달라고 했다. 그리고 각 10년을 가장 잘 표현하는 단어나 문구를 3개씩 알려 달라고 했다. 응답자들은 내 주변인, 무작위로 선정한 사람, 일리노이주 피오리아 소재 브래들리대학교의 오셔평생교육원Osher Lifelong Learning Institute 성인 과정 수강생으로 구성됐다. 조사에 도움을 준 브래들리대학교의 마저리 게츠Marjorie Getz 교수에게 감사드린다. 조사 목적이 글을 쓰기 위한 것이었기에 과학적 타당성을 확보하려는 시도는 하지 않았다. 그랬음에도 조사 결과가 학계의 연구 성과와 일치했다.)

그 결과 U자 곡선을 제외한 나머지 형태 중에서 내가 제일 많이, 무척 많이 본 인생 만족도의 궤적은 상승하는 선 모양이었다. 이런 우상향 패턴을 경험하는 사람들은 대개 성인기 초반에 불행과 격동을 겪은 후 그런 과거와 작별을 고하고 행복한 인생을 살기 시작한다.

조가 그런 사람이었다. 우리가 대화를 나눌 당시 57세였던 조는 10년 단위로 평가한 인생 만족도가 20대 4점, 30대 5점, 40대 6점, 50대 7점으로 꾸준히 증가했다. 그는 남부에서 태어나 평생을 남부에서 살았다. 고등학교를 졸업한 후 대학에 진학하지 않고 화물차 운전사로 일하다가 용접 기사로 전업했다. 그는 살면서 이런저런 실수를 저질렀다. 예를 들면 23세에 시작해 30세가 되기 전에 파탄 난 결혼이 그랬다. 그는 폭음을 하고 마약을 복용했다. 이혼하면서 새 출발을 해야 하는 시점에 남은 건 미납금 고지서뿐이었고, 다시 부모님 집으로 들어가는 굴욕을 감수해야 했다. 하지만 30세에 좋은 짝을 만나 결혼하고 아들을 낳았다. 그리고 그즈음에 제철소의 크레인 기사가 되어 지금까지 20년이 넘도록 근속 중이다. 조는 그 일이 적성에 맞기도 하고, 안정적이고 보수가 좋은 육체노동 일자리가 점점 더 귀해지는 작금의 현실도 잘 알고 있다. 하지만 그에게 가치관의 중심은 어디까지나 가정이다. "우리 때는 장래 희망이 소방관이나 경찰관, 우주비행사인 애들이 많았어요. 그런데 내 꿈은 그냥 아빠가 되는 거였죠."

중년이 되자 조는 신에게 더 가까이 다가가고 싶었다. 원래 교회를 다니긴 했지만 "사람들에게 본이 되는 삶을 살아야 하는데 그러질 못했어요"라고 토로했다. 그는 아버지이기 때문에 더 잘 살고 싶었다. 57세인 그는 신과 좋은 관계를 맺고 있고 관계가 더욱더 좋아지고 있다고 느낀다. "며칠 전 아내와 외출을 했는데 어떤 청년이 다가와서 결혼 생활을 잘하는 비결이 뭐냐고 묻는 겁니다. 아내도 나도 '하나님'이라고 대답했어요. 나는 하나님이 없는 삶은 힘들 수밖에 없다고 믿습니다."

그에게 미래를 어떻게 전망하는지 묻자 60대는 8점이 될 것 같다고 했다. "그때도 아내와 같이 살고 있을 거고 어쩌면 손주를 보겠죠. 바다나 강이 보이는 곳에 살고 있으면 좋겠어요. 나이가 들수록 인생이 더 살 만해지는 것 같습니다. 날마다 뭔가를 배우면서 발전하거든요."

또 하나 많이 볼 수 있는 인생 만족도의 패턴은 V자 곡선이다. V자 곡선은 U자 곡선이나 우상향 선만큼 흔하진 않은데, 차라리 다행이라 할 수 있다. 이 패턴은 만성적인 불쾌감이 아니라 처참한 실패나 혹독한 위기를 특징으로 하기 때문이다.

내가 잘 알고 지내는 토니가 그랬다. 1990년대 초반에 처음 만났을 때 토니는 남부의 도시에서 워싱턴DC로 막 상경한 스물두 살 게이 청년으로 앳돼 보이는 얼굴과 싹싹한 성격이 인상적이었다. 평소에 워낙 느긋하고 긍정적인 데다 재주가 많아서 나는 토니에 대해서라면 아무 걱정이 없었다. 그런데 마흔여섯이던 해에 그가 돌연 종적을 감췄다. 주변에 수소문했지만 소식을 아는 사람들도 그가 일을 그만두고 플로리다주로 갔다는 말만 건너 건너 들었을 뿐이라고 했다. 나는 다시는 그에게서 기별이 없으면 어쩌나 걱정이 됐다. 그러다 이윽고 다시 나타났을 때 토니는 중년의 붕괴를 경험한 후였다.

토니의 성인기는 급상승으로 시작했다. 그는 20대에 여러 사람이 같이 쓰는 아파트에 세 들어 살면서 웨이터로 일하다가 예술 전문 기자가 됐다. 30대에는 유명 매체의 영화 섹션 편집자로서 자신보다 경험 많은 필자들을 관리했다. 그리고 남자친구를 따라 아시아로 가서 프리랜서로 글을 쓰고, 블로그를 개설해 크게 성장시키고, 상을 받았다. "30대 땐 진짜 죽여줬죠. 잘나간다는 게 이런 거구나 싶고, 이제 출셋길이 열렸다고 생각했어요." 마침내 다시 연락이 닿았을 때 그가 내게 한 말이다. 하지만 한편으로 그는 당시에 사기꾼 콤플렉스와 싸우고 있었다. 내면의 비판자가 그의 성공은 실력으로 얻은 게 아니기 때문에 언제 무너질지 모른다고 자꾸만 깎아내렸다. 교외로 거처를 옮기자 활력이 떨어지는 느낌이었고, 집에서 하는 섹스가 시시해졌다. 그래서 바람을 피우다 남자친구에게 실연을 당했다. 그 무렵에는 일도 무의미하게 느껴지던 차였다. "실존적 위기를 겪었달까요. 내가 하는 일이 괜찮은 일이고 남들도 대단하게 보는 것 같긴 하지만 뭔가 가치 있는 건 전혀 못 만들어 내고 있는 것 아닌가 하는 의문이 자꾸 들었어요. 그래서 술과 섹스를 도피처로 삼았죠."

치명적인 실수였다. 술에 대한 의존도가 높아지면서 일에 차질이 생겼다. 일을 그만두면서 퇴직금을 두둑이 받았지만 그로 인해 사태가 더욱 악화됐다. "돈이 있으니까 어디 안 나가고 집에서 술만 마셔도 됐어요. 반년쯤 그렇게 사니까 진짜 병이 났죠. 요양이 필요한 수준이었어요. 술에 취해 몽롱한 상태에서도 이대로 가다간 겨울을 못 넘기겠구나 싶었어요." 다행히 플로리다주에 사는 친척에게 전화를 걸 정신은 남아 있었던 그는 해독 치료를 위해 그곳으로 가서 병원에 입원했다. 몇 주간 집중 재활 치료가 이어졌다.

연락이 끊긴 지 1년 만에 그 사연을 들었을 때 나는 충격을 받았다. 오랜 친구가 걱정되어 이젠 위험한 고비는 넘긴 것 같냐고 물었다. 그는 경제적으로 위태롭긴 하지만 정신은 멀쩡하다고 대답했다. 앞으로 또 어떤 일이 닥칠지 모르겠다면서도 "이젠 인생의 항해를 그럭저럭 잘할 수 있을 것 같은 느낌이 듭니다"라고 낙천적으로 씩씩하게 말했다.

토니의 내리막길이 시작됐을 때만 해도 혹독한 위기가 아니라 그저 만성적인 불만을 유발하는 전형적인 중년의 불쾌감이 시작되는 것처럼 보였다. 사실 그때 토니가 불안과 불만을 잘못 처리하지만 않았으면 아마 대부분의 사람이 그렇듯이 그 시기를 큰 탈 없이 헤쳐 나왔을 것이다. 하지만 U자 곡선이 악화돼 V자가 되면 자신과 주변 사람들이 고통스러워지며, 때로는 인생 만족도를 회복할 수 없을 만큼 큰 실수를 저지르기도 한다.

앨런이 그랬다. 토니와 달리 그는 인터뷰했을 때 전혀 모르던 사이였다. 65세인 앨런은 훤칠한 키에 기품 있는 인상을 주는 사람이었다. 사우스캐롤라이나주 출신으로 집안에서 처음으로 대학에 진학해 회계학을 전공했다. 이후 베트남전에서 돌아와 정부 기관의 사무직 일자리를 여럿 거치며 30대까지 승승장구했다. 바쁘게 일하고 주도하기를 좋아하는 성격이라서 관리직까지 올랐다. 하지만 마흔이 될 무렵에 암흑가 사람들을 만났다. 그중 한 명이 그에게 마약 거래를 주선해 줄 것을 부탁했다. 앨런은 그 제안을 받아들이고 수고비를 챙겼다. 몇 달 후 그 마약상이 또 다른 거래를 부탁했다. 그제야 앨런은 잘못 걸렸음을 알았다. 몰래 제보하거나 직접 경찰에 신고할 생각도 해 봤지만 자칫하면 살해당해 "물고기 밥"이 될 수 있다는 생각에 움츠러들었다. 결국 코카인 유통 미수로 1년간 옥살이를 했다.

그는 교도소 내의 법률 도서관과 마약 퇴치 프로그램에서 일하면서 개과천선했다. 출소 후 데이터 입력원이 되어 몇 년간 일했지만 해고됐다. 그는 당시를 회상하며 말했다. "다시 실업자가 된 거예요. 그런데 이젠 전과자잖아요. 언젠가는 그 사실을 밝혀야 하니까 예전처럼 좋은 일자리를 구하긴 어렵죠."

이후 앨런은 어느 회사의 문서수발실에 취직했다. 관리직과 거리가 멀었지만 안정적이었다. 하지만 우리가 대화할 당시 그는 65세였음에도 은퇴를 생각할 형편이 못 됐다. 본인의 표현을 빌리자면, 애초에 제대로 일할 생각이 없는 밀레니얼 세대 젊은이들과 같이 일하고 있었다. 그는 40대에 샛길로 샜던 자신이 원망스러웠다. 무엇보다 후회가 막심했다. 아무리 발버둥 쳐 봤자 젊었을 때처럼 출셋길을 열어주는 사무직 사회에 재진입할 수 없었고 앞으로도 가능할 것 같지 않았다. "잘나간다고 방심하면 안 돼요. 언제 나락으로 추락할지 모르거든요! 그러고 나면 옛날에 알고 지냈던 사람들 근처에도 가기 어려워요. 다시 돌아가기 힘들죠."

나는 이 책을 쓰기 위해 수십 명을 인터뷰하면서 그들이 경험한 인생 만족도의 추이를 되도록 생생하게 이해하려고 했다. 그러면서 우리 모두가 이미 알고 있는 사실을 새삼 깨달았다. 바로 인간 행복도의 변화에는 획일적인 궤적이 존재하진 않는다는 사실이다. 오히려 그 궤적의 다변성이 유일한 원칙이다. 내가 (지금까지) 걸어온 길은 캐럴 그레이엄의 그래프 중 하나를 그대로 따 왔다고 해도 좋을 U자였다. 하지만 토니와 앨런의 V자와 조의 우상향 궤적 또한 흔히 볼 수 있는 패턴이다.

이처럼 U자 곡선은 누구에게나 필연적인 현상은 아니다. 하지만 그럼에도 U자 곡선은 우리 모두에게 영향을 미칠 수 있다. 인생에서 우상향 선이나 V자에 가까운 양상을 경험하는 사람까지 포함해서 말이다. 어떻게 그럴 수 있을까? 그 답을 찾으려면 강의 형태를 더 자세히 관찰할 필요가 있다.

과일과 채소를 많이 먹으면
더 행복해질까

이 장을 쓰는 중에 '대니' 블랜치플라워의 메일을 받았다. "이거 한번 봐요"란 제목 밑에 "영국에서 최근에 나온 거예요"라고 적혀 있었다. 영국은 통계청Office for National Statistics 연례 조사로 국민의 주관적 안녕을 가장 면밀히 측정하는 나라에 속한다. 블랜치플라워

〔3-1〕 연령대별 인생 만족도: '높음'과 '매우 높음' 비율(영국, 2014)

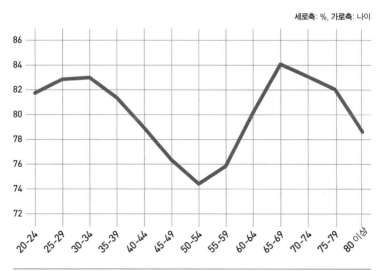

세로축: %, 가로축: 나이

출처: 영국통계청

가 보내온 건 가장 최근에 실시한 2014~2015 조사의 결과였다. 여러 연령대의 국민 30만여 명에게 "현재의 삶을 전반적으로 볼 때 얼마나 만족하십니까?"라고 물은 조사였다. 〔3-1〕은 인생 만족도가 '높음' 또는 '매우 높음'('낮음' 또는 '보통'의 반대)이라고 대답한 사람들의 비율을 연령대별로 표시한 그래프다.

인생 만족도가 청년기부터 중년기까지 감소하다가 50대 초반에 최저점을 찍고 상승해 70세에 최고점을 찍은 후 큰 변동이 없는(소폭 감소) 시기가 고령기(80세 이상) 전까지 이어지는 것을 한눈에 알 수 있다. 이 조사에서는 전날 얼마나 행복하고 불안했는지도 물었는데, 이것은 인생에 대한 만족도가 아닌 정서를 측정하기 위한 문항이었다. 불안과 불행은 역으로 50대 초반에 최고점을 찍고 60대 동안 하락하는 패턴을 보였다. 이 그래프를 해석하기 위해 군이 박사 학위가 필요하진 않을 것이다. 사실 이런 데이터가 존재하기 때문에 블랜치플라워는 심리학자들이 U자 곡선을 찾을 수 없다고 하면 눈을 치켜뜨며 "아니, 이걸 왜 못 봐?"라고 의아해한다.

이 패턴을 보면 연령대별로 느끼는 행복에 관해 흥미로운 사실을 알 수 있다. 2014년 영국에서 중년이던 사람은 청년이나 노인보다 평균적으로 인생에 대한 만족도가 낮았다는 점이다. 하지만 이 패턴은 나이 자체에 관해서는 무엇을 말해 주는 걸까? 이것은 또 다른 차원의 질문이다.

언젠가 앤드루 오즈월드가 같이 점심을 먹는 중에, 이 질문이 어떤 점에서 다른지 과일과 채소를 거의 중독 수준으로 먹는 자신의 식습관을 예로 들어 설명해 주었다(마침 우리는 샐러드를 나눠 먹고 있었다). 그는 몇 년 전 대형 데이터 세트를 살펴보다가 영국에서 과일과 채소의 섭취와 인생 만족도 사이에 "현저한 연관성"을 발견했다고 말했다. 이를 계기로 그는 블랜치플라워, 세라 스튜어트-브라운Sarah Stewart-Brown과 공동으로 논문을 썼다.[2] 사람들이 식단과 행복에 얼마나 관심이 많은지 생각해 보면 그간 식단과 행복의 관계에 대한 연구가 활발히 진행됐을 것 같지만, 오즈월드에 따르면 실제로는 그들의 연구를 포함해 극소수의 연구가 있었을 뿐이다. 그들은 "일반적인 용량-반응 관계dose-response relationship처럼, 행복과 정신 건강은 일일 섭취 과채 인분 수가 증가하면 어느 정도까지는 똑같이 상승하는 양상을 보인다"라는 현상을 발견했다. 이런 상승세는 하루 동안 섭취하는 과일과 채소의 양이 일반인의 최대 소화량에 가까운 7인분에 이를 때까지 지속됐다.

하지만 잠깐. 과일과 채소를 많이 먹는 사람들은 그렇지 않은 사람들과 여러 면에서 다를 공산이 크다. 그들은 소득이 더 많을 수 있고(가난하면 신선한 과일과 채소를 많이 구입할 수 없다) 더 건강한 생활 습관(담배를 더 적게 피우고 운동을 더 많이 하는)을 유지하고 있을 수 있다. 그들은 더 젊고 학력이 높을 수 있다. 또는 그냥 원래부터 더 행복한 사람일 수도 있다. 이처럼 식단과 행복의 관계가 양쪽에 모두 영향을 미치는 제3의 요인 때문에 나타난다고 볼 수 있는 이유는 얼마든지 있다. 그렇다면 우리가 알고 싶은 건 "채소를 많이 먹는 사람이 평균적으로 더 행복한가?"가 아니라 "채소 섭취 자체가 행복과 정신 건강과 연관이 있는가?"다. 그리고 그 대답이 "그렇다"인 것이야말로 과일과 채소에 관한 연구에서 도출된 더 흥미로운 결과다.

오즈월드와 공저자들은 행복에 영향을 미칠 가능성이 있는 각종 요인, 이를테면 나이, 소득, 결혼, 취업, 성, 인종, 운동, 흡연, 종교, 체질량은 물론이고 어류, 육류, 알코올 같은 다른 식품의 섭취량 등까지 보정했다. 말하자면 다양한 차원을 동일하게 놓고 비교할 수 있도록 통계 처리를 한 것인데, 대규모 데이터 세트가 있기에 가능한 일이었다. 만일 소득이나 학력 또는 어류 섭취량을 보정했을 때 과채 섭취의 효과가 사라진다면 정말로 중요한 건 소득이나 학력 또는 어류 섭취량이라는 뜻이었다. 그런데 실제 결과는 "다수의 인구통계학적·사회적·경제적 변수를 보정해도 이 패턴에는 큰 변화가 없다"라고 나왔다. 이로써 그들은 본인들의 표현을 빌리자면 "과채의 기울기fruit-and-vegetable gradient"를 발견했고, 이것은 행복과 정신 건강에 꽤 큰 영향을 미치는 것으로 보였다.

그런데 이 결과는 과일과 채소를 더 많이 먹는 것 자체가 행복도를 높이는 원인임을 증명하지는 않는다. 실제로 그랬을 때 더 행복해진다고 한들 나는 별로 놀라지 않을 테지만, 사회과학에서는 본래 인과성causality을 확증하기가 어렵다. 과채의 기울기가 알려 주는 건 순전히 연관성association이다. 두 변수 사이에 앞으로 실체를 설명해야 할 모종의 독립된 관계가 존재한다는 의미다.

나이 자체가 인생 만족도에
영향을 미칠까

물론 나이는 우리가 조절할 수 없다는 점에서 식단과 다르다. 만일 나이를 거꾸로 먹어 중년의 짜증을 피할 길이 생긴다면 많은 사람에게 도움이 되겠지만 아직 요원한 일이다. 여하튼 오즈월드와 블랜치플라워가 가장 궁금해했고 나 역시 이 방면에 관심을 가진 후 가장 궁금했던 건 이것이다. "나이 자체가 우리의 행복도에 명백히 영향을 미치는가?" 이 질문에 대한 답 또한 "그렇다"다.

실제로 행복 곡선은 인생의 각종 요인을 제거했을 때 한층 선명하고 일관되게 나타난다. 예를 들어 캐럴 그레이엄과 동료 학자 밀레나 니콜로바Milena Nikolova가 현존하는 최대의 데이터 세트인 갤럽 월드 폴Gallup World Poll을 분석한 결과를 보면 그렇다. 갤럽 월드 폴은 160여 개국에서 실시되는 여론 조사이므로 세계 인구 중 99퍼센트의 여론을 반영한다고 볼 수 있다. 사람들이 스스로 상상 가능한 최고의 삶과 현재의 삶을 비교해 매긴 점수(인생에 대한 전반적인 만족도를 알아보기 위해 가장 널리 사용되는 측정법)를 보면 그래프 〔3-2〕와 같은 결과가 나온다.

여기서 눈에 띄는 경향이 있다면 시간이 갈수록 행복도가 점점 오르고 특히 은퇴 연령쯤에 급상승한다는 것이다. 하지만 그레

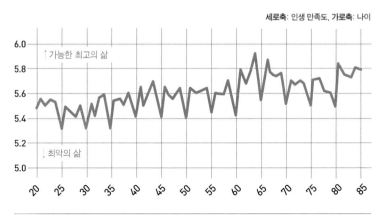

〔3-2〕 연령별 평균 인생 만족도(무보정치 세계 표본, 2010~2012)

세로축: 인생 만족도, 가로축: 나이

출처: 갤럽 월드 폴, 브루킹스연구소

이엄과 니콜로바가 소득, 성, 학력, 취업, 결혼, 건상 등을 보정하자,
다시 말해 인생 만족도에 영향을 미치는 다른 여러 요인을 제거하
자 나이와 인생 만족도의 관계가 그래프 〔3-3〕처럼 나타났다.

U자다. 그레이엄과 니콜로바가 다른 요인들을 없애 버리자 나
이가 그 자체로 우리의 행복도와 선명한 관계가 있다고 나왔다.

곡선이 매끄러운 이유는 일종의 사포질이 들어갔기 때문이
다. 현실에서 사람들의 응답은 요동과 잡음이 심하다. 반면에 이
U자 곡선은 사람들이 나이를 제외한 모든 측정 가능한 측면에서
동일하다면(이는 명백히 현실과 다른 조건이다) 얼마나 만족감을 느
낄지를 통계적으로 추정 또는 예측한 결과다.

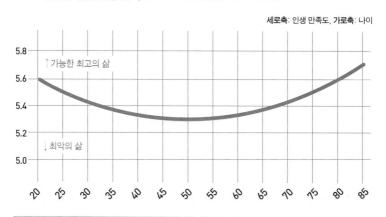

세로축: 인생 만족도, **가로축:** 나이

출처: 갤럽 월드 폴, 브루킹스연구소

처음에 이 결과를 봤을 때 나는 '그래서 뭐 어떻단 거지?' 하는 생각이 들었다. 우리 각 개인은 수많은 변수의 결합체다. 우리가 알고 싶은 건 그런 변수들이 연합해 만드는 결과, 즉 우리가 '실제로' 느끼는 행복감이다. 인생에서 어떤 한 가지 요인만 중요하다고 간주했을 때 느껴질 것으로 예측되는 행복감의 수준이 아니다. 만약 스무 살의 내가 장차 마흔 살이 됐을 때 얼마나 행복하거나 불행할지 알고 싶다면 마흔 살에 결혼 생활을 잘 하고 있을지, 먹을 것은 충분할지, 건강 상태는 어떨지 등을 알아야 한다. 나이가 행복에 끼치는 독자적인 영향을 안다고 해 봤자 실제 인생에 대한 예측에는 별 도움이 안 된다. 이는 야구에서 투수라는 독립

변수의 영향력을 안다고 해서 어느 팀이 승리할지 예측할 수 없는 것과 마찬가지다.

행복 곡선의 의의를 알려면 이 곡선이 진짜로 시사하는 바를 알아야 한다. 시사점은 바로 이것이다.

"중년에도 인생에 큰 만족감을 느끼는 것이 가능하긴 하지만 다른 나이에 비해 '어렵다'."

토머스 콜이 그린 강물에 비유하자면 이렇게 말할 수 있겠다. 행복 곡선은 중년에 수면 아래에서 우리를 반대 방향으로 잡아당기는 저류底流와 같다. 그렇다고 저류를 거스르지 못한다는 뜻은 아니다. 또는 중년이 되자 짐이 더 가벼워지거나, 노 젓는 실력이 늘거나, 근육이 더 강해지거나, 배가 녀 든든해진 사람이 있을 수 있다. 아니면 조처럼 젊었을 때 그보다 더 심한 물살을 거슬러 왔기 때문에 강 중류 지역이 비교적 순탄하게 느껴지는 경우가 있을 것이다. 만일 이 가운데 하나라도 해당하는 사람이라면 중년의 물길이 특별히 더 힘들게 느껴지지 않을 수 있다. 그래서 '아니, 다들 왜 이 부근이 지나가기 어렵다고 하는 거야?'라는 생각이 들 수 있다.

물론 안 그럴 수도 있다.

실업이나 이혼만큼 강력한
나이 듦의 저류

나는 10대와 20대 초반에 성 정체성 때문에 극심한 내적 갈등을 겪었지만 이후로 순탄한 삶을 살았다. 몸 건강히 좋은 커리어를 쌓고 많은 친구와 어울렸다. 20대와 30대 초반을 신나고 기운차게 보내면서 언론인으로 자리를 잡고 커밍아웃을 했다. 그렇게 노를 열심히 저었다. 현실에 안주하지 않으려고 큰 위험마저 몇 차례 감수했는데, 예를 들면 대작을 써 보겠다는 야심에 멀쩡한 일을 그만두었다가 두 번이나 출간 직전에 고배를 마셨다. 그래도 혹독한 저류는 경험해 본 적이 없었다. 사건과 상황이 내게 호의적으로 흘러갔다. 그래서 30대 후반에 U자 곡선이 하강하고 나를 둘러싼 물길의 방향이 바뀌었을 때 그 변화가 더욱 통렬하게 다가왔다. 저류를 거스르기가 현격히 어려워졌고 내 앞에 펼쳐진 강줄기는 더 길게, 목적지는 더 멀게 느껴졌다. 그간 경험한 인생의 상황이 호의적이었기 때문에 저류의 불리한 변화에 훨씬 민감할 수밖에 없었다.

나처럼 성인기 초반에 큰 시련 없이 중년에 도달하는 사람에게는 이런 민감성이 흔하게 나타날 수 있지 싶다. 조는 40대의 행복도를 비교적 낮은 6점으로 평가했다. 하지만 그에게 40대는 불행하고 불안했던 20대와 그보다는 나았지만 여전히 힘들었던 30대를 끝내고 안도하는 시기였다. 반면에 토니가 걸어온 길은 나와 비슷하다. 그는 젊었을 때 출발이 빨랐고 출세가도를 달렸던 만큼 30대 후반에 찾아온 권태감을 민감하게 느꼈다. 그렇다고 행복 곡선이 그에게 40대의 몰락을 부른 주된 요인이라고 할 수는 없을 것 같다. 그의 몰락은 차라리 누구에게도 도움을 요청하지 않은 채 과도하게 술을 마시고 신세 한탄을 하면서 자신을 절제할 수 없는 지경이 되도록 방치한 일 같은, 잘못된 결정에서 기인한 면이 더 컸다. 하지만 행복 곡선의 내리막길이 중년의 불쾌감을 키워서 그가 곤경에 처하는 데 일조한 측면 또한 없진 않다고 본다.

물론 저류가 미약하다면 문세가 되지 않을 것이다. 미약한 저류는 실재하지만 웬만해서는 느껴지지 않는 것, 또는 나처럼 인생에서 다른 모든 것이 순조롭게 흘러가고 있고 뜻밖의 동요도 없는 상황에서나 느껴지는 것이다. 말하자면 그저 통계적으로 흥미로운 현상에 지나지 않는 것이다. 혹시 눈치챘는지 모르겠지만 1~10점 척도로 전 세계의 행복 곡선을 보여 주는 그래프 [3-2]와 [3-3]에서 최고점과 최저점의 차이는 채 1점이 안 된다.

그렇지만 아무리 1점이 안 된다고 해도 사실 그 차이는 제법 크다. 대부분의 미국인은 1~10점 중 중상위권의 좁은 점수대에 들어간다. 미국인 중 80퍼센트가 7~9점 범위 안에서 점수를 매기고 6점 미만은 심각한 비극을 나타낸다고 할 정도로 드물다(10점은 거의 안 나온다. 사람들은 개선의 여지를 남겨 두고 싶어 하기 때문이다). 미국 외 지역은 대체로 미국만큼 행복하지 않기 때문에 세계인의 응답 평균치는 5~6점대로 미국보다 조금 낮다. 하지만 어느 쪽이든 간에 1점은 물론이고 0.5점만 하락해도 큰 차이라고 할 수 있다.

그러면 얼마나 큰 차이일까? 경제학자들이 특정한 변수가 행복에 미치는 영향을 가려내기 위해 사용하는 것과 똑같은 통계 조작법을 이용해 그런 영향의 강도를 추정할 수 있다. 블랜치플라워와 오즈월드는 2008년에 발표한 기념비적 논문(앞 장에서 언급했다)에서 20세에서 45세로 나이 드는 동안 인생 만족도의 하락 폭이 실업으로 인한 하락 폭의 약 3분의 1에 달한다고 했다(알다시피 실업은 모든 사람에게 최악의 사건이다). 블랜치플라워와 오즈월드는 "이런 결과는 안녕에 미치는 큰 영향을 시사한다"라고 쓰고 있다. 유럽 20여 개국을 분석한 두 사람의 다른 논문에는 다른 변수들을 통제했을 때 중년에 항우울제 복용 확률이 2배 정도 증가한다고 나와 있다. 그리고 가장 최근에는 오즈월드, 닉 파우드타비, 테런스 청이 나이가 행복에 미치는 영향을 개인이 어떻게 경험하는지 장기적으로 조사한 종단적 연구(역시 앞 장에서 설명했다)에서 약 20세에서 약 45세까지 나이 듦의 영향이 "이혼이나 실업 같은 큰 사건이 안녕에 미치는 영향의 상당한 비율"과 맞먹는다는 결과가 나왔다.

이 정도 강도라고 해서 당신이나 누군가가 반드시 중년의 저류를 느낄 것이라고, 또는 저류를 느낀다면 힘들어질 것이라고 단정할 수는 없다. 하지만 이런 결과를 보면 나를 우울증의 소용돌이에 빠트리기엔 너무나 미약했던 저류가 어째서 10여 년간 매일같이 나를 괴롭힐 힘이 있었는지 설명된다.

행복 공식에 담긴
중요한 메시지

어떤 면에서 나는 인생을 편하게 살았다. 성인기 초반에 남들이 부러워할 만한 출발을 한 후 커다란 실패나 충격을 경험하지 않았다. 그랬기에 내게 U자 곡선의 하강 국면은 그저 영문도 모른 채 생소한 인생의 신맛을 느끼는 시기 정도였다. 하지만 이미 우울증이나 불만감이 있는 사람이라면, 또는 이미 힘든 상황에 처해 있는 사람이라면 부정적인 저류가 다른 문제들을 키울 수 있다.

이 책을 준비하는 과정에서 심적으로 꽤 힘들었던 인터뷰가 낸시라는 여성을 인터뷰했을 때였다. 낸시는 내가 행복 곡선에 관해 쓴 글을 읽고 "덕분에 마흔두 살이 되면서 생긴 밑도 끝도 없는 불안감, 그 깊은 불안감을 한결 편하게 받아들일 수 있게 됐습니다"라며 고맙다는 메일을 보낸 사람이었다. 인터뷰 중에 낸시는 원래부터 우울증으로 고생했다고 말했다. 가족력이 있었다. 증조할머니는 요양원에서, 할머니는 병원에서 입원 치료를 받았고 어머니는 그녀의 표현에 따르면 "약간 맛이 간 아줌마"였다.

낸시 역시 20대에는 많은 사람처럼 재미있고 신나게 보냈다. 들썩이는 도시에서 사무직으로 일하다가 학교로 돌아가 속 편히 학문에 정진했다. 하지만 "항상 우울증의 기운이 감돌고" 있었다. 20대 후반에 결국 항우울제를 복용했다. 인생이 달라지긴 했어도 약은 우울증을 없애지 못하고 다만 완화할 뿐이었다. 30대 초반에 어머니가 됐지만 육아는 스트레스와 불안을 불렀다. 마흔이 됐을 때는 만성 우울증이 부인할 수 없는 현실이 되어 있었다.

"더 나빠질 게 어디 있나 싶었지만 마흔이 되니까 더 나빠졌어요. 2년 전쯤부턴가 그랬던 것 같은데 아침에 일어나면 공연히 슬프거나 화가 나요. 더 나빠진 거죠. 사는 게 특별히 달라진 것도 없는데 말이에요." 나는 혹시 심리적 침체의 이유라고 볼 만한 요인이 있는지 물었다. 그녀는 없다고 했다. 그녀의 삶은 전과 다를 바 없었고 딱히 나쁜 일 또한 없었다. "뭔가 새로운 문제가 생긴 건 아니에요. 일도 벌이가 좀 적어서 그렇지 적성에 잘 맞고요." 아이들도 커서 손이 덜 가니 심리적 압박감이 줄었을 것이다. 부부 관계도 괜찮았다. 그녀는 애써 눈물을 참느라 갈라진 목소리로 "그냥 괜히 더 슬퍼진 것 같아요. 우울증도 그대로고 사는 것도 그대로인데 도대체 왜 더 슬퍼진 걸까요?"라고 말했다. 그녀는 내가 그랬던 것처럼 기분이 나쁜 것 때문에 더 기분이 나빴다. 하지만 나와 다르게 그녀는 원래 우울증이 있었다. 이처럼 만일 다른 면에서 큰 변화가 없다면 행복 곡선의 골짜기에서는 원래 나빴던 상황이 더욱 나빠질 수 있다.

이런 현상은 행복과 나이의 관계를 탐구하는 우리를 어디로 데려갈까? 미국의 내로라하는 심리학자인 마틴 E. P. 셀리그만 Martin E. P. Seligman은《진정한 행복: 새로운 긍정심리학으로 지속적 성취를 위한 잠재력 일깨우기Authentic Happiness: Using the New Positive Psychology to Realize Your Potential for Lasting Fulfillment》(한국어판:《마틴 셀리그만의 긍정심리학》, 물푸레, 2014)에서 다음과 같은 행복 공식을 제시한다.

$$H = S + C + V$$

(H: 지속적인 행복의 수준, S: 이미 설정된 행복의 범위, C: 삶의 상황, V: 자의로 다스릴 수 있는 요소)

간명하고 일견 타당해 보이는 이 공식은 더 행복해지기 위한

인생은 왜 50부터 반등하는가

길을 모색할 때 일종의 이정표가 된다. 이 중에서 '이미 설정된 행복'의 점수는 주로 유전자와 성격에 의해 결정되므로 우리가 어떻게 할 여지가 별로 없다. 반대로 '삶의 상황'과 '자의로 다스릴 수 있는 요소'인 행동과 감정의 패턴은 노력을 통해 행복에 도움이 되는 방향으로 바꿀 수 있다. 좋은 공식이다. 하지만 행복 곡선에 따르면 이 공식에는 빠진 항이 하나 있고 그 항을 추가하면 이렇게 바뀐다.

$$H = S + C + V + T$$

여기서 T는 '시간'을, 더 정확히 말하자면 '나이 듦'을 뜻한다. T는 스물다섯에도, 마흔다섯에도, 예순다섯에도 중요하지만 '유일하게' 중요한 것은 아니다.

이 공식을 보면 H, 즉 행복이 꽤 복잡한 문제일 수 있음을 대번에 알 수 있다. 만일 중년에 들어서면서 C와 V, 즉 상황과 자발적 선택이 인생에 대한 느낌을 극적으로 향상하는 방향으로 바뀌기 시작한다면 T, 즉 시간은 별로 중요하지 않을 것이다.

예를 들어 퇴직 후 파트타임으로 일하는 72세 페리는 한때 중년의 불만에 시달렸지만 삶의 상황이 개선되면서 불만이 가라앉았다. 젊었을 때 그는 베트남전에서 두 번 부상을 당했고, 결혼을 잘못해서 지독한 이혼 과정을 겪었고, 서장의 음주 운전을 제보했다가 경찰 인생이 끝장났다.("나는 올바른 선택을 했어요. 경찰 선서를 했으면 지켜야지. 선서할 때 '예외도 있다' 같은 말은 없었으니까요.") 20대와 30대 초반에 급락하던 삶의 상황은 30대 중반에 "훌륭한 여인"을 만나고 운송 회사의 안전 관리자로 새 삶을 시작하면서 급등했다. "그야말로 인생 역전이었죠." 그래서 30대 초반에 고작 3점에 불과했던 만족도 점수가 40대에 7점으로 뛰어올랐고 이후로 시간이 그에게 호의적으로 작용하면서 60대에는 8점, 70대에는 9점에 달했다.

반면에 낸시는 삶의 상황과 자발적 선택이 크게 달라지지 않았지만 40대에 T(중년)의 부정적 인력 때문에 S(우울증이라는 이미 설정된 감정의 저조한 점수)의 효과가 더욱 강해졌다. 그 결과는 정신적 고통이었다.

만약 행복 공식의 이런 요소들이 서로 다른 방향으로 움직인다면 어떻게 될까? 각각의 경우에 따라 다 달라진다. 바로 이 때문에 U자의 저류가 아무리 강하다고 해도 실제로 각 개인의 사례는 매우 다양하게 나타난다. 내가 수정한 공식을 보자면 총 4개 항 중에서 2개(이미 설정된 행복의 점수와 나이)는 우리 힘으로 어쩔 수 없다. 나머지 2개 중 하나(인생과 태도에 대한 자발적 선택)는 전적으로 우리 소관이다. 그리고 마지막 하나(삶의 상황)는 우리가 어쩔 수 있는 부분도 있고 어쩌지 못하는 부분도 있다. 그래서 삶의 상황을 다스리고 개선하는 일이 우리의 인생 과제 중 하나가 된다.

그렇다면 여기서 얻을 수 있는 메시지는 단순한 운명론("행복은 애초에 성격에 각인된 것이니까 어떻게 손쓸 방법이 없어.")이나 극기론("다른 것은 우리가 어쩔 수 없으니 감정과 태도를 잘 다스려야지.")이 아니다. 그저 긍정적으로 생각하면 얼마든지 행복해질 수 있다는 이야기도 아니다. 그렇다고 중년에 감정적 위기나 붕괴를 피할 수 없다는 속설 역시 아니다.

행복 공식에 담긴 메시지는 내가 볼 때 근본적이라고 할 만큼 중요하지만 학계와 사회에서 그에 걸맞게 인정받지 못하고 있는 견해며, 이제부터 이 책의 남은 부분에서 논해 보려고 하는 관점이다. 그것은 바로 "시간이 중요하다"는 메시지다.

우리는 시간의 흐름을 돌이키거나 나이를 바꿀 수는 없다. 하지만 개인 차원에서는 물론이고 사회 차원에서도 시간의 영향을 이해하고 거기에 적응함으로써 더 행복해질 수는 있다. 다시 말해 우리는 〈인생 여로〉 속 핵심 요소인 모래시계를 더욱 현명하게 해석할 수 있다.

처음 3편의 그림에는 모래시계가 여행자의 시야에 분명히 존재하지만 여행자는 주의를 기울이지 않는다. 아기는 너무 어려 시간을 인식할 수 없고, 청년은 천공의 성을 응시하고, 중년 남성은 하늘을 올려다본다. 마지막 네 번째 그림에서는 배를 만신창이로 만든 고초 속에서 모래시계가 떨어져 나가 종적을 감췄고 여행이 종착지에 이르렀기에 세속의 시간이 더는 중요하지 않다. 여행자는 내내 자기 앞에 있던 것을 백안시했다. 어쩌면 그는 시간에 더 관심을 기울여야 했을지 모른다. 어쩌면 우리 또한 그래야 할지 모른다.

시간은 절대적이지만
나이 듦은 상대적이다

시간의 흐름은 불가피하고 불가항력적이다. 시계는 모든 사람에게 동일한 속도로 째깍거린다. 하지만 행복 곡선을 이해하려면 구별이 필요하다. 우리가 광속에 가까운 속도로 여행하지 않는 한 '시간'은 절대적 개념이다. 반면에 '나이 듦'은 그보다 더 미묘하고 더 상대적인 현상이다. 왜 그럴까?

한 가지 이유는 사람들이 나이를 먹는 속도가 눈에 띄게 다르기 때문이다. 고등학교나 대학교 동창회에 참석해 본 사람이라면 알 것이다. 속으로 자신과 다른 사람들의 나이 든 정도를 비교해 봤을 때 어떤 사람은 족히 10년은 더 젊거나 늙어 보인다. 어떤 사람은 나이가 쉰이지만 맥주와 피자로 끼니를 때우던 시절보다 육체적으로 더 탄탄하고 활기차 보인다. 또 어떤 사람은 허리가 아프고 무릎이 아파서 차마 자신이 건강하다고는 생각할 수 없는 처지다.

거기에 더해 우리가 얼마나 나이가 들었는지 생각할 때는 신체의 상태만 중요한 게 아니다. 우리가 얼마나 오래 살 것으로 기대되는지, 그리고 주변 사람들이 얼마나 오래 살고 건강한지가 중요하다.

같은 50세라고 해도 가난한 개발도상국 사람들은 보건 시스템이 열악하고, 영양 공급이 부족하고, 육체적으로 생활이 고단하고, 평균 연령이 꽤 젊기 때문에 선진국 사람들에 비해 훨씬 나이가 든 것처럼 느껴진다. 현재 미국인은 50세가 예전 40세에 해당한다고 해도 과언이 아니다. 중국은 평균 수명이 1960년에는 40대 초반이었지만 지금은 70대 중반으로, 단 두 세대 만에 30년 이상 증가했다. 이것은 가히 인류(그리고 아마 은하계) 역사에서 가장 찬란한 성취라고 해도 좋을 것이다. 물론 이처럼 평균 수명이 증가한 데는 영유아 사망률이 감소한 영향이 크다. 1960년이라고 평균적인 중국인이 43세에 사망했던 건 아니다. 그럼에도 지금 중국에서 43세는 1960년의 43세와 전혀 다른 의미를 띤다. 이렇듯 나이 듦은 연대기적 시간과 다른 '사회적' 개념이다.

내가 '시간이 중요하다'고 할 때나 행복 공식의 T 항목을 언급할 때는 사실 서로 다른 이 두 개념을 뭉뚱그려 말하는 것이다. U자 곡선을 만드는 것은 무엇인가? 그것은 시대와 문화에 따라 변하는 상대적 개념인 '나이 듦'인가? 아니면 절대적 개념인 '시간'인가? 답은 "둘 다"라고 해야 할 것이다.

우리와 가장 가까운 영장류 친족에게도 나이와 행복의 관계가 나타난다는 건 시간이, 정확히 말하자면 사회적 나이가 아닌 연대기적 나이가 그 자체로 중요하다는 의미다. 침팬지는 육체적으로 나이가 들지만 자신이 몇 살인지는 모르고 생일이나 은퇴를 기념하지도 않는다. 지구상에서 탄생일로부터 흐른 시간을 계산하고 일정한 증가 시점마다 불장난과 건강에 안 좋은 음식으로 축하하며 구획을 짓는 종은 인간이 유일하다. 인간만이 유일하게 자신이 얼마나 오래 살 것으로 예상되는지 알려주는 통계치를 머릿속에 넣어두고서 앞으로 남은 햇수를 역으로 센다. 인간만이 유일하게 주변 사람들과 비교했을 때 자신이 나이 드는 과정에서 어느 지점에 있는지를 집요하게 따진다. 그래서 똑같은 50세지만 평균수명이 80세인 사회보다 60세인 사회에서 훨씬 나이 든 것처럼 느껴지고 사실상 더 나이가 든 것이다.

어디에 사느냐도 중요하다

그렇다면 사는 지역에 따라 나이와 행복의 상호 작용 방식이 변한다고 볼 수 있을 것이다. 물론 인간의 경우에 한해서다. 우리가 앞장에서 만났던 침팬지와 오랑우탄은 북반구와 남반구의 3개국에 분포해 있고 서식지 또한 동물원과 보호 지역으로 나뉘어 있지만 U자 곡선이 거의 동일하게 나타난다. 따라서 유인원은 주거 환경과 처우가 대동소이하다면 어느 나라에 사느냐를 따질 필요가 없다. 오히려 일본의 유인원은 중년 문제가 있는데 호주의 유인원은 아니라고 한다면 놀라운 일일 것이다. 하지만 인간은 그렇지 않다. 그래프 〔3-4〕를 보자. 이번 역시 캐럴 그레이엄과 밀레나 니콜로바가 갤럽 월드 폴 데이터를 분석한 결과다.

맨 아래 선은 앞에서 살펴본 전 세계의 U자 행복 곡선이다. 그런데 이 그래프에는 미국과 덴마크 두 나라의 나이-행복 곡선이 함께 그려져 있다. 대략적 패턴은 동일하지만 곡선의 모든 단계에서 미국인이 세계인보다 더 행복하다. 나이가 들면서 중년에 만족도가 떨어지는 경향이 있지만 45세의 평균적인 미국인으로 사는 것이 20세나 70세의 평균적인 세계인으로 사는 것보다 더 낫다. 별로 놀랄 일이 아니다. 미국은 안정되고 부유하고 대체로 살기 좋은 나라니까. 그래서 많은 사람이 미국에서 살고 싶어

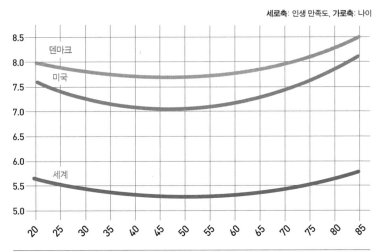

〔3-4〕 연령별 인생 만족도(보정치, 2010~2015)

세로축: 인생 만족도, 가로축: 나이

출처: 갤럽 월드 폴, 브루킹스연구소

한다. 하지만 맨 위 덴마크는 더 행복하다. 스칸디나비아는 대체로 볼 때 사람들이 매우 행복하게 사는 지역이다. 《세계 행복 보고서》 2016년 판을 기준으로 세계 최고 행복국 8개국 중 6개국이 이 지역에 위치한다(덴마크, 핀란드, 아이슬란드, 네덜란드, 노르웨이, 스웨덴).

이처럼 국가와 지역에 따라 나이-행복 곡선의 패턴이 다르게 나타난다. 국가별로 행복 곡선이 최저점을 찍는 평균 연령이 다르며, 인생의 초반과 후반의 관계가 다르게 나타난다. 예를 들어 역시 그레이엄과 니콜로바의 갤럽 월드 폴 분석 자료에서 나온 6개 지역의 곡선을 보자.

인생은 왜 50부터 반등하는가

세로축: 인생 만족도, **가로축**: 나이 ㅣ **별**: 전환점, **점**: 평균 수명

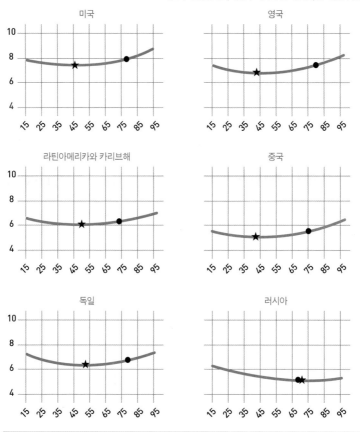

출처: 갤럽 월드 폴, 브루킹스연구소

　　〔3-5〕의 각 그래프에서 별은 행복 곡선의 최저점, 즉 인생 만

족도가 바닥을 치고 오르기 시작하는 시점을 나타내고, 점은 해당

지역의 평균 수명을 나타낸다. 이 데이터 세트에서 미국과 영국이 서로 비슷해 보이는 건 두 나라가 문화적·경제적으로 상당히 비슷하다는 점에서 당연한 결과다. 라틴아메리카와 카리브해도 영미와 동일한 패턴을 보이지만 전반적인 인생 만족도는 한 단계 아래인데, 어쩌면 그곳의 삶이 더 고단하기 때문일 것이다. 이 세 지역 그래프에서는 모두 40대에 반등이 시작된다.

중국은 만족도가 또 한 단계 낮지만 인생 후반의 반등세가 훨씬 가파르다. 그래서 전반적으로 볼 때 상대적으로 불행하지만 나이의 개선 효과가 현저하게 나타나는 나라라고 할 수 있다. 반면에 독일은《세계 행복 보고서》2016년 판에서 16위를 차지했을 만큼 행복한 나라지만 50내 중반에아 행복이 최지점을 찍는 것을 보면 시계가 조금 다르게 맞춰져 있는 것 같다. 독일인은 평균적으로 상승기보다 하강기를 더 길게 산다. 하지만 독일인을 위해 눈물을 흘릴 필요는 없는 것이 이처럼 상대적으로 불리한 행복의 '궤적'이 상대적으로 높은 행복의 '수준'에 의해 상쇄되기 때문이다.

전반적으로 행복도가 더 높은 나라와 행복도의 상승기가 더 긴 나라 중 어느 곳에 살고 싶은가? 한번 선택해 보자. 하지만 러시아를 선택하진 말았으면 좋겠다.《세계 행복 보고서》2016년 판에서 러시아는 56위에 머물렀고, 그레이엄과 니콜로바에 따르면 행복 곡선이 반등하기 전에 평균적인 사람들은 사망해 버린다.

행복의 '수준'도 저조하고 행복의 '궤적'도 늦게 반등한다니, 불운의 완벽한 조합이 아닌지.

어쩌면 행복의 수준과 행복의 궤적이라는 두 요인은 서로 연관되어 있는지 모른다. 최근에 캐럴 그레이엄과 훌리아 루이스 포수엘로Julia Ruiz Pozuelo가 2005~2014년 갤럽 월드 폴 조사 지역 중에서 조사 대상자가 특히 많았던 46개국의 데이터를 분석했을 때 (데이터 밀도가 높으면 통계 분석 결과의 신뢰도가 높아진다) 두 나라를 제외하고 전부 U자 곡선이 발견됐다. 그들은 한 걸음 더 나아가 행복도를 기준으로 이 국가들을 상위권, 중위권, 하위권으로 분류했다. 그러고 나서 각 집단의 전환점, 다시 말해 사람들의 기분이 좋아지기 시작하면서 강의 저류가 순방향으로 바뀌는 나이를 확인했다. 그 결과는 행복도 상위권 국가에서 전환점이 가장 일찍 오고(47세) 하위권 국가에서 가장 늦게 온다(62세)는 것이었다.[3] 일종의 부익부 빈익빈 현상이다.

더 행복한 나라의 사람들은 인생 만족도가 더 높은 것은 물론이고, 중년의 내리막을 더 일찍 지나가기 때문에 인생 만족도가 '상승'하는 구간 또한 더 길다. 그래프 [3-6]이 그런 관계를 잘 보여 준다.

똑같은 패턴이 국가뿐 아니라 개인 차원에서도 포착된다. 그레이엄과 루이스 포수엘로가 세계 표본을 분석하자 행복한 사람

〔3-6〕 인생 만족도와 나이(보정치, 2005~2014)

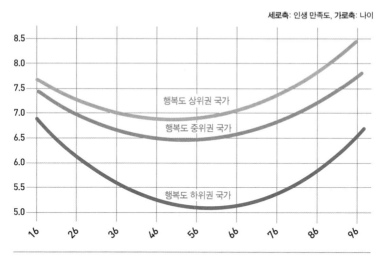

세로축: 인생 만족도, 가로축: 나이

출처: 갤럽 월드 폴, 브루킹스연구소

일수록 일찍 전환점을 지나서 인생에 대한 만족도가 상승하는 구간을 오래 누리는 것으로 나타났다(다른 조건들이 동일하다고 했을 때). 이유는 아직 밝혀지지 않았다. 하지만 이런 현상은 행복에 얽힌 많은 현상과 마찬가지로 그리 논리적이거나 공평해 보이진 않는다. 강의 저류가 가장 형편이 좋은 사람과 나라부터 도와준다니 말이다.

행복과 나이의 관계가 지역마다 다르게 나타나는 현실에서 우리는 "러시아인이 되지 마시오" 말고도 중요한 사실을 알 수 있다. 지금 우리가 논하는 현상의 실체가 무엇이든 간에 그 이면에는 분명히 생물학적이고 유전적인 요인이 존재한다. 만일 행복 곡선이 어느 정도는 본성에 각인된 것이 아니라면 지금처럼 많은 데이터 세트와 지역에서, 또 유인원에게서 발견되지 않았을 것이다. 하지만 '전적으로' 생물학적이거나 유전적인 현상은 아니다. 유전자는 나라마다 크게 다르지 않지만 패턴은 나라마다 크게 다르게 나타나기 때문이다. 어쨌거나 행복 곡선이 시간과 나이 듦 둘 다와 관련이 있다는 건 틀림없다.

이제 진짜 어려운 질문을 던질 차례다. 우리 안에서 뭔가 복잡한 작용이 일어나고 있는 것이 분명한데 도대체 그 정체는 무엇인가?

4장

기대라는 덫

중년을 괴롭히는 것들의 비밀

내 전성기는 이미
지나가 버렸다는 생각

46세의 앤서니는 자신이 한물갔다고 생각한다. 가장 눈부시게 성장하고 가장 화려하게 활약하던 시절은 이미 저 뒤안길로 사라졌다고 여긴다.

하지만 그것은 착각일 가능성이 농후하다. 그의 인생에서 가장 좋은 시절이 아직 저 앞에서 기다리고 있다는 데 내기를 걸어도 좋다. 다만 그가 그것을 볼 수 없을 뿐이다. 행복 곡선은 딱히 이유를 찾을 수 없는 불만을 만들어서는 하필 곧 상황이 반전되려고 하는 시점에 더 잘해 보려는 의지를 꺾으려 든다. 앤서니도 그

인생은 왜 50부터 반등하는가

교활한 계략에 걸려 있다.

그는 내가 사교 모임에서 몇 번 만난 전문직 종사자다. 그가 답변한 인생 만족도 설문지에서는 20대부터 하강하는 곡선이 보였다. 그 자체로는 특이한 점이 없었다. 하지만 그가 40대를 표현하는 말로 "한물갔음"을 꼽았을 때 더 자세히 물어봐야겠다는 생각이 들었다.

앤서니는 20대를 처음 느끼는 해방감 속에서 지적으로 빠르게 성장한 시기라고 말했다. 그는 대학 생활을 잘했고, 걸출한 멘토의 가르침을 받았고, 미래의 아내가 될 여성을 만나 결혼을 약속했다. 30대에는 다른 사람들도 흔히 그렇듯이 현실의 벽을 실감했다. 그가 속한 분야는 워낙 일자리가 귀해 그들 부부는 두 번이나 그간 일군 터전을 포기하고 새로운 곳으로 거처를 옮겨야 했다. 그중 한 번은 새로 정착하는 와중에 양가 아버지가 돌아가셨다. 그들은 큰 슬픔에 휩싸였다. "그 후로 1년 동안 로봇처럼 살았어요." 1년 후 슬픔의 터널을 빠져나와 일상을 회복했지만 예전 같진 않았다. "그 일이 나한테 영구적인 영향을 미친 것 같아요. 유년기에 대한 최종 사망 선고였다고 할까요."

직업에서는 상황이 나아졌다. 앤서니와 아내 모두 30대 중반에 그간 꿈만 꾸었던 일자리를 갖게 됐다. 하지만 40대 초반부터 앤서니는 정체된 느낌을 받았다. "씁쓸한 현실을 자각했어요. 내가 이제 한물갔다는 현실을요. 내 IQ와 창의력을 감안할 때 최대한 오를 수 있는 데까지 올라갔던 거죠. 더 성장하긴 어려울 것 같았어요. 이렇게 말할 수 있겠네요. 외적으로 이게 최선의 상황이란 걸 확실히 깨달았다고요. 그래서 1년인가 1년 반 동안 우울했습니다."

내가 앤서니를 인터뷰했을 때는 우울했던 시절로부터 이미 몇 년이 지난 시점이었다. 그는 나의 0~10점 척도를 이용해 40대의 인생 만족도를 30대와 동일하게 8점으로 평가했다. 자신이 운이 좋은 것 같다고 했다. 하지만 그의 말을 듣고 있으면 전성기가 이미 지나가 버렸다는 생각에 적응하려고 애쓰는 남자의 목소리가 들렸다. 그는 자기 분야에서 절대로 최고가 될 수 없으리란 생각을 받아들였고 육체의 쇠퇴 역시 조금씩 받아들이고 있다. 그는 콜레스테롤약을 복용 중이다. 몸이 예전처럼 빨리 회복되지 않는다. 얼마 전 신문에서 자신과 동갑인 사람이 계단 운동 기구 위에서 급사했다는 기사를 보고는 '나라고 저러지 말라는 보장이 없지'라고 생각했다.

그래서 '한물갔다'고 느끼는 것일까? "맞습니다. 나이로 보면 이제 중간 지점을 넘었죠. 육체적으로는 확실히 그래요. 정신적으로도 쇠퇴가 시작된 게 확실하고요."

나는 20대 때와 같은 만족감과 활기를 되찾을 수 있다고 생각하진 않는지 물었다. 그는 단호하게 말했다. "아뇨. 그땐 고속 성장기였어요. 다시는 가능할 것 같지 않습니다. 이젠 시간이 없잖아요."

앤서니는 불행한 사람은 아니지만 앞날이 쇠락 일로일 것이라는 자신의 전망을 애써 수용하려고 한다. 그는 외적인 성취와 내적인 만족을 이룰 수 있는 능력이 저하되고 있다고 느낀다. 현재 상황이 나쁜 건 아니다. 단지 더 나아질 가망이 없어 보일 뿐이다. 그의 목소리에서 빠진 것은 행복이 아니라 낙관론이다.

젊을 때는 항상 미래의 행복을 과대평가한다

만일 내가 며칠만 더 늦게 앤서니를 만났더라면, 그래서 젊은 독일인 경제학자 하네스 슈반트Hannes Schwandt를 먼저 인터뷰한 뒤 그를 인터뷰했더라면 이런 말을 해 줄 수 있었을 것이다. 낙관론이 사라지고 자신이 한물갔다고 생각하는 것, 이것이야말로 오히려 그의 비관론이 타당하지 않으며 그가 정서적 정점을 찍을 날이 아직 오지 않았다는 근거가 된다고 말이다. 슈반트의 주장이 옳다면 앤서니는 유쾌한 반전의 유력한 후보자다.

언론인으로서 누군가를 인터뷰할 때는 상대방을 성으로 부르는 것이 예의지만 하네스, 아니 슈반트에게는 그러기가 어려웠다. 그는 지금껏 내가 인터뷰한 사람 중에서 가장 격식을 따지지 않는 사람이었기 때문이다. 어느 봄날 슈반트를 만나러 프린스턴대학교에 갔을 때 그는 사회과학관 계단을 껑충껑충 뛰어 내려와서 로비에 있던 우리 부부를 열렬히 환영해 주었다. 그러고는 우리를 이끌고 공룡이며 화학 연구실이며 캠퍼스 곳곳을 정신없이 구경시켜 주면서 수시로 휴대폰을 확인하는 한편으로 다 알아듣기 어려울 만큼 빠른 속도로 대화를 이어 갔다(그의 모국어가 아닌 영어로). 마침내 그가 다른 연구자와 같이 쓰는 작은 연구실에 당도하자 이번에는 학생들이 계속 들락거리며 무슨 티셔츠를 어디서 구할 수 있는지 물었다. 180센티미터에 호리호리한 체격인 슈반트는 벗겨진 머리 아래로 이목구비가 뚜렷하고 손이 두툼했다. 당시 30대 초반이었던 그는 아직 교수로 부임하기 전이었으나(얼마 후 취리히에서 교수가 됐다) 이미 대부분의 박사 후 연구원이 꿈에 그릴 성공을 구가하고 있었다.

슈반트는 독일 함부르크에서 태어나 뮌헨에서 학교를 다녔다. 대학원에서 경영경제학을 공부했지만 금방 싫증이 났다. 수학을 좋아하긴 했지만 이윤 극대화보다는 사회 개선에 더 관심이 많았고, 수학 모델링의 폭정이 지긋지긋했다. "그럴싸한 모델 만들기에 급급해 현실에 대해서는 거의 배우질 못해요. 실업과 거시경제학 수업이 있었는데 실업에 대해선 하나도 못 배웠어요. 교수님한테 실업의 역사라도 짚어 봐야 하지 않겠냐고 했더니 자기는 모델 없이는 아무것도 생각 못 한다나요."(앞 세대에서 건조한 수리경제학에 반기를 들었던 앤드루 오즈월드가 떠오르는 대목이다.)

완전히 경제학을 접을 생각까지 했지만, 운명의 손은 그에게 행복경제학의 선구자 리처드 레이어드(1장에서 그의 연구 성과를 소개했다)의 강의록을 내밀었다. 강의록을 읽고 레이어드의 방법론에 공감한 슈반트는 경제학자들이 행복 연구, 즉 무엇이 사람들에게 만족감을 주는지 탐색하는 연구를 왜 다른 분야 학자들에게 맡겼는지 의아해졌다.

결국 사람들이 언제나 합리적인 선택을 한다는, 따라서 확실히 행복을 증진하는 선택을 한다는 가정은 완전히 틀린 것으로 판명 났다. 슈반트는 "아마 우리가 최선의 선택을 하는 건 아닌 것 같아요. 그런데 현시 선호로는 절대로 그런 걸 알 수 없죠"라고 말했다.

그렇다면 사람들이 효용utility(재화와 용역의 사용으로 얻을 수 있는 주관적 만족-옮긴이)을 그저 아무렇게나 잘못 추측한다고 가정할 수 있겠지만 이 또한 전혀 사실이 아니다. 사람들의 비합리성이 구조적 편향에 따른 것이며, 이런 편향성이 어떤 형태들로 나타나는지 실험을 통해 밝혀졌기 때문이다.

노벨상을 수상한 심리학자 대니얼 카너먼Daniel Kahneman과 동료 학자 잭 네치Jack Knetsch, 리처드 탈러Richard Thaler의 유명한 1990년 실험에서 나온 한 가지 예를 들어 보자.[1] 머그잔을 구입하기 위해 가령 3달러를 낼 의향이 있다는 사람들에게 머그잔을 준다. 그리고 나서 몇 분 뒤 머그잔을 돌려주는 대신 얼마를 받고 싶은지 물으면 마치 머그잔을 소유한 것만으로 값어치가 올라가기라도 한 것처럼 무려 7달러 정도를 요구한다. 사람들은 소유물을 상실하는 걸 매우 싫어하는 듯하다. 더 좋고 새로운 것을 대신 준다고 해도 기존에 갖고 있던 것을 놓지 않으려는 경향이 있다. 사람들이 계속 이렇게 "소유 편향endowment bias"에 붙들려 있으면 상향식 교환trading upward을 통해 운을 개선할 기회 또한 계속 포기하게 된다. 적어도 전통 경제학자들이 말하는 '상향식'의 의미에서는 그렇다. 알고 보면 인간에게는 이런 유의 편향이 한둘이 아니다.

2007년 아직 박사 과정 1년 차였던 슈반트는 사람들이 과연 행복과 직결되는 요인에 대해 합리적인 기대를 하는지 궁금해졌다. 그 요인이란 바로 인생에 대한 만족도였다. "나는 합리적 기대론이 틀렸을 가능성에 대해 열려 있었어요. 그래서 한번 테스트해 보는 게 좋겠다고 생각했죠."

슈반트는 멘토의 권유로 독일에서 1991년부터 2004년까지 약 15년간 동일한 사람들을 조사한 연구 데이터를 들여다봤다.

인생은 왜 50부터 반등하는가

이 연구는 10년 이상 조사 대상자가 유지됐을 뿐 아니라, 과거의 서독과 동독 지역을 모두 아우르고 있어서 정치적·문화적 지형이 전혀 다른 두 지역을 비교할 수 있었다. 무엇보다 특이한 점은 사람들에게 현재 인생 만족도만 묻지 않고 5년 후 만족도를 어떻게 '기대'하는지 함께 물었다는 것이다. 이 기대치를 이후 실제 평가치와 비교함으로써 슈반트는 사람들이 미래의 행복도를 얼마나 정확하게 또는 틀리게 예측하는지 분석할 수 있었다.

연구 결과는 그를 깜짝 놀라게 했다. 거기서 하나의 패턴이 발견된 것은 물론이고, 이 패턴이 남성과 여성에게서, 또 옛 동독과 서독 지역 사람들에게서(냉전 시대에 서로 전혀 다른 삶을 경험했던 사람들에게서), 그리고 개인 차원과 집단 차원에서 모두 동일하게 나타났기 때문이다. 이 패턴은 경제 불황처럼 삶에 큰 타격을 주었을 주요 사건을 참작해도 사라지지 않았다. 소득과 인구통계학 요인 등을 통계적으로 보정해도 마찬가지였다.

나중에 슈반트는 이렇게 썼다. "이 패턴은 시간이 지나도 안정적으로 나타나고, 집단 간에서나 개인 간에서도 관찰되며, 서로 다른 사회경제적 공동체들에서도 발견된다." 이 패턴은 어떤 통계적 조작 없이 육안으로 확인할 수 있을 만큼 자명했다. 그래서 처음에 슈반트는 자신이 데이터를 잘못 코딩한 건 아닌가 의심했다. 하지만 아니었다. "그래서 생각했죠. 이건 '진짜' 중요한 거야."

당초 왜 중요한지는 정확히 몰랐지만 슈반트는 어렴풋이 짚이는 구석이 있었다. 그는 행복 곡선을 알고 있었고 행복 곡선에 대한 설명이 부족한 데 흥미가 있었다. 하지만 한동안은 그보다 더 주류 경제학 연구에 가까운, 건강과 안녕의 경제학적 관계 연구에 다시 집중해야 했다. 어차피 그의 인생 만족도 연구는 별 호응을 못 얻고 있었기 때문이다. "그 연구가 내가 박사 과정에서 처음으로 한 프로젝트였어요. 거시경제학자들 앞에서 발표했다가 말 그대로 비웃음만 샀던 기억이 아직 생생합니다. 그딴 걸 연구할 생각을 하다니 웃긴다는 반응이었죠. 인생 만족도 기대치 같은 것에 도대체 누가 관심을 갖겠냐는 거였어요."

하지만 그의 분석 결과를 우습게 보지 않은 경세학자가 한 사람 있었으니 바로 앤드루 오즈월드였다. 학술 대회에서 처음 만난 그들은 간단히 점심을 먹기로 한 것이 2시간의 대화로 이어졌다. "그가 그랬어요. '와, 이거 진짜 중요한 건데요!'" 그래서 슈반트는 기대치와 실제 평가치를 비교하는 연구에 재돌입했고, 그 결과를 2016년 《경제적 행동과 조직 저널 Journal of Economic Behavior and Organization》에 〈미충족 기대로 설명하는 안녕에서 나이 U자 곡선 Unmet Aspirations as an Explanation for the Age U-Shape in Wellbeing〉이란 제목의 논문으로 발표했다.

슈반트의 논문에서 오즈월드를 흥분시킨 그래프는 다음과 같다.

[4-1] 연령별 인생 만족도 실제치와 기대치

세로축: 인생 만족도, 가로축: 나이

출처: 하네스 슈반트

이 그래프에서 무엇을 알 수 있을까? 데이터 속 독일인들 (17~90세)은 현재와 미래의 인생 만족도를 0점("완전 불만족")에서 10점("완전 만족")까지 표준 척도로 평가해 달라는 요청을 받았다. 그래프에서 세모는 사람들이 각 나이에서 실제로 느끼는 만족도를 나타낸다. 네모는 사람들이 5년 전에 기대한 만족도다. 기대치와 실제치를 비교할 수 있도록 두 곡선을 배치했다. 예를 들어 25세는 30세가 됐을 때 만족도가 7.5점 정도일 것으로 기대하지만,

실제로 30세가 됐을 때 만족도는 7점에 불과하다. 다시 말해 기대만큼 행복하지 않다. 즉 '실망'스럽다. 세모 곡선이 네모 곡선 아래에 있을 때 사람들은 자신의 만족도에 실망한다. 반대로 세모 곡선이 네모 곡선보다 위에 있으면 기분 좋은 놀라움을 느낀다.

이 그래프를 보면 한눈에 2가지를 알 수 있다.

첫째, 인생 만족도 실제치인 세모 곡선이 U자 패턴을 보인다(단 노년에 조사 대상자들이 병들고 사망하면 데이터가 빈약하고 산만해지면서 패턴이 사라진다). 곡선의 최저점은 쉽게 예상 가능하듯 50세 무렵이다. 이 정도야 당연하다! 그런데 다음이 문제다.

둘째, 젊은 사람들은 항상 미래의 인생 만족도를 과대평가한다. 상당한 수준의 예측 오차가 절대 우연이라고 할 수 없을 정도로 일관성 있게 나타난다. 마치 시애틀 거주자들이 매일 화창한 날씨를 기대하는 것처럼 말이다.

슈반트는 논문에서 "오차가 매우 크다"라고 썼다. 20대 젊은이들은 미래의 인생 만족도를 평균 10퍼센트 정도 과대평가한다. 하지만 세월이 흐르면 과도한 낙관론이 감소한다. 과거에 번번이 실망했기 때문일까, 또는 인생에서 가장 짜릿하고 건강한 시절은 다 지나갔다고 생각하기 때문일까? 어쨌든 기대치가 떨어진다. 그렇다고 0점을 찍지는 않는다. 7.5점에서 6.5점으로 떨어지는 정도인데 하락 폭이 작진 않지만 재앙이라고 할 수준은 아니다.

그러니까 사람들이 심각할 만큼 우울해지고 있는 건 아니다. 단지 '현실적'으로 변하고 있을 뿐이다.

그래프에서 50대를 보자. U자 곡선은 반등을 시작한다. 한편으로 기대치 곡선은 하강을 거의 끝냈다. 예측 오차가 줄어들다가 역전된다. 중년 후반부터는 인생 만족도가 이전의 예측과 달리 하락하지 않고 상승한다. 그런데 기대치는 낮은 수준에서 안정세를 유지한다. 이후 무려 20년 동안 후회와 실망의 쓴잔이 아니라 기분 좋은 놀라움을 한 잔씩 들이켠다. 이렇게 저류의 방향이 반전된다. 인생 전반기에 큰 슬픔을 안겨 주던 예측 오차가 후반기에는 신호를 바꾼다. 흐름이 달라진다.

되먹임 효과
: 잘 살고 있는데 더 실망하게 만드는 메커니즘

이처럼 예측 오차가 역전되는 현상은 한눈에 알아볼 수 있을 만큼 분명히 드러난다. 하지만 하네스 슈반트는 경제학자로서 수학을 동원해 그 이면에 가려 있을지 모를 관계를 탐색했다. 그러자 기대치와 실제치의 격차에서 특이한 자가 증식 효과가 드러났다. 이것을 알면 나를 포함해 수많은 사람이 어째서 중년에 혼란스러움과 덫에 걸린 기분이 결합된 불쾌감을 느끼는지 이해하는 데 도움이 된다.

여기서 사람들에게 요청한 것이 미래의 '상황'에 대한 기대치가 아니라는 점을 기억하자. "5년 후의 소득, 건강, 직업이 얼마나 좋을 것으로 기대하십니까?" 같은 객관적 상황을 묻는 질문이 아니었다. 대신에 사람들은 주관적 측면에 대한 질문을 받았다. 5년 후 얼마나 만족감을 '느낄지' 예측해 달라는 질문과 이후에 실제로 어떻게 느끼는지 말해 달라는 질문이었다. 그런데 느낌은 자가 증식이 가능하다. 즉 실망과 후회가 불만을 키울 수 있고 역으로 불만이 실망과 후회를 키울 수 있다.

이 결과는 수학적으로 꽤 쉽게 모델링할 수 있는 현상인데(슈반트가 그 방정식을 도출했다) 객관적으로 관찰되는 결과들과 꽤 명쾌하게 맞아떨어진다. 슈반트는 이것을 "되먹임 효과feedback effect"라 부른다. 이를 통해 사람들이 왜 불만을 가질 이유가 별로 없는데 큰 불만을 느끼고 그러다가 자신이 불만을 느낀다는 것 자체에 더 불만을 느끼는지가 어느 정도 설명된다. 슈반트는 내게 방정식 몇 개를 보여 준 후 이렇게 설명했다.

"자, 내가 중년의 불만을 느끼는 단계에 있다고 가정해 보겠습니다. 먼저 인생이 잘 안 풀려서 고민거리가 많고 인생의 쓴맛을 심하게 느끼고 있다고 해 보죠. 그래서 우울해요. 그렇지만 최소한 우울해할 만한 '이유'는 있죠. 왜 기분이 나쁜지 확실히 알 수 있으니까 그걸로 이야기 끝입니다. 아마 다른 사람들한테 내 문제에 대해 더 많이 말할 거고, 사람들도 내가 왜 불만인지 알 거예요.

이번에는 반대로 인생이 다 잘 풀리고 있다고 해 보죠. 그런데 불만족스러워요. 그러면 '나는 이러저러해서 불만이야'라고 말 못 하죠. '내가 왜 불만인지 나도 모르겠어'라고 해야 할 거예요. 그럼 더 비참해지고, 그래서 예측 오차가 더 커지죠. 상황은 변화가 없는데 상황에 대한 '느낌'이 나빠지는 겁니다. 느낌이 나쁘니까 실망감이 생기고, 그래서 인생 만족도가 떨어지고, 그래서 느낌이 더 나빠지고요. 아래로 쭉쭉 빨려 들어가는 소용돌이에 빠진 거죠. 객관적인 상황이 진짜로 좋으면 이 되먹임 효과가 더 강력하게 나타날 수 있어요. 자신이 실망감을 느낀다는 것 때문에 실망감이 더 커지니까요."

바꿔 말하면 이런 하강의 소용돌이가 실제 삶의 상황과 무관하게 발생할 수 있다는 뜻이다. 되먹임 효과는 심각한 위기나 충격을 경험하지 않고 잘 살고 있는 사람들에게 생길 수 있고 실제로 그런 경우가 많다. 슈반트는 논문에서 이렇게 쓰고 있다. "삶의 상황에서 기인한 효용이 나이가 들어도 일정하게 유지되는 세상에서조차 이 메커니즘이 설명력을 가진다는 것을 이 수학 모델을 통해 확인할 수 있다." "미충족 기대에 대한 후회감으로 인해 인생 만족도의 기대치와 실제치 간 격차가 더 벌어지면서 실망감이 더욱 증가하고 인생 만족도가 더욱 하락한다." 이 문장에 내가 40대에 느낀 감정이 고스란히 담겨 있다. 답답하고 혼란스러운 시절이었다.

슈반트의 모델은 경제학자들이 삶의 상황을 '소거'한 후에도 행복 곡선이 여전히 나타나는 이유를 이해하는 데 도움이 된다. 다시 말해 인생의 다른 요인들과 별개로 나이가 계속해서 그 자체로 중년의 저조한 만족도와 관련된 요인으로 나타나는 이유를 설명해 준다. 경우에 따라서는 객관적인 삶의 상황이 남들보다 훨씬 나은 사람들이 오히려 되먹임 고리의 덫에 가장 잘 걸려든다.

어떤 사람은 이런 객관적이지 않은 실망감을 여피족(도시에 사는 고소득 전문직─옮긴이)의 문제나 선진국병으로 치부할지 모른다(그런데 사실 행복 곡선은 개발도상국에서도 많이 나타난다). 또 어떤 사람은 배부른 소리로 일축해 버릴지 모른다. 내가 그랬다. 내가 누리는 특권과 행운을 생각하면 배부른 소리를 하고 있는 것 같았다. 나는 불만감으로 인해 자존감이 떨어졌다. 나 자신이 싫어졌다. 어디 가서 내가 수렁에 빠졌다고 말하기가 민망했다.

이런 민망함은 도덕적 또는 객관적 관점에서 볼 때 지극히 타당하다(배부른 소리 하는 사람은 모든 사람이 혐오하며, 특히 자기 자신이 가장 혐오한다). 하지만 아이러니하게 그로 인해 불만과 실망이 증폭된다. 우리는 어릴 적부터 감사할 줄 모르면 창피한 일이라 배웠다. 그런데 이제는 그런 인식이 독으로 작용할 수 있다. 그것이 슈반트가 밝혀낸 특이한 실망의 소용돌이를 더욱더 사납게 요동치도록 만든다.

마흔의 문턱에서 내가 누리고 있는 것을 하나씩 생각해 본 건 도덕적인 측면에서는 잘한 일이었다. 그렇게 하길 잘했다고 생각한다. 하지만 이제는 슈반트의 방정식을 알기 때문에 그래 봤자 별로 차도가 없었던 게 놀랍지 않다. 그때는 몰랐지만 내가 스스로에게 더 만족감을 느껴야 하는 이유를 설명하려고 들면서, 사실은 내가 '느끼는' 만족감과 내가 '느껴야 한다고 생각하는' 만족감의 격차를 고민할 이유를 더 많이 만들어 냈던 것이다.

여기서 되먹임 효과의 특이한 점이 보인다. 중년의 슬럼프는 아무것도 아닌 것일 수 있다. 그리고 이 사실 자체가 오히려 심각한 문제를 일으킬 수 있다.

친하게 지내는 사이먼이 생각난다. 현재 40대 중반인 그는 인생의 부침을 겪을 만큼 겪으며 우리에게 익숙한 패턴을 경험했다. 신나는 20대, 목표를 향해 전진하는 30대, 인생의 쓴맛을 보며 요동치는 40대. 그래도 그는 마침내 한 분야에서 내로라하는 인물이 되어 큰 시장에서 미디어에 자주 얼굴을 비칠 만큼 출세했다. "이루고 싶은 건 거의 다 이루었죠."

그래서 그는 만족감을 느낄까? "아니요. 지쳤어요. 가끔 내가 그냥 운이 좋아서 인생이 잘 풀린 찌질이처럼 느껴집니다. 브라질로 도망가고 싶다는 생각을 자주 해요. 이름을 바꾸고 호텔 직원으로 살까 싶어요." 그는 자신의 불만족 때문에 정서 차원을 넘어 정신 차원에서까지 혼란과 괴로움을 겪고 있는 것 같다. "뭔가 안에서부터 잘못된 것 같아요. 인생이란 게 즐거운 모험이 아니라 고단한 도전으로 느껴집니다. 내 심리를 깊숙이 들여다보면 아무것도 날 만족시킬 수 없다는 말이 나올 것 같아요. 뭔가 마음 깊숙한 곳에서부터 잘못된 게 아닐까 싶네요."

"내가 뭔가 잘못된 거 같아요." 이것이 바로 되먹임 덫이 하는 말이다.

후회 함수
: 과거와 미래가 모두 비참하게 느껴지는 이유

이제 사람들이 성인기의 전반기를 지날 때 어떤 일이 일어나는지 보자. 예측 오차가 꾸준히 좁혀진다. 좋은 현상으로 보일 수 있다. 비현실적인 낙관론을 버리면서 실제로 느끼는 실망감이 줄어들기 때문이다. 그런데 왜 중년에 만족도가 꾸준히 감소하는 U자 곡선이 나타날까? 되먹임 효과가 이유이긴 하다. 하지만 슈반트가 말하는 "혹 모양 후회 함수hump-shaped regret function" 역시 이유로 작용한다.

"인생 만족도는 '현재 상황' 빼기 '과거에 놓친 기회의 합'에 대한 후회입니다." 쉽게 말해 그의 후회 함수는 실망감이 '누적'됨을 보여 준다.

"젊을 때는 후회를 많이 안 해요. 일이 잘 안 풀려도 아직 시간이 많이 남았다고 생각하니까요. 별로 걱정을 안 하죠." 스물다섯 살에는 1년을 실망스럽게 보낸다고 한들 도로에서 과속방지턱을 만난 정도에 불과하다. 내년에는 더 잘 풀리겠지!

하지만 만약 그다음 해에도 실망스럽다면? 물론 인생 만족도의 측면에서 말하는 것이다(지금 우리는 실제로 닥치는 현실이 아니라 현실에 대한 내면의 주관적 해석을 다루고 있다). 인생이 꽤 잘 굴러가고 있는데 기대했던 것만큼 만족스럽지 않다. 그다음 해 역시 똑같은 일이 벌어진다. 또 그다음 해에도. 또, 또, 또. 얼마간 그러고 나면 실망이 인생의 영구적인 속성으로 느껴진다.

이것은 2가지 효과를 낸다. 첫째, 미래의 만족도에 대한 기대치가 그래프 [4-1]에서 봤듯이 급격히 하락한다. 그래서 수고스럽게 행복 기대치를 재조정해야 한다. 둘째, 재조정이 완료되기 전까지는 동시에 두 방향에서 타격을 입는다. "한편으로는 과거에 대한 실망감을 강하게 느끼고 다른 한편으로는 미래에 대한 기대감이 증발하죠. 그래서 중년에는 과거와 미래가 모두 비참하게 느껴집니다."

46세의 앤서니가 우울하진 않지만 자신이 한물갔다고 믿는 이유가 이로써 잘 설명된다. 그는 원하는 것을 거의 다 이루었음에도 기대만큼 행복하지 않은 현실을 체념하듯 받아들였다. 이런 현실은 미래에 육체적·지적 능력이 쇠퇴하면 만족도가 더욱더 떨어질 것이란 예측을 하게 만든다. 그래서 그는 미래 '상태'를 내다보고 미래 '만족도'에 대해 일견 논리적으로 보이는 결론을 끌어낸다. 최고의 시절은 지나갔다는 것이다.

슈반트의 실제치와 기대치 곡선들이 교차할 때 현실이 기대를 넘어서기 시작하면서 소용돌이의 방향이 바뀐다는 사실을 앤서니로서는 직관적으로 알 수 없다. 그는 모르지만 이때부터 부정적인 되먹임이 긍정적인 되먹임으로 전환되면서 실망감이 기분 좋은 놀라움으로 바뀌고 만족감과 감사함이 시너지 효과를 내며 날로 더 강해진다.

이처럼 기대치가 현실에 맞춰 재조정되는 이야기는 해피엔딩으로 끝난다. 하지만 프로스트의 표현을 빌려 말하자면, 유일한 '출구'는 그 길을 끝까지 걸어가는 것뿐이다(로버트 프로스트의 시 〈종들의 종A Servant to Servants〉에 나오는 구절-옮긴이). 보통은 이 길이 트라우마를 남길 만큼 혹독하진 않다. 말했다시피 우리가 이 길에서 상대하는 것은 크고 작은 만족감, 높은 기대치에 대한 실망감뿐이기 때문이다. 다만 고단하고 지겹긴 하다.

"체념요." 인생에 대한 느낌을 묻자 재스퍼는 이렇게 말했다. 우리는 동네 피트니스센터에서 처음 만났다. 그는 내가 행복 곡선에 관해 쓴 글을 읽은 적 있었고, 최근에 40대가 되면서 행복 곡선상의 골짜기로 한 걸음씩 다가가는 것 같은 느낌을 받고 있다고 해서 대화를 나누게 됐다.

재스퍼는 20대에 촉망받는 젊은 변호사로 급부상하며 "재미있고 미래 지향적인" 시절을 보냈다. 하지만 30대에 변호사 일이 "영혼을 갉아먹을 만큼 지긋지긋한 일"이고, 자신이 원하는 만큼 좋은 남편이 아니며, 그들 부부가 아이를 가질 수 없다는 것을 알게 됐다. 그래서 그는 인생을 재조정했다. 치열한 법조계를 떠나 학교로 돌아갔고 아이를 가질 수 없는 현실을 수용했다. 이제 40대 초반인 그는 가족 전문 치과를 운영하고 있지만 언젠가는 이 일을 그만둘 수 있기를 바랐다. 그가 진짜로 원하는 일은 자신이 가장 중요하게 여기는 것들에 대해 가르치고 글을 쓰는 일이었다.

그렇게 원대한 미래를 희망하면서 왜 '체념'했는지 궁금했다.

"내가 볼 때 사람이 마흔이 되면 대부분은 스물다섯 살 때 기대했던 미래와 너무 다른 현실을 마주하게 되는 것 같아요. 나 자신에 대한 진실을, 그러니까 나의 성공만이 아니라 실패와 약점까지 받아들이면서 정신적으로 성숙해지고, 나를 더 돌아보면서 나란 사람을 더 깊이 알게 되는 거죠. 내가 경험으로 얻는 이런 지혜를 감사하게 여기지 않는다는 말은 아닙니다. 하지만 미래를 더 단순하고 천진하게 전망하던 때가 가끔 그리워요. 이젠 그게 인생의 현실을 거의 의도적으로 무시한 결과란 걸 알지만 여전히 그리워요."

재스퍼는 하네스 슈반트가 말하는 예측 오차에, 그리고 토머스 콜이 묘사한 천공의 성에 작별을 고하는 과정에 있었다. 그는 과거에 느꼈던 높은 기대감이 자신을 속였음을 알면서도 그것을 그리워했다. 객관적으로 보면 그는 자신의 가치와 자신의 인생을 더 긴밀히 조율해 가는 중이었다. 하지만 주관적으로는 미래의 인생 만족도에 대한 낙관적 전망이 감소했고 그것이 또 후회를 불러왔다.

낙관 편향이 사라지고
우울한 현실주의가 찾아올 때

하네스 슈반트의 예측 오차를 생각하면 자연스럽게 떠오르는 의문이 있다. 왜 예측 오차가 이토록 크게 나타날까? 이 질문에는 이미 대답이 존재한다. 하지만 대답을 들으려면 슈반트의 세계인 경제학과 빅 데이터에서 나와 심리학으로 들어가야 한다. 즉 우리 정신의 구성과 구조를 탐구해야 한다.

이스라엘 출신의 인지신경과학자 탈리 샤롯Tali Sharot은 유니
버시티칼리지런던에서 감정이 인지와 행동에 미치는 영향을 연구
하는 뇌감정연구소Affective Brain Lab 소장이다. 그녀는 자신이 "낙
관 편향Optimism Bias"이라 부르는 현상에 관한 연구로 특히 유명한
데, 이 제목으로 저서도 출간했다.[2]

그녀의 연구 결과에 따르면 긍정적 예측 오차는 생물학적 실
수가 아니다. 이것은 우리 안에 각인된 현상으로 보인다. 우리를
속이고 때로는 비참하게까지 만들지만 우리가 생존하고 번영하기
위해 필요한 것일지 모른다. 샤롯은 "아침에 일어나서 '자, 오늘은
좋은 하루가 될 거야, 내가 하고 있는 걸 잘하게 될 거야'라고 말할
수 없다면 침대 밖으로 나오기가 어렵겠죠"라고 말했다. 그녀는
2011년《현대생물학Current Biology》에 발표한 논문에서 낙관 편향
을 이렇게 설명했다.

[학생들은] 실제로 받게 되는 것보다 더 높은 초봉과 더 많은 입사
제안을 받게 될 것이라고 기대한다. 사람들은 일이 완료될 때까지
소요되는 기간과 비용을 과소평가하는 경향이 있다. 우리 대부분
은 휴가에서 실제로 누리는 것보다 더 큰 즐거움을 누리게 될 것이
라고 예상하며, 다음 달에 실제로 경험하는 것보다 더 긍정적인 일
(예를 들면 선물을 받거나 재미있는 영화를 보는 것)을 경험하게 될 것이

라고 전망한다. 다양한 방면에서 다양한 방법으로 수행된 연구들이 일관되게 보여 주는 사실은 인구의 상당수(대부분의 추정치에 따르면 약 80퍼센트)가 낙관 편향을 보인다는 점이다. 낙관 오류는 성, 인종, 국적, 나이와 무관하게 관찰되는, 인간 본성에 내재된 것으로 보인다.

사람들은 평균 이상의 수명과 건강을 기대하고, 자신의 이혼 가능성을 과소평가하며, 취업 성공률을 과대평가하는 것 같은 경향이 있다. 샤롯이 2007년 동료 학자들과 《네이처》에 발표한 논문에 따르면 사람들은 "그런 기대를 뒷받침하는 증거가 존재하지 않을 때조차" 긍정적인 일을 기대한다.

만일 정확한 정보가 제공된다면 어떨까? 그러면 사람들이 편향된 신념을 바로잡을까? 샤롯과 동료 학자들은 실험을 통해 사람들에게 여러 가지 불상사(강도, 암 진단 등)가 예를 들면 향후 5년 이내에 자신에게 발생할 확률을 어떻게 생각하는지 물었다. 대답을 기록한 후 실제 확률을 알려 주고 그 일이 자신에게 일어날 것 같으냐고 다시 물었다. 그러자 사람들은 부정적인 정보보다 긍정적인 정보를 더 잘 받아들이는 것으로 나타났다. 샤롯은 이것을 "좋은 소식/나쁜 소식 효과good news/bad news effect"라고 부른다.

사람들을 뇌 스캐너에 들어가게 한 후 동일한 과정을 거치면 뇌에서 긍정적인 정보와 부정적인 정보가 처리되는 부위가 서로 다르게 나타난다. 따라서 부정적인 정보가 단순히 긍정적인 정보의 반대라고 말할 수 없다. 더욱이 샤롯과 동료 학자들은 뇌의 특정한 부위에 자기磁氣 에너지를 쏘면 낙관 편향이 사라지는 것을 포착했다. 긍정적인 정보는 적극 수용하고 부정적인 정보는 차단하는 경향이 정서적 전망을 할 때만 나타나는 것이 아니라 기본적인 인지 기능에 각인되어 있다는 뜻이다.

물론 모든 사람이 항상 그렇다는 건 아니다. 예외는 있다. 경미한 우울증이 있는 사람들은 미래를 정확하게 예측한다. 그들은 우울하지 않은 사람들만큼 긍정적인 정보를 잘 받아들인다. 그러면서 동시에 부정적인 정보 또한 더 잘 받아들이기 때문에 더 현실적이다. 샤롯은 2012년 출간한 전자책《낙관의 과학: 우리는 왜 희망을 타고나는가The Science of Optimism: Why We're Hard-Wired for Hope》에서 이렇게 쓰고 있다. "그들은 현실을 있는 그대로 본다. 다시 말해 비현실적인 낙관론을 생성하는 신경 기제가 존재하지 않았다면 전 인류가 경미한 우울증을 앓고 있을지 모른다." 사실 낙관성을 타고나는 것처럼 보이는 생물이 인간만은 아니다. 기발한 실험들을 통해 조류 또한 그렇다는 것이 밝혀졌다. 쥐도 마찬가지다. 그 밖에 여러 종이 비슷한 경향을 보인다.

왜 자연은 우리가 낙관 쪽으로 편향되도록, 그래서 지속적으로 실망하도록 만들었을까? 어쩌면 현실주의가 우리에게 불리하기 때문일 수 있다. 샤롯은 《낙관의 과학》에서 "희망은 우리 정신의 긴장을 완화하고, 스트레스를 감소시키고, 신체 건강을 증진한다. 아마 이것이 낙관성의 가장 놀라운 이점일 것이다. 다른 모든 조건이 동일하다면 낙관론자가 더 건강하고 더 오래 산다"라며 "낙관성은 단순히 성공과 관련 있는 것을 넘어 성공을 불러온다"라고 쓰고 있다. 낙관성은 창업가들이 암담한 성공 가능성에도 불구하고 사업을 시작하게 만든다. 나 역시 창업을 시도해 봤기 때문에 잘 안다. 나는 성공을 자신했다. 하지만 실패했다. 그래도 내가 기꺼이 도전할 만큼 비현실적이었던 것을 다행으로 여긴다.

낙관 편향의 기본 개념은 잘 정립되어 있다. 하지만 좀 더 세부적으로 들어가서 이제 막 연구자들을 통해 조금씩 밝혀지고 있는 사실이 있다. 우리의 구미를 당기는 현상은 낙관 편향이 나이와 무관하지 않다는 것이다. 낙관 편향은 중년에 쇠퇴하는 것으로 보인다. 《낙관의 과학》에 따르면 이렇다.

좋은 소식에 대한 학습률은 모든 연령 집단에서 비교적 일관되게 나타났다. 9세에 꽤 좋았고 45세와 75세에도 여전히 꽤 좋았다. 하지만 나쁜 소식에 대한 학습률은 역 U자 형태를 따랐다. 나쁜 소식을 접했을 때(예를 들면 사탕처럼 우리가 좋아하는 것이 우리에게 안 좋을 수 있다는 사실을 알게 됐을 때) 거기에 맞춰 신념을 변경하는 능력은 어릴 때부터 천천히 습득된다. 이 능력은 40세 즈음 절정에 이른 후 나이가 들면서 천천히 쇠퇴하는 것으로 보인다.

따라서 중년에는 인생의 쓴맛에 대한 민감도가 높은, 이른바 "우울한 현실주의depressive realism"에 시달릴 확률이 더 높아지는 것 같다.

"왜 우울한 현실주의가 중년에 더 잘 나타날 수 있죠?" 샤롯에게 물었다.

"이유는 확실치 않아요."

어쩌면 나이가 들면서 뇌가 변하기 때문일 수 있다. 아니면 중년에 대체로 스트레스를 많이 받고 스트레스와 불안이 낙관 편향을 감소시키기 때문일지 모른다. 또는 뻔한 말이지만 그냥 경험에서 배우는 것일 수 있다. 물론 이 모두가 이유거나 또 다른 이유가 있을 수도 있다. 어쩌면 청춘에는 낙관론으로 무장하고 세상으로 뛰쳐나가 위험을 감수하며 한계에 도전하고, 중년에는 정신의 눈금을 재조정하는 것이 인간이란 종의 이익에 부합하기 때문일지 모른다.

이런 연구 결과는 중년이 우울하다는 뜻이 아니다. 중년에도 낙관 편향은 존재한다. 다만 현격히 약해질 뿐이다. 우울한 현실주의가 주입됐기 때문이다. 아마 재스퍼도 동의할 것이다.

내가 일기를 쓰며 감사해야 할 것을 하나둘 생각해 본 일화에서 알 수 있듯이, 나 또한 재스퍼와 비슷한 나이에 낙관성이 약해지는 것을 느꼈고 그로 인해 심란해졌다. 30대를 순탄하게 보낸 나였다. 이젠 아이를 가질 수 없어도 괜찮았다(동성애자에게는 이성애자와 다른 성질의 고민거리다). 직업을 바꿀 필요성도 욕구도 못 느꼈다. 신체적으로나 경제적으로나 아무 문제가 없었다. 딱히 역경이랄 것을 경험한 적이 없었기에, 내가 일시적으로 위축됐을 뿐이고 이 시기가 금방 지나갈 것이라 생각했다(애초에 내가 위축될 이유가 없었으니까!).

그런데 마흔다섯 살 때 내 안에서 뭔가 심상치 않은 일이 일어나고 있다는 사각을 부르는 주목할 민한 사건이 발생했다. 긍정적인 사건이었다. 그것도 어마어마하게 긍정적인. 당시 나는 절제된 스타일의 내 글이 경쟁 심사에서 두각을 드러낼 만한 감칠맛이 부족함을 잘 알고 있었다. 그랬기에 잡지계의 퓰리처상이라고 할 내셔널 매거진 어워드National Magazine Award를 받게 됐을 때 정말 깜짝 놀랐다. 마음 가득 자부심과 감사함과 성취감을 느꼈다. 1주일인가 2주일인가 동안.

그러고 나서 다시 실망감이 제멋대로 스멀스멀 기어들어 왔다. 얼마 후부터는 수상이 전혀 없었던 일 같았다. 예전처럼 아침에 눈을 뜨면 거의 어김없이 나의 부진한 성취를 꾸짖는 내면의 독백이 불청객처럼 찾아왔다. 그때부터는 자꾸만 나를 괴롭히는 실망감이 내 손아귀를 벗어난 생물처럼 펄떡이는 현실을 의식하게 됐다. 그것이 어느새 내 성격의 일부가 되어 항상 불만거리를 찾아다니고 여의치 않으면 가짜 불만까지 만들어 내는 것 같았다. 비합리적인 실망감의 집요한 공세 앞에서 내가 감사하고 만족할 줄 아는 능력을 잃어버린 건 아닌가 하는 의구심이 싹텄다. 지금 생각하면 바로 그 무렵에 슈반트의 되먹임 고리가 본격 가동된 것 같다. 의아했다. '인정을 안 하려야 안 할 수 없을 만큼 명백한 쾌거를 거두었는데 어떻게 내가 그대로일 수 있지?'

그때 나는 몰랐다. 문제는 내가 아니라 나의 코끼리란 것을.

내 안의 코끼리와 화해하기

조너선 하이트Jonathan Haidt는 혐오감을 주제로 삼아 학자 인생을 시작했다. 현재 뉴욕대학교 심리학 교수인 그는 우리 안에서 발생하는 비의지적 생각의 총합인 직관이 이성과 인지에 미치는 영향에 관한 한 세계에서 가장 혁신적인 사상가다.

1963년생인 하이트는 고등학교 3학년 때 그의 표현을 빌리자면 실존적 우울증을 앓으면서 신이 존재하지 않는 세상에서 삶은 무의미할 수밖에 없다고 결론 내렸다. 그는 이런저런 의문에 대한 해답을 얻기 위해 철학을 공부했지만 이후 심리학에 더 재미를 느꼈다. 대학을 졸업한 후 2년 정도 워싱턴의 미국노동통계국 Bureau of Labor Statistics에서 컴퓨터 프로그램을 개발했다. 그러다 무슨 영문인지 그의 머릿속 믹서기에서 다양한 관심사가 섞여 도덕적 직관에 관한 실증 연구로 인생의 방향이 바뀌었다. 그는 직관과 관련해 그간 정식 연구가 거의 없었던 요소인 혐오를 박사 학위 논문 주제로 선택했다. 그 결과로 나온 논문이 〈도덕적 판단, 정서, 문화, 또는 개를 먹는 것은 나쁜가?Moral Judgment, Affect, and Culture, or, Is It Wrong to Eat Your Dog?〉였다.

이후로 줄곧 후속 연구를 진행하면서 하이트는, 혐오와 같은 직감이 우리의 이성에 발휘하는 영향력이 반대로 이성이 직감에 발휘하는 영향력보다 크다는 사실을 발견했다. 하이트는 이성을 공보관에 비유한다. 우리가 직감 차원에서 한 선택을 합리적 차원에서 설명하는 역할을 한다는 의미에서다. 그는 내게 이렇게 말했다. "내가 도덕심리학에서 얻은 가장 중요한 교훈은 이겁니다. '직관, 나도 모르게 생기는 육감을 주시하라. 이성은 그냥 따라올 뿐이다'."

하이트는 이성을 코끼리 등에 탄 사람에 비유한다. 이 설명법은 워낙 인상적이어서 이제 널리 알려져 있다.

하이트에 따르면 종래에는 감정과 이성을 말과 기수에 비유하는 것이 일반적이었다. 하지만 기수는 말이 뱀을 보거나 단체로 날뛰는 상황만 아니라면 말을 조종할 수 있다. 이 비유는 하이트가 여러 연구를 통해 얻은 결과와 배치되었다. 그중에는 하이트 자신이 피실험자가 된 자연 실험(연구자의 개입 없이 자연히 발생한 상황을 관찰하는 연구법-옮긴이)의 결과도 포함되어 있다. "총각 시절에 연애할 때 큰 실수를 저지를 때가 종종 있었어요. 내가 실수할 게 뻔히 다 보였는데 말이죠. 대형 사고인 줄 알면서도 사고를 칠 게 다 예상됐어요. 뭐가 올바른 행동인지 알고, 나쁜 짓을 하는 심리 역시 다 알면서 나 자신을 멈출 수가 없었죠."

만일 그와 피실험자들이 뭔가를 타고 있다면 그건 고분고분한 말이 아닐 것 같았다. "코끼리는 굉장히 똑똑하고 진짜 어마어마하게 크죠. 난 내가 커다란 코끼리 등에 타고 있는 꼬마처럼 느껴졌어요. 만약에 코끼리한테 딱히 어떤 계획이 없다면 꼬마가 코끼리를 쿡쿡 찔러서 이쪽저쪽으로 방향을 바꿀 수 있겠죠." 하지만 코끼리가 따로 생각하는 바가 있다면 자신이 원하는 방향으로 나아갈 것이다. 그러면 탑승자는 코끼리의 진로를 합리적으로 설명할 방법을 찾거나 망연자실해 앉아 있거나 둘 중 하나일 것이다. 아니면 둘 다거나.

하이트가 말하는 비유에서 코끼리는 우리 정신에서 일어나는 다양한 종류의 자동적이고 비의지적인 작용을, 탑승자는 통제되고 의지적인 작용을 가리킨다. 이 비의지적이고 비의식적인 형태의 정신 작용은 프로이트가 말한 잠재의식처럼 죄책감과 금기와 어린 시절의 트라우마가 소용돌이치는 하수 처리장이 아니다. 이것은 우리가 매일 제 기능을 할 수 있게 도와주는 인지적 지름길의 집합체에 더 가깝다. 모든 걸 심사숙고해 결정하기엔 시간적·정신적 여유가 턱없이 부족하기 때문이다. 혐오는 "웩!"이란 소리로 익숙하지 않고 잠재적 위험성이 있는 걸 만질지 말지, 먹을지 말지 판단하는 수고를 하지 않게 만든다.

이런 자동적 작용은 의식적 작용과 다르게 임의로 발생한다. 보통은 피곤하다고 해서 둔화되지 않으며, 의지력이나 집중력이 필요하지 않다. 우리는 이 작용이 일어나는 것을 인지할 수 없고 다만 결과만 알 수 있을 뿐이다. 예를 들어 어떤 사람을 매력적이라고 생각하는 것이 그렇다. "그냥 '팍' 떠오르는 거죠. 하지만 사실 그 사람이 매력적이란 걸 알기까지 신경에서 어마어마한 양의 연산이 이뤄진 겁니다."

마흔다섯에 예의 언론인 상을 받았을 때 나, 즉 탑승자는 무척 기뻤다. 그래서 코끼리에게 격려차 말했다. "이거 진짜 대단한 거야! 일생일대의 업적이고 내 평생의 노력이 드디어 인정을 받은 거지! 야호! 인상 좀 펴라! 기뻐해야지! 계속 기뻐하라고!" 그런데…… 왜 코끼리는 계속 기뻐하지 않았을까? 하이트에게 묻자

그는 영화 〈2001 스페이스 오디세이2001: A Space Odyssey〉를 봤냐고
반문했다.

"봤죠."

"거기서 우주선을 조종하는 게 누구죠?"

"우주선에 탑재된 컴퓨터, 할HAL요."

"그러면 할의 목표는요?"

"임무를 완수하는 거요."

"그러면 할은 승무원들의 행복에 관심이 있을까요?"

"음…… 아니요."

하이트는 우리가 성취하거나 행한 일에 만족감을 느끼게 만
드는 건 코끼리의 임무가 아니라고 말했다. "코끼리의 임무는 우
리가 번식에 성공하게 만드는 거예요. 말하자면 우리가 지구에 태
어난 생명체로서 임무를 성공리에 완수하는 데 필요한 일들을 잘
처리하게 만드는 거죠. 코끼리는 특히 우리가 명망을 얻는 걸 중
요하게 여깁니다. 코끼리는 이 임무를 완수하기 위해 진화 과정에
서 생겨난 산물이에요. 행복은 이 임무의 목표가 아니죠."

앞에서 살펴봤다시피 코끼리는 낙관성에 편향되어 있다. 또
한 실망에 편향되어 있다. 2006년 출간한 명저 《행복 가설: 고대
의 지혜에서 찾는 현대의 진리The Happiness Hypothesis: Finding Modern
Truth in Ancient Wisdom》(한국어판: 《행복의 가설》, 물푸레, 2010)에서

하이트는 코끼리가 성공을 음미하려는 탑승자의 시도를 저지하기 위해 쓰는 수법을 열거한다.[3] 그중 하나가 "전진의 법칙progress principle"이다.

우리는 살면서 많은 목표를 설정한다. 예를 들면 지위 상승, 우정, 좋은 배우자 찾기, 재산 축적, 자식을 키워 손주와 증손주 보기 등이다. 하지만 대개 성공의 정신적 보상으로 기분 좋은 도파민 한 바가지가 부어지는 시기는, 우리가 지성적으로 세운 인생의 큰 목표를 달성했을 때가 아니라, 그런 목표를 향해 짧고 긍정적인 발걸음을 내디뎠을 때다. 하이트는 "강화(어떤 행동에 대한 보상이 주어지면서 그 행동을 더 많이 하게 되는 것-옮긴이)는 어떤 행동을 하고 몇 분, 몇 시간이 아니라 몇 초 만에 올 때 가장 효과가 좋다는 특징이 있다"라며 코끼리는 "올바른 방향으로 발걸음을 내디딜 때마다 쾌감을 느낀다"라고 쓰고 있다. 바꿔 말하면 이런 것이다. "목표를 추구할 때 정말로 중요한 것은 목적지가 아니라 여정이다. 아무 목표나 세워 보자. 쾌감은 주로 목표에 한 걸음씩 다가갈 때 올 것이다. 최종 성공의 순간에 느끼는 짜릿함은 대개 긴 뚜벅이 여행의 끝에 무거운 배낭을 내려놓을 때 느껴지는 안도감과 비슷한 수준을 넘어서지 못한다." 이것이 전진의 법칙이다. "쾌감은 주로 목표를 달성할 때가 아니라 목표를 향해 전진할 때 생긴다." 내 경우(또는 내 도파민계의 경우)에는 상을 탄 것이 무거운 배낭을 내

인생은 왜 50부터 반등하는가

려놓은 느낌과 같지 않고 놀랄 만큼 지속 시간이 짧았다. 그저 한 걸음을 더 내디딘 것일 뿐이었다.

그렇다면 무엇을 향해? 코끼리는 이제 막 도착했음에도 벌써 더 많은 도파민을 갈구하며 내 머릿속에 아직 존재하지도 않는 새로운 목표를 향해 전진하라고 재촉하고 있었다. 이것이 "적응의 법칙adaptation principle"이다.

"우리는 습관화(어떤 자극에 지속적으로 노출되면서 그 자극에 대한 반응이 감소하는 현상-옮긴이)만 하는 것이 아니라 재조정을 한다. 우리는 과녁이 가득한 세상을 만들고 과녁 하나를 맞히면 다른 과녁으로 바꾼다. 연속으로 명중하면 조준점을 높이고, 경추 골절 같은 큰 차질이 생기면 조준점을 낮춘다." 유감스럽게도 탑승자는 이런 비밀을 모른다. "우리는 웬만한 일은 다 적응하면서 자신이 적응할 것은 예상하지 못한다. 우리는 '정서 예측'에 약하다. 미래의 기분을 잘 예측하지 못한다. 우리는 정서 반응의 강도와 지속 시간을 심하게 과대평가한다. (평균적으로 볼 때) 복권 당첨자든 하반신 마비 환자든 모두 1년 안에 자신의 행복 기준선 부근으로 복귀한다."

코끼리 입장에서는 이렇게 수시로 재조정을 하면 항상 환경 변화를 감지할 수 있어서 생존에 도움이 될 수 있다. 하지만 자신이 살면서 성취하거나 축적한 것을 음미하고자 하는 탑승자에게는 지속적인 재조정이 썩 좋은 현상은 아니다. "적응의 법칙을 인간의 평균적 행복도가 매우 유전성이 강하다는 연구 결과와 결합하면 뜻밖의 가능성에 도달하게 된다. 장기적으로 보면 우리에게 어떤 일이 발생하든 큰 의미가 없을 수 있다는 것이다. 만일 이 가설이 옳다면 우리는 모두 이른바 '쾌락의 쳇바퀴'에 갇혀 있는 셈이다. (……) 우리는 항상 인생이라는 게임에서 승리하는 데 도움이 되는 것을 행하며 분투한다. 항상 지금 가진 것보다 더 많은 것을 원하면서 달리고 달리고 또 달린다. 쳇바퀴 위의 햄스터처럼."

여기에 우리가 1장에서 접한 현상인 비교와 사회적 경쟁의 쳇바퀴까지 더해진다면? 하이트의 설명을 들어 보자.

코끼리는 자연 선택에 따라 인생이라는 게임에서 승리하기 위한 목적으로 만들어졌다. 전략은 타인에게 깊은 인상 주기, 타인의 감탄 자아내기, 자신의 상대적 지위 상승시키기 등이다. 코끼리는 '행복'이 아니라 '명망'을 중요시하기 때문에 무엇이 명망을 높이는 일인지 알기 위해 끝없이 타인을 관찰한다. 코끼리는 자신의 진화적 목적을 추구할 뿐, 설령 다른 데서 더 큰 행복을 찾을 수 있다 한들 무시한다. 만일 모든 사람이 한정된 분량의 명망을 좇고 있다면 전부 제로섬 게임, 영원한 군비 경쟁, 부의 증가가 행복의 증가로 이어지지 않는 세상에 갇혀 있는 것이다.

솔직히 나는 큰 상을 받은 후 내 명망이 높아진 데서 얼마간 기쁨을 느꼈다. 고백하자면 지금도 그렇다. 하지만 나의 코끼리는 계속 사다리의 아래쪽이 아니라 위쪽을 보면서 금세 나의 성공을 소화하고는 재조정에 들어가 또 다른 성취를 요구했다. 그때 내가 느낀 번뇌를 떠올리며 하이트에게 코끼리는 우리를 불행하게 만드는 게 우선인 것 같다고 말했다. 그는 동의하지 않았다. "코끼리는 우리를 비참하게 만들도록 설계되진 않았어요. 우리에게 '성공'의 동기를 유발하도록 설계됐을 뿐이죠. 만족스러운 삶에서는 성공의 동기를 느낄 수가 없어요. 만족은 언제든 멈출 수 있다는 걸 의미하니까요."

그렇다고 우리가 항상 불만이나 실망을 느낀다는 뜻은 아니다. 하이트가 강조하는 비결은 내가 40대에 그랬듯이 코끼리에게 자꾸만 만족하라고 말하지 말고, 코끼리가 원하는 것과 탑승자가 원하는 것이 더 가지런히 놓일 수 있는 환경을 조성하는 것이다. 이런 환경에는 지속적으로 만족감을 일으킬 만한 재료가 풍부하게 존재할 것이다. 어떤 재료인가 하면 깊이 신뢰할 수 있는 사회 환경, 적당한 건강과 소득, 자신의 삶에 대한 상당한 통제권, 그리고 무엇보다 중요한 끈끈하고 든든한 사회적 유대 등이다.

혹시 코끼리의 비유가 그의 인생살이에 영향을 미쳤는지 묻자 하이트는 이렇게 대답했다. "그럼요! 이젠 내 인생과 정신을 내가 조작해야 하는 기계라거나 내가 완공해야 하는 건축물이나 도시로 보지 않아요. 그냥 나 자신을 적절한 경험에 적절히 노출하면 나머지는 시간이 알아서 할 거라 생각하죠. 인생에서 중요한 건 코끼리와 탑승자가 사이좋게 협력하도록 교육하고 훈련하는 겁니다."

고단하지만 새로워지는 시간

기억 속의 삶은 마치 명화처럼 관점에 따라 다르게 보인다.

내 마음의 눈에 비친 나는 다시 스무 살 무렵이 되어 국립미술관에서 치옴으로 토머스 콜의 연작을 감상하고 있다. 젊은 날의 내게 〈유년〉의 강보에 싸인 천진함은 분명히 공감이 간다. (문자 그대로) 하늘을 찌르는 〈청춘〉의 포부 역시 마찬가지다. 성년의 입산로에 서 있는 나는 아직 뚜렷이 뜻을 정하진 않았지만 세상에 큰 족적을 남기기를 원한다.

그때의 나는 훗날 최신 연구 성과를 접하고 뒤돌아보는 관점에서는 무엇이 보일지 알 길이 없었다. 이후 나는 직업적으로 성공한다. 내가 생각했던 방향과 완전히 같진 않아도 연인을 찾고 평생을 약속한다. 감사해야 할 것이 잔뜩 생긴다. 하지만 천공의 성은? 저 멀리서 빛나는 이 성은 어쩌면 우리가 도달하리라 기대

하는 객관적 상황인 물질적 포부와 사회적 포부를 상징하는 것이
아니라, 우리가 도달하리라 기대하는 행복, 다시 말해 '주관적' 포
부를 상징하는지 모른다.

〈인생 여로〉에서 특히 주목할 점은 여행자가 전적으로 혼자
라는 사실이다. 그 속에는 타인도, 도시도, 사회도 존재하지 않는
다. 이에 대해서는 콜이 인생에서 사회적 유대의 중요성을 안일하
게 생각했다는 해석이 존재한다. 또 그가 묘사하는 것이 인생의
객관적 상황이 아니라 심리적 차원, 즉 우리 모두가 근본적으로는
혼자로 존재하는 내면세계라는 해석이 있다. 어쩌면 콜은 우리 안
의 강물이 만족으로부터 멀어지는 방향으로 굽이칠 것이고, 그 급
류와 암벽이 사실은 우리 안에 존재한다고 말하고 있는 것인지 모
른다.

우리보다 훨씬 앞선 시대를 살았던 예지자 콜이 정확히 무슨
의도였는지 나는 말할 수 없다. 다만 스무 살의 내가 무엇을 착각
했는지는 말할 수, 아니 더 정확히 말하자면 볼 수 있을 것 같다.

젊은 시절의 나는 중년이 되면 객관적으로 더 잘 살 거라 확
신했다. 이 예측은 적중했다. 내 객관적 상황은 분명히 더 나아졌
다. 하지만 소싯적의 내게는 또 다른 예측이 있었다. 내 만족도
가 성취도에 비례하리라 생각한 것이다. 이 예측은 빗나갔다. 물
론 감사하는 마음이 없진 않았지만 내가 당연히 그러리라 기대했

던 수준에는 전혀 못 미쳤다. 낙관 예측 오차의 감소, 상향식 사회적 비교, 쾌락의 쳇바퀴를 포함해 나의 코끼리가 만족감을 저 멀리 떨어뜨려 놓기 위해 쓰는 온갖 수법이 결합돼 째깍째깍 흐르는 세월 속에서 내 의지력으로는 떨치려야 떨칠 수 없는 실망감을 만들어 냈다. 그리고 그 실망감이 또 실망스러웠다. 40대의 나는 되먹임 고리에 갇혀 쩔쩔매고 있었다.

만약 오늘날에 콜이 〈인생 여로〉를 그린다면 〈성년〉과 〈노년〉 사이에 그림 하나를 더 그려야 할 것 같은데, 여기에 대해서는 뒤에서 다시 논하겠다. 일단은 행복 곡선에서 내게 가장 중요한(그리고 어쩌면 가장 불쾌한) 지점에 대해 잠시 이야기하려 한다. 바로 슈반트의 곡선들이 수렴하고 교차하는 과정에 있는 중년이라는 중간 지대다. 이 지점에서는 예측 오차가 줄어들고 있긴 하지만 아직 완전히 없어지진 않았다. 곧 실망감이 사라질 테지만 지금 당장은 영원히 사라지지 않을 것처럼 느껴진다. 현실주의가 당도 했으나 아직 제대로 자리 잡진 못했다. 이곳은 U자의 밑바닥, 위험 지대다.

우리는 아직 전환이 완료되기 전인 이 시기가 무엇이 아닌지 알아야 한다. 이 시기는 '위기'가 아니다. 적어도 대부분의 사람에게는 그렇다. 슈반트의 연구, 그리고 샤롯은 물론이고 앤드루 오즈월드와 데이비드 블랜치플라워, 또 캐럴 그레이엄의 연구에서 요체는 무엇일까? 그것은 바로 행복 곡선이 우리 정서적 안녕의 갑작스러운 붕괴나 단절을 의미하지 않는다는 사실이다. 변화는 점진적으로 일어나며 누적된다. 젊음의 낙관 편향이 쭉쭉 빨려 나가면서 실망감의 증가분이 차곡차곡 쌓인다. 슈반트의 방정식에서 보다시피 부정적 되먹임이 있다는 것은 실제로 우리가 객관적인 붕괴나 정서적 격발이 없어도 누적되는 실망감을 느낄 수 있다는 뜻이다.

따라서 중년의 '위기'는 번지수를 잘못 짚은 개념이다. 이 전환기에 무슨 일이 일어나는지, 그리고 왜 사람들이 이 시기를 경험하는 양상이 천차만별인지 알고 싶다면 그런 잘못된 개념에 의지할 것이 아니라 내가 인터뷰한 랜디, 메리 앤, 마거릿의 이야기를 들어봐야 한다.

44세의 랜디는 그간 순탄하게 인생을 항해했기에 실망감의 저류를 훨씬 예민하게 느끼는 사람의 전형적인 예다. 그는 기본 설정된 감정 점수가 건강하고, 외부 상황이 편안하며, 개인적인 선택은 현명하다. 하지만 줄곧 온건하고 안정된 삶을 살아왔기 때문에 시간의 작용에 완전히 고삐를 내주고 말았다. 그는 커리어 목표들을 달성했고 부부 관계가 좋고 아들이 잘 자랐다. 그렇지만 우리가 지금까지 살펴본 이유들 탓에 그런 성취가 만족감을 주지 않았다. 통계상으로 보자면 그는 몇 년째 행복 곡선의 내리막길을 지나는 중이고 앞으로 몇 년간은 반등점을 지나지 못할 수 있다. 그래서 밑바닥 근처에서 실망감이 영원할 것처럼 보이는 대단히 힘든 시기를 보내고 있었다.

내가 40대를 잘 표현하는 말이 무엇인지 묻자 그는 "피로"와 "숙명"을 꼽았다. '숙명'이라니? "벌써 10년 넘게 똑같은 일을 하고 있어요. 업계가 급격히 축소되면서 변하고 있는 상황이라 이제는 내가 변한다고 해서 크게 달라질 건 없고 그냥 뭔가 미리 정해진 수순을 따르게 될 것 같은 느낌입니다. 20대에는 원하는 걸 하고 새로운 걸 시도하고 실험할 능력이 있다고 생각했어요. 이제는 지금과 같은 생활을 유지하려면, 그러니까 좋은 집에서 아이를 키우면서 대학 등록금을 모으고 가족 휴가를 다니고 하려면 항상 재미있진 않아도 벌이가 좋은 직업을 계속 유지해야 할 것 같아요. 그래서 숙명이라고 한 겁니다. 이제는 실험의 여지가 줄었어요."

혹시 그에게 도피에 대한 환상이 있을까? "물론 있죠." 그는 휴가 때 멕시코의 아름다운 석호에서 카약을 타며 일몰에 감탄했던 때를 떠올렸다. "그때 그렇게 살고 싶다고 생각했어요. 다 정리하고 멕시코에 와서 밤에 별이나 보면서 살자." 그는 가끔 조기 은퇴에 대한 환상에 젖기도 한다. "이걸 20년 더 할 수 있을까? 매일 아침 6시에 일어나 계속 지금처럼 산다고? 절레절레. 안 돼. 싫어. 그래서 내가 달리 또 뭘 할 수 있을지 고민 중입니다."

"혹시 중년의 위기를 겪고 있나요?" 내가 물었다.

"중년이긴 하죠. 그런데 위기라고 하면 무슨 일이 갑자기 벌어졌다가 갑자기 해결되는 그런 느낌이에요. 장기적인 느낌을 더 잘 살린 표현이 있을 것 같은데요." 그는 지금 6점인 인생 만족도가 몇 년 후에는 7점 정도로 소폭 상승할 것 같다고 말했다. 하지만 이내 자신의 낙관론이 어느 정도는 강요된 것이라고 인정했다. "일부러 낙관적으로 생각하려고 해요. 안 그러면 계속 살 이유가 별로 없을 것 같아서요. 어떤 식으로든 삶을 버텨 낼 근력만큼은 꽤 잘 길러 왔어요." 내게는 그의 말이 낙관론이 아니라 극기론처럼 들렸다.

랜디와 대화를 나누면서 하네스 슈반트의 말이 떠올랐다. "한편으로는 과거에 대한 실망감을 강하게 느끼고 다른 한편으로는 미래에 대한 기대감이 증발하죠. 그래서 중년에는 과거와 미래가 모두 비참하게 느껴집니다."

하지만 랜디는 비참하진 않다. 다정다감한 부인과 기운 넘치는 열한 살 아들과 함께 있을 때 보면 그는 우울증과 거리가 멀다. 스스로 운이 좋은 것 같다는 그의 말이 나는 진심이라고 믿는다. 그럼에도 지금 랜디는 과거가 실망이 쌓여 불어난 물살처럼 느껴지고 미래가 여전히 암담해 보이는 고단한 시기에 놓여 있다.

메리 앤의 사연은 랜디와 대조적이다. 그녀는 랜디와 동갑인

44세의 전문직이다. 랜디와 달리 중년에 누구나 두려워할 큰일들을 겪었다. 하지만 그로 인해 실망 곡선이 바뀌었다. 덕분에 그녀만큼 문제를 겪지 않은 사람이라면 그저 시간이 가져다주기만을 기다리는 현실주의와 수용의 자세를 더 일찍 받아들인 것 같다.

내가 인터뷰한 대부분의 사람과 달리 메리 앤은 '중년의 위기'라는 말을 인정하는데, 이유를 쉽게 알 수 있다. 어머니가 암 판정을 받고 얼마 지나지 않아 자신도 암 판정을 받았다. 처음에는 오진이었지만 또다시 암 판정을 받았을 때는 오진이 아니었다. 그 와중에 남편은 희귀 난치성 질환에 걸리고 시아버지는 돌아가셨다.

"중년의 위기가 왔어요. 중년의 위기를 부르는 것들이 40대에 후다닥 들이닥쳤거든요. 갑자기 내가 죽을 수 있다는 게 실감이 나는 거예요. 그러면 자기가 정말 늙은 것 같고 진짜 세월이 빠르게 느껴져요. 죽음이 남 이야기가 아니란 걸 알게 되면 앞으로 늙어서 이룰 것이 지금까지 이룬 것보다 적을 것 같다는 느낌이 들어요. 전형적인 증상이죠. 난 어떻게 보면 중년의 위기의 교과서적인 사례예요."

하지만 메리 앤의 감정은 복합적이다. 그녀는 자신의 40대를 표현하는 말로 "불안" "성찰" "감사"를 들었다. 그런 사달을 겪고 어떻게 '감사'일까? 그들 부부가 이제 건강을 되찾았고, 시련을 통해 그녀의 기대치가 재설정됐기 때문이다. "어려운 시절을 지나고 나면 '세상에, 사는 게 이렇게 좋은 거였어!'라고 생각하게 돼요. 가끔 날씨 좋을 때 밖에 앉아 있으면 '그래, 이 맛에 살지!' 하는 거예요."

그녀는 캔트릴 사다리 척도로 현재의 삶에 7점을 준다. 8점인 20대와 30대보다 조금 못하긴 해도 나쁜 점수는 아니다. 그녀는 앞으로 과거와 같은 모험을 즐기긴 어려우리라 보지만 그런 전망에 적응하고 있는 것 같다. "내가 하늘 아래 놀랄 일이 하나도 없을 만큼 늙었다고 생각하진 않아요. 큰 변화의 가능성을 아주 배제하진 않거든요. 다만 그런 변화를 당연한 것으로 기대하지 않을 뿐이죠." 그래도 괜찮을까? 이번 역시 복합적인 답이 돌아왔다. "내리막길에서 미끄러지는 걸 좋아할 사람은 아무도 없을 거예요. 하지만 난 그런 걸로 울고불고하지 않아요. 사소한 거에 일일이 신경 쓰기엔 너무 늙었거든요."

메리 앤이 늙었다고 할 나이가 전혀 아닌데 '너무 늙었다'고 하는 건 객관적인 나이가 아니라 행복 곡선상의 주관적 위치를 두고 하는 말이다. 슈반트는 중년에 건강상 위기 같은 객관적인 시련을 겪으면 자신이 느끼는 실망감을 한결 쉽게 이해하고 수용해 부정적 되먹임의 악순환에 빠지지 않기 때문에 정서적 시련이 경감될 수 있다고 말한다. 물론 메리 앤의 수난이 어떤 면에서건 좋은 일이었다고 말할 생각은 추호도 없다. 하지만 그녀가 심신의 고통 속에서 자신의 유한성을 자각했기에 비현실적인 낙관론이 비교적 빨리 증발해 버렸을지 모른다. 가족의 위기를 겪으면서 그녀는 기대 곡선의 후반부에 생기는 성숙한 현실주의를 빠르게 습득한 것 같다. 연대기적 나이는 랜디와 같지만 인생 만족도의 나이는 그녀가 열 살쯤 더 많은 듯하다.

혹시 현실주의로 가는 전환기가 황량하고 음울하게 들린다고 기죽지 말았으면 좋겠다. 비현실적 낙관론이 빠져나가는 과정은 비록 고단하지만, 그로 인해 인생을 보는 눈이 전혀 새로워질 수 있기 때문이다.

마거릿이 그랬다. 호주 출신으로 50대 초반인 마거릿은 아마 몇 년 후 랜디가 맞게 될 굽이를 이미 지나왔다. 그녀는 40대에 적성에 맞지 않는 직업을 전전하며 불확실하고 불안정한 시기를 보냈다. 하지만 50대는? "근면"과 "안정"으로 요약할 수 있다고 한다. 더 자세히 묻자 '안정'에는 정착만 아니라 수용의 의미가 포함되어 있었다.

그녀는 현재 직업이 적성에 딱 맞진 않아도 제법 괜찮기 때문에 수용할 수 있다. "이 정도면 나쁘지 않죠. 업종 자체가 나한테 꼭 맞진 않지만 그래도 꽤 만족스러운 직업이란 걸 인정하게 됐어요." 또 한편으로는 더 젊고 더 야심 찼던 시절에는 큰 흥미를 못 느꼈을 취미에서 만족감을 느낀다. 그녀는 언젠가 액세서리가 망

가졌을 때 공예 수업을 들었다. 뜨개질도 배우고 재봉 학원도 다녔다. "그런 걸 배우니까 깊은 휴식을 취한 것처럼 생기가 돌고 여유가 생겼어요. 뇌의 다른 부분을 사용하거든요. 뭔가 균형이 더 잘 잡힌 느낌이에요." 마거릿은 지금이 그 어느 때보다 행복하다고 한다. 그녀가 "소소한 공부"라고 하는 것에서 의외의 즐거움을 느낀다는 사실이 겉으로 다 드러난다. 그래서 그녀가 현재의 삶을 표현하는 말로 또 하나 꼽는 것이 "개안開眼"이다.

마거릿은 하네스 슈반트의 지도에서 두 선의 교차점을 지나 기대치가 현실적으로 낮아지고 만족감이 놀랍게 높아진 지점에 이르렀다. 토머스 콜의 지도에 대입하자면 급류를 벗어난 셈이다.

강굽이 너머에서
우리를 기다리는 것

재스퍼, 랜디, 마거릿을 포함해 많은 사람과 이야기를 나눠 보니 문득 우리가 중년에 맞닥뜨리는 다면적인, 그러면서 희비가 교차하는 복합적 감정을 정확히 표현할 어휘가 없다는 생각이 들었다.

'우울증'과 '불안증' 같은 의학 용어는 여기에 어울리지 않는다. '위기' 같은 극적인 말 역시 항상 부합하진 않는다. '불쾌감'은 그럭저럭 쓸 만한 표현이긴 해도 일차원적이고 빈약하다. 나는 랜디에게서는 '숙명'과 '체념'을, 메리 앤에게서는 '수용'과 비슷한 말을, 마거릿에게서는 '만족'에 가까운 말을 들었다. 랜디는 낙관론의 소멸을 안타까워하는 뉘앙스였다. 반면에 마거릿은 낙관론 때문에 짊어져야 했던 야심(조너선 하이트가 말한 "무거운 배낭")을 마침내 내려놓을 수 있어서 안도하는 기색이었다. 메리 앤에게서는 애석함과 후련함이 동시에 느껴졌다. 다른 사람들 또한 그런 식이었다. 내가 인터뷰한 중년들이 말하는 감정은 너무 복잡하고 다면적이어서 어떤 표준적인 감정의 상자에도 딱 맞게 들어가지 않았다.

중년을 통과하며 느끼는 감정의 양가성과 다면성은 이 책을 준비하는 과정에서 실시한 비과학적이지만 내 기준에서는 흥미로운 설문 조사의 결과에서 잘 드러난다. 내가 10년 단위로 만족도를 평가하고 표현해 달라고 하면 응답자들은 20대("재미" "흥분" "희망" "분주함" "불확실성" "모험" "야심" "자유")와 60~70대("행복" "만족" "평온")에 대해서는 명확한 신호를 보낸다. 하지만 중년을 표현할 때는 긍정과 부정과 중립이 섞인 복잡한 심경을 토로한다. 행복 곡선의 밑바닥에서는 기대, 현실, 성격, 선택, 나이가 한꺼번에 날아들어 서로 치고받는 탓에 인생의 결을 간명하게 설명할 수가 없는 것 같다.

그런데 이렇게 복잡한 와중에 항상 나타나는 현상이 있다. 아무도 강의 굽이 '너머'를 보지 못한다는 것이다.

기억하겠지만 중년에는 미래의 인생 만족도에 대한 낙관론이 점점 약해진다. 행복 곡선이 장기간 하강하면서 우리는 당연히 실망을 예상하는 상태가 되어 반등을 예상하지 못한다. 영화 〈아프리카의 여왕The African Queen〉 후반부에 유명한 장면이 있다. 배가 늪지대에 갇히고 키 큰 갈대들에 시야가 막히자 두 주인공은 희망의 끈을 놓아 버리지만, 사실은 조금만 더 가면 탁 트인 바다가 있음을 보여 주는 장면이다. 행복 곡선 역시 이런 몹쓸 장난을 친다. 말하자면 인생의 강은 우리가 굽이를 일별이나마 하는 것이 제일 중요한 시점에 그것을 감쪽같이 감춰 버리는 것 같다.

　〈성년〉에서 콜도 똑같은 이야기를 하고 있는 듯하다. 감상하는 우리 관점에서는 협곡 틈새로 그리 멀지 않은 곳에 고요한 바다가 보이지만, 높은 암벽들에 둘러싸여 수심에 찬 얼굴로 하늘을 올려다보는 여행자는 그 사실을 알 길이 없다.

　그렇다면 〈인생 여로〉에서 빠진 다섯 번째 그림은 무엇일까?

　1840년에 콜은 〈성년〉의 급류 너머에서 〈노년〉을, 임박한 죽음의 잔잔한 물결을 봤다. 〈노년〉에서 배는 바람이 없어 더 이상 나아가지 못하고 미래는 이 세상이 아닌 내세에 있다. 콜이 중년 이후의 시기를 그렇게 본 건 당연했다. 당시 미국에서 평균적인 스무 살 청년이 기대할 수 있는 수명은 60세 정도에 불과했고, 영유아 사망률이 높다 보니 애초에 성인이 되지 못하는 사람이 많았다. 콜 역시 47세에 사망했다. 그로서는 〈성년〉 이후 죽음 외에는 기다리고 있는 게 별로 없었다. 그는 사람들이 훨씬 오래, 훨씬 건강하게 사는 세상을 내다볼 수 없었다. 그래서 여행자가 죽음을 맞기 전에 10~20년(또는 30년) 동안 쌩쌩하게 살며 행복감이 점점 커지는 세상을 그릴 수 없었다.

지금 우리는 물론 그런 세상에 살고 있다. 적어도 의료 시스템이 잘 갖춰지고 소득 수준이 높은 선진국에 사는 행운아들은 그렇다. 오늘날 미국의 평균적인 스무 살 청년이 기대할 수 있는 수명은 약 80세다. 그러니까 이론상으로 말하자면 우리는 콜이 보지 못한 것을 볼 수 있어야 한다. 그런데 이상하게 우리는 그러지 못한다. 슈반트의 예측 오차가 점점 좁혀지며 만드는 집게에 끼어서 온몸이 죄는 느낌을 받는 사람들은 청춘의 예측 오차를 거꾸로 뒤집은 예측 오차를 만들어 낸다. 스무 살에는 너무 낙관적이었다면 쉰 살에는 너무 비관적이다. 이것이 중년을 그처럼 고달프게 만드는 원인 중 하나다. 자꾸만 실망의 쓴맛을 보다 보니 최악의 예측 오차를 만들게 되는 것이다.

다행히 중년의 우울한 현실주의는 사실은 비현실적이다.

인생은 더 나아진다. 그것도 훨씬 더 나아진다.

5장

나이 듦의 역설

나이 들면 더 행복해지는 이유

행복은 나이순이 아니다

20대 초입에 내가 국립미술관에서 토머스 콜의 작품을 보고 있었다면 같은 나이에 로라 카스텐슨Laura Carstensen은 외과 병동에서 부러진 뼈 21개를 보고 있었다. 그녀의 과거는 경솔했고 미래는 암울해 보였다. 장래에 그녀가 노화와 행복에 관한 세계적 권위자가 되리라고는 아무도 예상하지 못했을 것이다. 하지만 인생 여로가 변덕스럽게 방향을 획획 바꾸는 것을 카스텐슨은 곧 경험하게 된다. 넉 달쯤 병원 신세를 지면서 그녀는 과학자의 길로 진로가 바뀌었다. 그리고 마침내 훗날 행복 곡선과 관련해 언뜻 이해가 안 되는 최대 난제, 곧 나이 들수록 더 행복해지는 현상을 설명할 실마리를 발견하기에 이르렀다.

카스텐슨은 갈색 생머리가 어깨까지 오는 단발에 오른쪽 관자놀이 위쪽으로는 노란빛이 도는 흰머리가 자라고 있었다. 우리가 만났을 때 그녀는 검정 바지에 빨간 가죽 재킷을 입고 둥근 귀고리와 동심원 고리들이 달린 금목걸이를 착용한 차림이었다. 보름달 같은 얼굴에 다정함이 묻어나는 카스텐슨은 명성과 별개로 대화로 자연스럽게 상대방을 무장 해제시키고 타인에 대한 호기심이 왕성한 사람이다. 그녀가 장수연구소Center on Longevity 소장으로 있는 스탠퍼드대학교에서 인터뷰를 진행하면서 반항아였다는 그녀의 10대 시절이 좀처럼 상상이 안 갔다.

카스텐슨은 1953년 필라델피아에서 다섯 자녀 중 하나로 태어났다. 아버지는 교수고 어머니는 예술가인 교양인 집안에서 태어났지만 고등학교가 싫고 공부에 관심이 없었다. "그땐 다들 반항하던 시대였잖아요. 베트남전이 한창이었죠. 우리는 뭐든 저항할 수 있으면 다 저항했어요." 그녀는 열일곱에 결혼했다. 그 결정 또한 저항의 일종이었고 심사숙고를 거쳤다고 하긴 어려웠다. "집에서 나오려면 대학에 가거나 결혼하는 수밖에 없었는데 대학에 가긴 싫었거든요."

결혼 후 카스텐슨은 아무 목표 없이 웨이트리스로, 이어서 전화 교환원으로 일했다. 열아홉에 부부 관계가 틀어졌지만 마침 아들이 생겨 다시 회복될 수 있을 거라 기대했다. 헛된 바람이었다. 남편에게 이혼을 요구했으나 거절당한 후 젖먹이를 데리고 부모님 집으로 들어갔다. 설상가상으로 일주일 후 친구의 차를 타고 콘서트장에서 돌아오는 길에 차가 가드레일을 들이받고 굴러떨어지는 사고를 당했다. 다행히 목숨은 건졌지만 온몸이 망가졌다. "넉 달 동안 병원에 있었어요. 거의 외과 병동에만 있었죠. 폐에 구멍이 뚫리고 앞이 안 보였어요. 끔찍한 사고였죠."

아주머니 3명과 같이 쓰는 병실에 갇혀 있자니 지루해 견딜 수가 없었다. 그때 그녀의 인생에서 제일 중요한 남자가 한 가지 제안을 했다. 대학 강의를 청강해 보지 않겠느냐고. 그가 대신 가서 테이프에 녹음해 오겠다고 했다. 그럼 병상에 누워서 언제든 강의를 들을 수 있었다. 그녀는 순전히 사람에 대한 관심 때문에 심리학을 택했다.

그 강의는 알고 보니 사람들의 상호 작용을 탐구하는 사회심리학 강의였다. 호기심이 발동한 카스텐슨은 의료진이 같은 병실을 쓰는 아주머니들과 자신을 대하는 태도가 어떻게 다른지 관찰하기 시작했다. 그러자 문득 궁금해졌다. 나이라는 것이 생물학적 차원을 넘어 사회가 우리를 보고 대하는 태도와 얼마나 깊은 연관이 있을까?

그렇게 심리학에 심취한 카스텐슨은 몸이 회복되자 대학에 진학한 후 대학원까지 마치고 학자의 길에 들어섰다. 그 시절에 그녀를 이끌어 준 사람이 심리학 강의 테이프를 들고 외과 병동을 들락거리던 그 남자, 바로 그녀의 아버지 에드윈이었다. 카스텐슨에 따르면 "조직 내 유한 진폭 초음파"와 "쇄석술 공동 현상" 등에 정통한 생물물리학자인 에드윈은 그녀가 아는 한 가장 지적이고 호기심 많은 사람이다. "아버지는 뭐든 곧이곧대로 받아들이는 법이 없으세요. 과학에서는 자기가 틀렸음을 아는 것보다 중요한 건 없다고 늘 말씀하시죠." 학자가 되고 얼마 안 있어 아버지의 회의론적 금언을 새삼 되새기게 되는 사건이 일어났다. 그녀가 처음으로 제법 규모 있는 연구를 진행했는데 거기서 어이없는 결과가 나온 것이다.

카스텐슨은 요양원에 사는 노인들의 사회적 상호 작용에 관한 연구를 시작하면서 사회적 상호 작용이 제일 적은 노인들이 가장 낮은 행복도를 보일 것이라고 예상했다. 사회적 유대야말로 정서적 안녕의 핵심이 아니던가. 하지만 그녀의 예상은 빗나갔다. "실제로 보니까 상호 작용이 제일 '적은' 사람들이 심리적으로 제일 건강했어요."

뜻밖의 현상은 그뿐이 아니었다. "노화 연구를 시작하면서 당시에 다들 그랬듯이 노화 연구는 당연히 쇠퇴에 대한 연구라고, 사람이 무너지는 과정에 대한 연구라고 생각했죠. 전공 서적에도 노년에 우울증 유병률이 급증한다면서 오래 살면 우울해질 수밖에 없다고 나와 있었어요. 노년이라는 게 그 자체로 정신 질환으로 취급된 겁니다. 나도 거기에 의문을 품지 않았고요. 그걸 전제로 연구에 들어갔으니까요." 하지만 그녀의 연구에서 우울증은 특별히 우울증을 유발하는 환경을 제외하고는 좀처럼 포착되지 않았다. 적어도 유병률이 특이하다고 할 정도는 아니었다. 오히려 정반대 현상이 계속 나타났다. 정서적으로만 보면 노인들이 건강하다는 것이었다.

당시에는 알 길이 없었겠지만 이 당혹스러운 연구 결과로 인해 훗날 그녀는 그처럼 표면적으로는 불가능해 보이는 현상이 진실인 이유를 발견하게 된다.

왜 나이 들수록 더 행복해질까? 나이 들면서 비록 육체는 우리를 배신할지언정 우리의 됨됨이와 우리가 세상을 보는 눈은 행복을 증진하는 방향으로 변하기 때문이다.[1]

노년은 정말
최악의 시기인가

생전에 아버지는 늙는 건 겁쟁이들은 못할 짓이라고 하셨다. 아버지는 나이 드는 것, 특히 "나약한 노인"이 되는 것에 대한 두려움을 자주 드러내셨다. 아버지 세대는 부모님이 쓸쓸하고 무기력한 노년을 보내거나 퀴퀴한 요양원에서 쇠락하는 모습을 보면서 인생 말년에는 딱히 기대할 것이 없다고 생각했다. 아버지는 중년에 이혼한 뒤 홀로 자식을 키우고 변호사 사무실까지 혼자 꾸려 나가느라 고생하면서 스트레스를 많이 받았다. 그 시절에 아버지는 화를 잘 내고 걱정을 달고 살았다. 그래서 이후 아버지가 불운했던(그리고 짧았던) 두 번째 결혼을 거치고 50대 후반이 되면서 꽉 막혀 있던 성격이 풀리고 인생에 대한 전망이 밝아졌을 때 나만큼 놀란 사람은 없었을 것이다.

아버지는 60세에 은퇴한 후 20년을 더 사셨고, 그 시절이 (막판의 의학적 경착륙을 제외하면) 아버지 인생에서 가장 행복한 시기였다. 하지만 은퇴 전에 이미 아버지는 화가 점점 줄더니 아예 화를 안 내는 성격이 되어 있었다. 당신에게나 가족들에게나 좋은 선물이었다. 아버지가 50대 중반이었을 때 화가 다 어디로 갔는지 여쭤본 적 있었다. 아버지는 잠시 생각한 후 말씀하셨다. "1달러짜리 자극에 5달러짜리 반응을 하는 짓을 그만두었지."

내가 설문 조사로 사람들에게 인생을 10년 단위로 평가하고 표현해 달라고 요청하면 아버지처럼 60~70대에 의외의 만족감을 느꼈다는 이야기가 얼마나 많이 나오는지 이제는 다 세지 못할 정도다. 앞 장에서 말했듯이 중년을 표현하는 어휘는 갈등이나 심각성을 담은 말이 무성하다. 하지만 60~70대를 표현할 때는 "행복"과 "만족"과 "평온"을 비롯한 유의어들이 주를 이룬다. "도전"과 "야심" 같은 말은 사라지고 "스트레스"도 물러간다. 인생 만족도에 점수를 매겨 달라고 하면 응답자들은 60대와 70대에 가장 높은 점수를 주고 80대는 거기서 약간 하락한다. 내 설문 조사법이 정밀하진 않다. 그러나 굳이 현미경을 쓰지 않아도 60~70대의 이야기만으로 그들이 인생에 대한 만족감이 매우 큰 것을 알 수 있다.

눈 내리던 어느 날 아침, 그때까진 그저 동네에서 마주치면 가볍게 인사 정도 나누던 사이였던 94세 노라의 집을 찾아가 인생에 대한 만족도를 물었다. 노라는 감정의 온도가 항상 명랑하게 유지되는 사람이었는데 알고 보니 인생에 곡절이 많았다. 그녀는 전기와 수도가 안 들어올 만큼 궁핍한 환경에서 자랐고 남편은 52세라는 이른 나이에 사망했다. 그녀는 은퇴 후 한동안 적응을 못 했고, 장성한 손주를 먼저 떠나보냈으며, 치매에 걸린 언니를 집에서 간병하느라 고생했다. 슬개골이 깨져 절뚝거렸고, 최근까지 암 투병을 했으며, 브리지 카드 게임을 할 때마다 정신의 예리함이 떨어진 것을 느꼈다. 몇 주 전에는 생전 안 하던 실수를 저질렀다고 했다. 물론 나이가 아흔넷이니 친구들을 많이 떠나보내 브리지 친구들만 두 테이블을 잃었다. 집에만 있는 성격은 아니지만 많이 돌아다닐 수 없고 1시간쯤 움직이면 앉아 쉬어야 했다.

이런 고생과 상실 때문에 아버지는 노년이 최악의 시기가 될 것이라고 예상했다. 그런데 노라는 "모든 면에서 100퍼센트 만족해요"라고 단언했다. 그녀는 인생 만족도에 10점 만점을 주었다. 자신이 장수하는 비결은 좋은 유전자 덕분이라고 했다. 그렇다면 만족의 비결은 무엇일까?

"그날그날을 있는 그대로 즐기는 거죠. 인생이 주는 하루를 그대로 받아들이는 거예요. 수용하는 거. 수용이 정말 중요해요. 있는 그대로 받아들이고 걱정하지 말잔 말이지." 이제 시련과 상실이 존재하지 않는다는 말이 아니다. 하지만 그녀는 "그런 게 예전만큼 신경 쓰이진 않아요"라고 말했다.

노라의 "수용"이 수동성이나 체념으로 느껴지진 않았다는 점을 확실히 말해 두고 싶다. 그것은 말하자면 "음미"에 더 가까웠다. 오늘을, 지금 이 순간을 음미하는 것. 노라의 삶은 객관적으로는 예전에 비해 느리고 허전할지 몰라도 주관적으로는 풍요롭고 만족스러웠다. 인터뷰 도중에 문득 나도 노라 나이가 되면 저렇게 담담할 수 있을까 하는 생각이 들었다. 다행히 나 또한 그럴 가능성이 크다는 것이 다수의 연구로 밝혀졌다.

그렇다고 누구나 80대에 지복至福을 누린다고 장담할 수는 없다. 거듭 말하지만 이 책의 기본 전제는 사람마다 인생길이 다르게 펼쳐질 수 있다는 것이다. 중년의 슬럼프를 누구나 무조건 겪는 것이 아니듯 노년의 반등 또한 모두가 무조건 경험하는 것은 아니다. 우리는 지금 경향성을 말하고 있을 뿐이다. 인생의 강에 표준적인 저류가 있긴 해도 누구든 다른 사람과 여로가 같을 수는 없다.

그렇지만 인생 후반기에는 이 저류가 꽤 강하고 증거 역시 강하다. 앞 장들에서 말한 대로 경제학자와 심리학자 사이에는 관점 차이가 존재한다. 경제학자들은 큰 데이터 세트를 들여다보며 끊임없이 등장하는 행복 곡선을 발견하고, 심리학자들은 개인의 삶을 들여다보며 중년의 위기에 대한 증거를 거의 찾지 못한다. 그리고 경제학자들은 강물의 저류를 보고 심리학자들은 여행자 개개인을 본다. 이 사실을 기억한다면 두 관점이 양립 가능하다는 점을 이미 말했다. 중년에 대해서는 그렇다.

그런데 노년에 이르면 빅 데이터에서 나오는 증거와 개개인에게서 나오는 증거가 서로 동일한 패턴을 보이며 경제학자와 심리학자의 견해가 하나로 모인다. 내가 다양한 논문을 검토해 보니 어떤 각도에서 출발한 연구든 간에 기본적으로 모두 똑같은 결론에 도달했다.

바로 나이 들면 몸과 마음이 모두 쇠퇴한다던 아버지의 견해가 틀렸다는 것이다.

그런 연구 결과를 몇 가지만 맛보기로 알아보자.

50세 무렵부터
스트레스가 감소한다

많은 사람이 이런 스트레스 감소 현상을 발견했고 그중에는 나도 포함된다. 내가 인생의 각 10년을 잘 표현하는 단어나 문구를 말해 달라고 했을 때 "스트레스"가 나오는 빈도를 보면 20대에 제법 높고 30대에는 거기서 더 증가하고 40대에는 또 증가한 후 50대에는 20대보다 낮은 수준으로 떨어져 이후로 계속 하락한다. "분주함"과 "일"이라는 말도 비슷한 패턴을 따르는 것을 보면 일터를 떠나는 것이 어느 정도 영향을 미치는 것 같다. 하지만 그게 전부는 아니다. 스트레스는 은퇴 연령이 되기 10여 년 전부터 급격히 감소하기 때문이다.

내가 이 점을 번뜩 깨달은 건 아서 스톤과 대화를 나누면서다. 스톤은 2장에서 언급했듯이 서던캘리포니아대학교에서 행복 곡선을 연구하는 심리학자다. 숙련된 임상심리학자로서 사람의 육체와 정신이 스트레스, 고통, 피로 같은 일상의 장애물에 어떤 영향을 받는지를 오래 연구했다.

스톤에 따르면 미국인 150만 명이라는 방대한 표본을 대상으로 전날 스트레스가 심했는지 물은 갤럽 조사에서 "엄청나게 강력한" 패턴이 발견됐다. 18~50세 응답자 중에서는 절반 또는 그 이상이 그렇다고(전날 스트레스를 많이 받았다고) 말했다. "그런데 50세부터 70세에서는 그 비율이 20퍼센트 정도로 감소하죠. 직선으로 쭉 떨어져요. 절반이었던 비율이 5명 중 1명으로 줄어드는 거예요. 만성적으로 건강에 문제가 있을 연령대에 말이죠. 효과 크기effect size(두 변수 간 관계의 강도 측정치―옮긴이)가 어마어마해요. 하락의 경사와 규칙성도 평범하지 않고요. 과학에서 이런 패턴을 보는 경우는 정말 드뭅니다."

그래서 그는 같은 학교 소속인 스테판 슈나이더Stefan Schneider, 조앤 브로더릭과 공동으로 초우량 데이터 세트 2개를 추가 분석했다. 결과는 동일했다. "잡음이 더 끼긴 했지만 50세부터 70세에서 정확히 똑같은 유형의 감소세가 발견됐습니다." 그들은 스트레스가 그렇게 급격히 감소하는 원인이 무엇인지 밝히기 위해 약 20개의 변수를 보정했는데, 거기에는 우리가 스트레스 감소의 원인으로 생각할 만한 것은 거의 다 포함됐다(건강 상태, 자녀, 결혼 등). 그래도 패턴은 변하지 않았다. 오히려 패턴이 더 강해지는 것이 마치 나이 자체가 스트레스를 감소시키는 것 같았다. 또는 아직 알려지지 않은 변수가 스트레스를 줄이는 것일 수 있었다.

원인이 무엇이든 간에 스톤이 비공식으로 실시한 설문 조사에서도 같은 맥락의 결과가 나왔다. 그는 사람들에게 다시 스무 살로 돌아가고 싶은지 대놓고 물었다고 한다. "놀랍게도 50대와

60대 중에서 딱 한 사람만 빼고는 모두 '아니요, 그냥 지금 이 나이로 있을래요'라고 대답했어요."

감정 절제력이 좋아진다

"젊은 사람들은 감정을 절제하는 게 진짜 잘 안 돼요." 로라 카스텐슨이 자신과 다른 연구자들의 연구 결과를 요약한 말이다. 누구나 젊은 시절에는 감정의 최고점이 저 높이 있고 최저점이 저 아래에 있던 걸 기억할 것이다. 극단적인 감정이 짜릿하긴 하다. 그렇지만 아서 스톤의 비공식 설문 조사에서 알 수 있듯이 나이가 들어 감정이 롤러코스터를 타던 시기를 지난 사람 중에는 다시 그 시절로 돌아가기를 원치 않는 사람이 훨씬 많다.

토머스 콜이 그린 〈청춘〉에서 여행자는 에덴동산 같은 풍광에 둘러싸여 있다. 잔잔한 강물, 녹음이 우거진 땅, 푸른 하늘. 하지만 콜이 한 폭의 그림에 다 담지 못한 것이 있다. 바로 변화무쌍한 청춘의 정서 기후다. 일순간만 지나도 여행자는 뇌우에 흠뻑 젖거나 돌풍에 강타당할 수 있다.

나이 들면서 정서 기후가 대체로 안정되는 이유 중 하나는 인생의 경험이 쌓이기 때문이 아닐까 싶다. 코넬대학교의 심리학자 일레인 웨딩턴은 "평균적으로 보면 사람들은 나이가 들면서 뭔가를 배워 깨닫는 듯하고, 그래서 감정이 잔잔해지는 것 같아요. 그래서 '이젠 그런 것에 휘둘리지 않아요'라고 말하죠"라고 내게 말했다.

이 밖에 잠시 후 설명하겠지만 나이 자체, 그리고 더 나아가 생물학적 특성과 관련이 더 깊은 이유들이 있는 것 같다. 이유야 무엇이든 간에 정서적 다듬이질이 아버지에게 가져다준 것과 같은 안정감은 보편적인 현상이다. 나이가 들면 우리는 1달러짜리 자극에 5달러짜리 반응을 하는 빈도가 줄어든다.

나이 들면
후회를 덜 느낀다

노인이라고 하면 성질 고약한 영감태기 같은 이미지가 단골로 등장한다. 그리고 실제로 노인도 젊은 사람처럼 불평불만이 있다는 건 부인할 수 없는 사실이다. 하지만 노년의 감정이 쓴맛 일색이라는 고정 관념은 현실과 정반대다.

몇 년 전 독일에서 일군의 심리학자들이 성인기의 양 끝단에 있는 사람들이 어떻게 후회를 처리하는지 조사해 보기로 했다. 함부르크-에펜도르프대학병원의 슈테파니 브라센Stefanie Brassen을 필두로 한 연구진은 실험 참가자를 세 집단으로 모집했다. 정서적으로 건강한 청년 남성(평균 연령 25세), 정서적으로 건강한 노년 남성(평균 연령 66세), 우울증이 있는 노년 남성(역시 평균 연령 66세)이었다. 그들은 TV 오락 프로그램 〈거래를 합시다Let's Make a Deal〉에서 출연자들이 하는 게임과 흡사한 게임을 했다. 내용물을 알 수 없는 상자 8개가 일렬로 놓여 있고 차례로 하나씩 열어 보는 것이었다. 8개 중 7개 상자에는 금덩어리가 들어 있어서 참가자가 가져갈 수 있지만 무작위로 지정되는 한 상자에는 악마가 들어 있었다. 상자에서 악마가 나오면 그때까지 딴 금은 모두 날아갔다. 그래서 각 라운드가 시작될 때마다 참가자는 이제 그만 게임을 멈추고 획득한 금을 챙겨 갈 건지, 아니면 '꽝'의 위험을 무릅쓰고 게임을 계속할 건지 결정해야 했다.

모든 도박꾼과 퀴즈 프로그램 마니아가 아는 것처럼 꽝은 대단히 실망스러운 경험이다. 그런데 이 실험과 〈거래를 합시다〉가 달랐던 점은 참가자들이 꽝을 맞을 때 연구진이 fMRI 기계로 그들의 뇌를 관찰했다는 것이다. 연구진은 참가자의 신체 반응도 측정했다. 그리고 그 결과를 2012년 〈성난 얼굴로 돌아보지 마라! 성공적인 노화와 비성공적인 노화에서 상실한 기회에 대한 민감성Don't Look Back in Anger! Responsiveness to Missed Chances in Successful and Nonsuccessful Aging〉이라는 강렬한 제목의 논문으로 《사이언스》에 발표했다.[2]

여기서 브라센과 동료 학자들은 꽝이 나왔을 때 정서적으로 건강한 노년 집단이 정서적으로 건강한 청년 집단보다 후회를 덜 했다고 썼다. 반면에 '우울증'이 있는 노년 집단은 청년 집단만큼 후회를 잘했다. 이런 결과를 어떻게 해석해야 할까? 연구진은 건강하게 나이가 들면 자신이 어쩔 수 없는 것을 더 잘 받아들이게 되는 긍정적인 변화가 생기지만 우울증이 있으면 그런 변화가 무효화된다는 결론을 내렸다.

나이 든다고 우울증에
더 잘 걸리는 건 아니다

우울증에 대한 고정 관념 역시 틀렸다. 2002년 정신의학자 댄 G. 블레이저Dan G. Blazer는 여러 논문을 검토한 후 우울증이 "노년에 나타나는 빈도가 중년보다 낮다(적어도 더 높진 않다)"라고 밝혔다.[3] 노년에는 우울증의 유병률이 매우 낮다. 어떤 연도를 기준으로 하든 노인 중 우울증 환자 비율은 1~4퍼센트에 불과하다(단 초고령층에서는 유병률이 13퍼센트로 높아진다). 오즈월드와 블랜치플라워의 연구 결과를 돌아보자면 유럽(그리고 미국 내 2개 주)의 항우울제 처방률은 40대에 최고점을 찍는다.

나이가 들면 우울증과 역경이 불쑥 찾아올 때 대처하는 능력도 대체로 더 좋아진다. 저명한 행복경제학자 존 헬리웰은 "중년에는 온갖 스트레스가 몰려듭니다. 그리고 스트레스가 감소하면 [주관적 안녕이] 상승한다는 증거가 있죠. 그런데 나이가 들면 나쁜 경험을 나쁘게만 보지 않는 능력과 좋은 경험을 소중하게 여기는 능력도 더 좋아져요"라고 내게 말했다.

스트레스 감소, 인생의 부정적 측면에 대한 미련 감소, 감정 절제력 향상, 대응력 향상. 돌아보니 아버지에게서 그런 변화를 본 것 같다. 그렇다고 아버지의 비관적인 기질이 달라진 건 아니었다. 아버지는 광명 속에서도 굳이 어둠의 기미를 찾는 성격이었다. 하지만 이제 보니 아버지가 조금 특이한 경우였다. 대부분의 사람은 "긍정성 효과positivity effect"를 경험한다.

긍정성이 더욱 강해진다

앞 장에서 말했듯이 중년에는 비현실적 낙관론이 쭉쭉 빠져나가면서 당장은 집요하게 느껴지는 불만감이 생긴다. 하지만 또 한편으로는 이후 인생에서 의외의 기쁨을 누릴 채비가 갖춰진다. 이런 반전이 생기는 이유로는 위에서 내가 감정 절제력에 대한 증거로 제시한 현상을 들 수 있다. 경험 축적과 신경학적 발달이 맞물려 뜻밖에 우리의 정신적 회복력이 강해진 결과 스트레스를 받고 후

회할 만한 상황에서 스트레스와 후회에 덜 민감해진다.

그런데 여기서 끝이 아니다. '인지적' 요인에 대한 증거 또한 많다. 노화와 행복 분야 권위자인 로라 카스텐슨 등의 연구자들이 쓰는 용어로 말하자면 "긍정성 효과"가 존재한다. 노년에는 부정적인 정보보다 긍정적인 정보를 더 많이 인식하고, 이것이 되먹임 고리를 만들어 긍정적인 감정이 더 강해진다.

우리가 앞 장에서 만났던 인지신경과학자 탈리 샤롯이 이 효과를 연구하고 있다. 샤롯은 2014년 동료 학자 4명과 공동으로 발표한 논문 〈노년에는 낙관적 갱신 편향이 강해진다Optimistic Update Bias Increases in Older Age〉에서 이렇게 썼다. "젊은 사람들과 비교했을 때 노년에는 부정적인 표정보다 긍정적인 표정을 더 잘 기억하고, 부정적인 사건에 대한 자서전적 기억이 감소하며, 금전적 손실이 예상될 때 경험하는 부정적 각성이 약화된다."

앞 장에서 살펴봤지만 나이 든 사람들은 젊은 사람들보다 부정적인 정보에 덜 집착한다. 카스텐슨은 같은 스탠퍼드대학교 소속인 앤드루 E. 리드Andrew E. Reed와 공동으로 2012년 《심리학의 최전선Frontiers in Psychology》에 〈나이와 관련된 긍정성 효과에 관한 이론The Theory Behind the Age-Related Positivity Effect〉이란 논문을 발표했다. 이 논문에서 그들은 상당한 증거를 검토한 결과, 긍정성 효과가 작업 기억, 단기 기억, 자서전적 기억, "심지어는 오기억誤記憶

에서까지" 나타나는 것으로 확인된다고 썼다. 노년에는 단어 목록, 표정, 불쾌하거나 감동적인 그림, 건강 관련 메시지 등 각종 정보를 처리할 때 긍정적인 쪽으로 기우는 경향이 있다. 그리고 자신의 선택 또한 더 긍정적으로 기억하는데, 후회를 덜 하는 것과 동일한 현상이라고 할 수 있을 것 같다.

노년에는 또 서로를 더 긍정적으로 대하게 된다. 1990년대 중반에 로라 카스텐슨이 심리학자 로버트 레븐슨Robert Levenson, 존 가트맨John Gottman과 함께 금실이 좋은 부부들과 그렇지 않은 부부들을 모아서 그들이 갈등 요소에 관해 대화하는 모습을 몰래 카메라로 녹화했다. 그 결과를 보면 연구자들의 관측과 참가자들의 말이 일치했다.

노년 부부들이 중년 부부들보다 분노, 혐오, 호전성을 덜 표현하고 볼멘소리를 덜 했다. 연구진이 전반적 결혼 만족도를 보정해 부부 관계의 질을 전부 동일한 선상에 두었을 때도 결과는 같았다. 노년 부부들은 또 긴장감이 비교적 팽팽한 상황에서 중년 부부들보다 애정을 더 잘 표현했다.

이 같은 증거가 누적됨에 따라 점점 많은 전문가가 광범위한 시간대에 걸쳐 놀라운 시사점을 주는 결론을 내리고 있다. 노스캐롤라이나대학교 사회학자 양 클레어 양Yang Claire Yang의 표현을 빌리자면 결론은 이렇다. "나이가 행복을 동반한다."[4]

긍정성 효과만으로 매일이 즐거워지는 건 아니겠지만 긍정성 효과가 인생에 큰 영향을 미치는 건 사실이다. 앤젤리나 R. 수틴Angelina R. Sutin을 비롯한 6명의 사회학자는 2013년 《심리과학 Psychological Science》에 발표한 논문에서, 나이로 인한 상승 효과의 강도가 고등학교만 졸업하는 것과 대학교를 졸업하는 것의 차이와 비슷하다고 밝혔다.[5] 참고로 교육은 안녕에 지대한 영향을 미치는 요인이다. 그들은 "노년에는 나이가 들면서 필연적으로 생기는 신체적·사회적 손실에도 불구하고 정서적 안녕이 유지되고 심지어는 증진되기까지 한다"라고 썼다.

2013년 카멜 가나Kamel Gana 등 5명이 프랑스에서 약 900명을 70대까지 지속 관찰한 연구 결과를 발표했다. 이 연구에 따르면 교육, 성, 건강 등의 변수를 보정하자 인생 만족도 평균이 나이에 따른 "선형적 증가"를 보였다.[6] 로라 카스텐슨 등 8명이 2011년 발표한 논문 역시 표현만 다를 뿐 동일한 현상을 보고했다. "정서적 삶의 정점은 70대가 한참 진행된 후에야 찾아오기도 한다."[7]

무려 '70대'라니! 나는 이 문장을 읽고 충격을 받았다. 아마 나만 그런 건 아닐 것이다.

상실과 슬픔의 시대라는
뿌리 깊은 믿음

로라 카스텐슨과 동료 학자들은 위의 2011년 논문에서 "이처럼 반대되는 실증적 증거들이 존재함에도 젊은 사람들이 생각하는 노년은 여전히 슬픔과 상실의 시대다. 노인들 역시 노인의 '전형'에 대해 이런 비관적인 이미지를 갖고 있다"라고 썼다.

말하자면 "나만 특별해" 현상이다. 자기 삶에 큰 만족감을 느끼는 노인들조차 동년배의 '다른' 사람들은 대부분 불행할 거라 생각하는 경우가 많다. 헤더 P. 레이시Heather P. Lacey, 딜런 M. 스미스 Dylan M. Smith, 피터 A. 우벨Peter A. Ubel이 이 현상을 파고든 논문을 2006년에 발표했다. 그들은 젊은 집단(평균 31세)과 노년 집단(평균 68세)에 30세와 70세를 기준으로 자신의 행복도와 평균적인 사람의 행복도를 평가해 달라고 했다. 아니나 다를까 나이 든 사람들이 젊은 사람들보다 행복했다. 그런데 나이를 불문하고 모든 사람이 나이 들면 행복도가 '감소한다'고 믿고 있었다. 그리고 모든 사람이 젊은 사람의 행복도를 과대평가하고 나이 든 사람의 행복도를 과소평가했다.[8]

혹시 지금 이처럼 거꾸로 된 추측에서 인생 만족도에 대한 사람들의 기대가 빗나가도 한참 빗나갔다는 하네스 슈반트의 연구 결과가 떠오른다면 제대로 아는 것이다. 많은 노인이 놀라울 만큼 행복한 시간을 몇십 년이나 보내고도 자신이 일시적으로 감정의 중력을 거스르고 있을 뿐이라고 생각한다. 내가 인터뷰했던 84세 여성은 여전히 테니스를 치고 열정적이고 즐겁게 일하고 있지만 5년 후를 암울하게만 전망했다. "아이고, 그땐 아주 상늙은이가 되어 있겠네. 생각만 해도 끔찍해요."

작가 엘리너 쿠니Eleanor Cooney는 말했다. "운 좋은 노년이란 없다. 애초에 노년은 운이 다했다는 뜻이기 때문이다. 물론 유독 가혹하게 운이 기우는 사람도 있지만, 여하튼 오래 살면 누구나 운이 다한다."[9] 쿠니의 말대로여야 한다. 그렇지 않은가? 노년에는 육신이 쇠하고, 능력이 쇠하고, 지병이 생기고, 결국 죽는다. 전혀 재미가 없을 것 같다. 그런데 나이, 건강, 행복의 삼중주는 이런 우리의 추정처럼 단순하지 않다.

나이 듦은 신체 건강 저하의
악영향을 방지한다

아버지는 77세에 의사들이 말하는 무해한 떨림이 생겼다. 우울증도 같이 왔다. 떨림은 갈수록 심해지더니 79세가 된 지 얼마 안 돼 새로운 진단이 나왔다. 파킨슨병. 맙소사! 무섭긴 했지만 일관성 있는 진단이었다. 우울증은 파킨슨병에서 흔한 증상이다. 의사들은 다행히 파킨슨병은 진행이 느리기 때문에 아버지가 몇 년은 더 활동할 수 있을 거라고 했다. 치료제도 존재했다. 하지만 약은 듣지 않고 병은 의사들의 예상과 정반대로 급격히 악화됐다.(한참 뒤 신경과 진단을 받고서야 이유를 알게 됐다. 아버지의 병은 파킨슨병보다 빠르고 잔인하고 치명적인 다계통위축증이었다.)

하지만 아버지는 육체적으로는 약해지는 와중에 우울증은 완화됐다. 아픈 게 싫다는 말을 입에 달고 사시긴 했지만 어쩐 일인지 인생 막바지까지 매일 놀랄 만큼 기분이 좋으셨다. 돌아가시기 1주일 전 아침에는 기력이 없어 몇 발자국 떼기조차 어려운 분이 "우리 오늘은 어디 갈까?"라고 명랑하게 말하며 미술관 나들이 계획을 세우셨다.

인간의 정신적 회복력이 놀랍다. 그렇지만 이건 단순히 절망적인 상황을 버티는 차원의 이야기가 아니다.

우리가 다음 장에서 다시 만날 캘리포니아대학교 샌디에이고 캠퍼스의 노인정신의학자 딜립 제스트Dilip Jeste는 몇 년 전 자신이 연구 중이던 조현병 환자들이 나이가 들수록 호전되는 경향을 발견했다. 그들은 나이가 들수록 약을 잘 복용했고, 재발률이 줄었으며, 정신의학적 치료의 필요성이 감소했다. 조현병의 진행에 대한 통념을 완전히 거스르는 놀라운 발견이었다. 제스트는 이것이 조현병 환자들에게서만 나타나는 특이한 현상인지 궁금해졌다.

그래서 동료들과 함께 전화 설문 조사를 통해 조현병이 없는 60세 이상 성인 약 200명에게 본인이 얼마나 성공적으로 나이 들고 있는지를 1∼10점으로 매겨 달라고 요청했다. "성공적 나이 듦"은 정밀한 용어가 아니다. 그렇지만 인생 만족도와 꽤 강한 연관성이 있는 개념이고, 사람들이 직접 매기는 점수는 노년에 장수할 확률과 병에 걸릴 확률을 꽤 잘 예측하는 지표다. 따라서 사람들은 성공적으로 나이가 든다는 게 어떤 의미인지 직감적으로 안다고 할 수 있다.

제스트는 내게 말했다. "정말 엄청 놀랐습니다. 상당수 사람이 정도만 다를 뿐 신체적 손상이 있었어요. 신체 건강에 대한 객관적 평가치로만 보자면 점수가 3∼5점 정도 나와야 했죠." 하지만 사람들이 매긴 점수의 중간값은 8점을 웃돌았고, 대부분은 7∼10점에 속했다. 그리고 나이 들수록 스스로 평가한 나이 듦의 성공도가 '증가'했다.[10]

뜻밖의 발견에 놀란 제스트는 같은 실험을 반복했다. 이번에는 표본 규모를 키우고 표본에 편향성이 생길 가능성을 차단하기 위해 참가자를 무작위로 선정했다. 10명의 동료 학자들과 함께 1300명을 인터뷰해 그들의 전반적 건강, 우울증과 불안증 수준, 기억과 인지 능력, 신체 건강과 정신 건강 등을 평가했다. 결과는 동일했다. 참가자들의 연령대는 50~99세, 평균 77세였다.

2013년 《미국정신의학저널American Journal of Psychiatry》에 발표한 논문에서 연구진은 노년에 신체와 인지 능력이 저하되지만 또한편으로 "우리 가설과 반대로 스스로 평가하는 성공도가 높아진다"라고 밝혔다.

50대가 매긴 점수는 7점대 중반, 60대는 8점대 초반이었고 이 같은 상승세는 90대까지 쭉 이어졌다! 신체의 질병과 장애는 극단적인 경우를 제외하고 점수에 그다지 영향을 못 미치는 것으로 보였다. 그런데 심지어는 극단적인 경우조차 동일한 평가 사례가 발견됐다(어떤 전이성 암 환자는 9점을 매겼다). 혹시 교육, 재산, 민족 같은 다른 요인이 진짜 원인은 아닌지 확인하기 위해 통계적 테스트를 거쳤지만 아니었다. 성공적으로 나이 드는 사람들이 더 오래 사는 경향이 있다는 것도 중요한 발견 사항이었다. 그러나 그게 전부가 아니었다. 사람들은 장애가 심해져도 스스로 평가하는 나이 듦의 성공도가 높아졌다.[11]

그렇다면 노년기가, 심지어는 초고령기마저 반드시 운이 다하는 시기는 아니라고 할 수 있을 것 같다.

물론 노년에 또는 어떤 시기에든 몸이 약해지거나 병에 걸리면 행복해진다는 뜻이 아니다. 내가 하고 싶은 말은 '설령' 몸이 약해지거나 병에 걸리더라도 대부분의 경우 놀라울 만큼 행복한 상태가 유지된다는 것이다.

내가 접한 특히 흥미로웠던 논문 한 편이 있다. 우테 쿤츠만Ute Kunzmann, 토드 D. 리틀Todd D. Little, 재키 스미스Jacqui Smith가 독일에서 수행한 연구 결과를 정리해 2000년 《심리학과 노화Psychology and Aging》에 발표한 논문이다. 이들은 70~103세 성인을 조사해 건강이 쇠퇴하면 긍정적 감정도 감소하는 현상을 발견했다. 그럴 만하다. 그런데 건강을 보정하고 나이 자체가 수면 아래에서 미치는 영향을 측정했더니 나이가 긍정성의 '증가'(그리고 부정성의 감소)와 관련이 있다고 나왔다. "건강상 기능 저하가 나이의 영향을 억제하지만 놀랍게도 나이 역시 건강상 기능 저하의 영향을 억제한다."[12]

이 인상적인 문장을 좀 더 쉽게 풀어 쓰면 이런 뜻이다.

"나이 들면 건강 저하가 정서에 미치는 악영향이 일부 또는 전부 방지되는 것으로 보인다."

만일 이 말이 사실이라면 아버지의 예상과 반대로 나이 드는 것이 오히려 아버지가 악조건을 버텨내는 데 도움이 된 셈이다.

정서 건강의 시간은
거꾸로 간다

이렇듯 통념과 정반대되는 결과 앞에서 이제 우리는 긍정성 효과가 진정으로 노화의 효과인가 하는 논리적 질문을 던지게 된다. 혹시 나이 듦의 방지 효과는 노인이 되면서 현실에 대한 인지력이 떨어져 생기는 현상이 아닐까?

아버지의 경우에는 그렇지 않았다. 신경학적으로 괴멸적 타격을 입는 와중에도 아버지의 정신적 예리함은 멀쩡했다. 실제로 로라 카스텐슨과 동료 학자들에 따르면 노년에 더 날카로운 정신을 보유한 사람에게서 긍정성 효과가 '더 강하게' 나타나고, 인지 능력이 저하되면 긍정성 또한 저하된다.

캘리포니아대학교 샌디에이고캠퍼스의 심리학자 마라 매더 Mara Mather는 2012년 〈뇌의 노화에서 발견되는 감정의 역설The Emotion Paradox in the Aging Brain〉이란 논문을 발표했다. 이 논문에서 그녀는 나이가 들면 뇌에 많은 변화가 생기고 그런 변화가 주로 지적 능력을 약화시키는 게 사실이지만, 감정 처리라는 영역에서는 정신의 쇠퇴가 확연하게 드러나지 않는다고 지적한다. 더욱이 노인들이 여러 방해 요인의 영향을 더 잘 받는 와중에 영향을 '덜' 받는 요인이 바로 부정적 감정 자극이다. 매더에 따르면 노인들 역시 부정적 자극을 '인지하는' 능력은 젊은 사람 못지않다. 단 그들의 차이는 다음 단계인 처리 단계에서 나타난다. 노인의 인지 시스템은 긍정적인 자극을 더 주목하고 중시한다.[13] 나이 들면서 우리가 잃는 건 정서적 예리함이 아니라 바로 짜증과 차질에 휘둘려 하루를 망치는 경향성이다.

그렇다면 긍정성은 나이 들면서 정서적 강렬함을 잃어버려 생기는 것일지 모른다. 혹시 나이가 들면 우울이든 기쁨이든 다 느끼지 못하도록 마음이 마비되는 걸까? 이번에도 역시 아니다. 카스텐슨과 동료 학자들에 따르면 노인은 부정적인 감정과 긍정적인 감정을 청년만큼 강하게 느낀다. 다만 나이가 들면서 애초에 부정직인 감징을 덜 느끼고 느끼더라도 더 짧게 느끼도록 바뀔 따름이다. 폭풍이 여전히 강력하지만 대체로 출현 빈도와 지속 시간이 줄어드는 셈이다. 그리고 폭풍이 시동을 걸 때 나이 든 사람들은 감정을 더 잘 다스린다.[14]

심리학자들은 노년에 나이가 인생 만족도에 끼치는 긍정적인 영향을 보고 너무 당혹스러운 나머지 "나이 듦의 역설paradox of aging"이란 명칭을 붙였다. 카스텐슨은 "우리는 무엇이 우리를 행복하게 만드는지 잘 안다고들 생각해요. 예를 들면 길고 멋진 미래가 전망되는 게 우리를 행복하게 만든다고 생각하죠. 지배력을 갖는 것도 그렇고요. 또 사람들이 나에게 집중하고 나를 제일 잘 생기거나 예쁜 사람으로 여기는 것도 그런 요인이라고 생각해요. 하지만 이렇게 우리를 행복하게 만든다고 생각하는 것들이 전부 나이가 들면서 시들해져요. 그런데 '더' 행복해진다는 게 역설적이죠"라고 말했다.

행복에 관한 역설이라면 이미 앞 장들에서 "행복한 소작농과 불만스러운 성취자" "쾌락의 쳇바퀴" 등을 살펴봤다. 그런데 어쩌면 "나이 듦의 역설"이야말로 그중에서 제일 중요한 역설이 아닐까 싶다. 인생의 정서적 궤적에 대한 우리 통념이 실제 궤적과 정반대라는 뜻이기 때문이다. 나이 들 때 신체 건강과 정서 건강은 같은 방향으로 움직이지 않는다. 서로 방향이 반대다. 왜 그럴까?

선택성 이론
: 나이 들면 가치관이 재정립된다

"문득 그런 생각이 들었어요." 스탠퍼드대학교 연구실에서 만났을 때 로라 카스텐슨이 1990년대 초를 회상하며 말했다. 당시 그녀의 연구는 예상을 빗나가고 있었다. 연구에 참여하는 노인들은 새 친구를 사귀는 데 관심이 없는 것 같고 점점 대인 관계가 좁아지는데 오히려 행복해했다. 그녀는 자신이 헛수고를 하고 있는 것 같다는 걱정이 들었다. "노인들의 애처로운 사회생활에서 어떤 병적인 측면을 찾으려고 연구에 연구를 거듭하고 있었거든요. 그런데 아무 성과가 없는 거예요. 정교수 되기는 글렀구나 싶었죠."

그녀는 답을 찾지 못했다. 대신 답이 그녀를 찾아왔다. "평소에 연구에 참여한 노인분들과 대화를 많이 나누었어요. 그런데 어느 날 자매인 할머니 두 분과 얘기할 때였어요. 한 동 전체가 실버타운인 아파트에 사는 분들이었죠. 친구들이 죽고 주변에 사람이 별로 없다고 하셨어요. 그래서 내가 그랬죠. '여기 사람들 많잖아요. 그분들하고 친해지시면 되잖아요.' 그랬더니 나를 보고 하시는 말씀이 '여기 사람들하고 그럴 시간 없어'라는 거예요.

듣고 보니까 아, 요 몇 년 동안 많은 사람이 나한테 이런 말을 했구나 싶더라고요. 내가 '새 친구를 사귀는 건 어때요? 더 넓은 세상을 탐험해 보면요? 활동 범위를 더 넓혀 보면요?'라고 물으면 많은 사람이 '시간'을 언급했어요.

그때 알았죠. 그분들이 말하는 시간이 하루 동안 쓸 수 있는 시간이 아니란 걸요. 그런 시간이야 얼마든지 있는 것 같았거든요. 그건 다른 시간이었던 거죠. '인생'의 시간.

그 순간 깨달았어요. 나이 여든에는 '오랜' 친구를 새로 만들 수 없다는 걸. 불가능한 거죠. 남은 세월을 생각하면요."

혹시 노년의 사회생활은 '시들어 말라 죽음'이 아니라 '가지치기'에 가깝지 않을까? 나이 들면서 정서적 우선순위에 변화가 생기는 것 아닐까? 카스텐슨의 설명을 계속 들어 보자. "사람들이 하는 말이 소중한 사람, 진심으로 사랑하는 사람한테는 관심이 많다는 거였어요. 그런데 그냥 같이 앉아 얘기나 좀 하는 정도인 사람한테는 별 관심이 없거나 젊었을 때보다 훨씬 관심이 덜 간다고 했어요. 이게 바로 선택성 이론selectivity theory이죠. 감정은 그대로지만 감정을 줄 대상은 사람이든 사물이든 더 신중하게 선택하는 거예요."

바꿔 말하면 우리 인생의 기본 목표와 선택의 양상이 시간과 무관하지 않다는 뜻이다. 시간의 지평이 바뀌면 우리가 세우는 목표와 우리가 하는 선택의 양상이 바뀐다. 그러면서 우리가 일상에서 수행하는 활동은 물론이고 우리가 느끼는 것, 더 나아가 우리가 인지하는 것마저 달라지는 것일지 모른다.

카스텐슨과 동료들은 이 이론을 검증하기 위해 1990년대부터 일련의 실험을 진행했다. 다양한 연령의 사람들을 모집해 30분간 자유 시간이 생긴다면 좋아하는 책의 저자, 가족이나 가까운 친구, 최근 알게 된 공통점이 많은 사람 중 누구와 시간을 보내고 싶은지 물었다. "나이 든 사람들은 가족이나 가까운 친구를 선택하는 비율이 압도적으로 높았어요. 젊은 사람들은 무작위라고 해도 좋을 만큼 세 항목을 골고루 선택했고요."

연구진은 다시 동일한 사람들에게 먼 곳으로 이사하기 전에

30분이 남았다면 누구를 만나고 싶은지 물었다. 이번에는 젊은 사람들이 나이 든 사람들처럼 가족이나 가까운 친구를 훨씬 많이 선택했다. 그다음에는 시나리오를 뒤집어서 앞으로 살날이 20년 더 남았으면 어떻게 하겠는지 물었다. 그러자 이번에는 나이 든 사람들이 젊은 사람들처럼 최근 알게 된 사람과 좋아하는 책의 저자를 가족이나 가까운 친구와 비슷한 비율로 선택했다.

카스텐슨과 동료들은 중국 반환을 앞두고 불확실한 미래에 대한 불안이 고조되던 시기의 홍콩 사람들도 조사했다. 뉴스에서 연일 "홍콩의 종말"을 부르짖던 때였다. 당시 홍콩의 젊은이들은 나이 든 사람들과 마찬가지로 가족이나 가까운 친구를 많이 선택했다. 그런데 반년쯤 지나 정세가 안정되고 주민들이 냉정을 되찾자 그런 경향이 사라졌다. 카스텐슨은 이렇게 말했다. "시간 또는 미래가 위태롭다는 인식이 있을 때 이런 현상이 나타나죠. 예전의 삶으로 돌아가기까지 반년쯤 걸리는 것 같아요. 주변에 심장 마비가 왔던 친구들이 있는데 보면 '맨날 경쟁만 하면서 사는 건 지긋지긋해. 이제부터는 정말 중요한 것에 집중할 거야. 가족 말이야'라고들 말해요. 그런데 반년쯤 지나면 또 맨날 경쟁하면서 살고 있어요."

카스텐슨은 비슷한 현상을 2001년 9월 11일 테러 직후에 목격했다. 젊은 사람들이 장기적 목표가 아니라 현재와 소중한 관계를 더 중시하는 경향이 일시적으로 나타난 것이다. 그녀는 에이즈에 걸린 동성애자 남성들과 그렇지 않은 동성애자 남성들도 조사했다. 에이즈에 걸리지 않은 동성애자들은 다른 젊은이들과 비슷한 선택 양상을 보였다. 반면에 에이즈 바이러스에 감염됐고 증상이 나타난 동성애자들은 나이 든 사람들과 비슷했다. 그리고 에이즈 바이러스에 감염됐으나 무증상인 동성애자들은 그 중간쯤에 있었다.(이 대목에서 건강상 위기 때문에 U자 곡선상의 골짜기를 빠르게 통과한 메리 앤의 사례가 떠오른다.)

1999년 카스텐슨은 데릭 M. 아이자코위츠Derek M. Isaacowitz, 수전 T. 찰즈Susan T. Charles와 공동으로《미국심리학자American Psychologist》에 강력한 파급력을 발휘할 논문을 발표했다. 〈신중한 시간 소비: 사회정서적 선택성 이론Taking Time Seriously: A Theory of Socioemotional Selectivity〉이란 제목의 이 논문에는 이후로 나이 듦의 역설을 설명할 때 지배적 위상을 자랑하게 될 이론이 기술되어 있었다. 저자들은 시간을 모니터링하는 것이 인간의 본성이라고 주장한다. 젊은 사람들은 불확실한 미래의 대비책으로 새로운 정보와 새로운 사람을 찾아서 지식과 인맥을 증대하려는 경향이 강하다. "하지만 시간이 한정되어 있을 때는 사회적 유대, 사회적 지원, 감정의 절제 등 단기적인 목표가 최우선순위에 놓인다. 이런 조건 아래서는 미래에서 현재로 초점이 이동한다. 사람들은 끈끈한 정을 느낄 수 있는 사회적 파트너를 찾고, 정서적 경험은 한층 큰 복잡성을 띤다."

나는 아버지에게서 그런 변화를 목격했다. 아버지는 중학교 때부터 친구들과 몇 달에 한 번씩 모여 같은 책과 글과 시를 읽는, 일명 '낭독회'라는 모임을 가졌다. 회원들은 70년간 우정을 지켰고, 아버지를 포함해 모든 회원이 해가 갈수록 모임을 더욱 소중하게 여겼다. 낭독회는 아버지의 또 다른 가족이었다. 노환으로 기력이 쇠해 어디 멀리 가는 게 위험천만한 모험이 되어 버렸을 때도 아버지는 기어이 모임에 나가셨다. 한때 즐거움의 원천이었던 낭독회는 평생의 벗들이 서로에게 더 가깝고 소중한 존재가 되면서 의미의 원천이 되어 있었다.

노인들은 과거에 집착한다는 통념과 달리 어느 연령 집단보다 더 지금 이 순간에 집중한다. 카스텐슨과 동료들은 〈신중한 시간 소비〉에서 "노인들은 대체로 현재 지향적이고, 젊은이들에 비하면 먼 미래에 대한 관심이 적다"라며 남은 시간이 짧아지면 "사회적 상호 작용은 높은 정서적 효용을 보장하도록 신중히 조율된다"라고 쓰고 있다. 예를 들어 노년의 부부는 그들의 관계에서 좋은 점에 감사하고 문제가 되는 부분은 적당히 넘길 가능성이 더 크다.

지금 이 순간을 살기. 하루하루를 있는 그대로 받아들이기.

긍정적인 것을 음미하기. 부정적인 것에 덜 매달리기. 수용하기. 과민 반응하지 않기. 현실적인 목표 설정하기. 소중한 관계 우선 시하기.

모두 현대 심리학과 고대 지혜에서 인생에 만족하기 위한 방법으로 누누이 말하는 비결이다. 그렇다고 청년기나 중년기에 꼭 철저한 현재 지향적 인간이 돼야 한다는 말은 아니다. 젊을 때는 야심이 있어야 하고 사회에는 야심 찬 모험가가 필요하기 때문이다. 하지만 사회정서적 선택성 이론을 알면 노년에 만족도가 상승하는 의외의 현상을 더 잘 이해할 수 있다. 카스텐슨의 이론은 시사한다. "나이가 들면 가치관이 변한다"고.

나는 카스텐슨에게 사람들이 나이가 들면서 가치관이 재정립되는 걸 잘 인지하는지 물었다. "그럼요. 사람들한테 혹시 우선순위가 변하고 있냐고 물어보면 다들 아주 잘 알고 있어요." 하지만 여기에는 무의식적인 차원 또한 존재한다. 무의식적 요인에 따라 우리가 세우는 목표의 성격은 물론이고 체험하는 일상의 성격까지 변한다. "목표는 인지적 처리 과정을 지휘하죠. 그건 인지심리학의 법칙이라고 봐도 무방해요. 만약 나이 들면서 목표가 변하는 게 구조적 현상이라면 사람들이 주목하고 기억하는 정보 유형에서 변화가 발견돼야 해요."

이 점은 나이 든 사람들이 젊은 사람들에 비해 부정적인 표정이나 슬픈 표정보다 행복한 표정에 더 관심을 기울이는 경향이 있다는 실험 결과를 잘 설명해 준다. 또 나이 든 사람들이 긍정적인 기억에 더 주목한다는 실험 결과, 그들의 뇌를 MRI로 관찰하면 부정적인 자극에 대한 신경 반응과 부정적인 정보의 부호화가 비교적 낮은 수준으로 발생한다는 실험 결과 또한 잘 설명해 준다. "이건 강력한 효과예요, 엄청난 효과요."

이것으로 노년에 행복 곡선을 상승시키는 선순환이 잘 설명된다. 정서적 의미가 큰 목표를 점점 중요시하게 되면서 우리의 '의식적' 목표와 우선순위가 우리 만족감에 가장 큰 영향을 미치는 것들을 지향하게 되고, 반대로 후회와 실망에 대한 집착은 약해진다. 그리고 이 같은 목표 변화는 우리의 '무의식적' 관심이 긍정적인 것들을 향하게 만든다. 그래서 우리는 우리가 보는 것을 더 좋아하게 되고 우리가 좋아하는 것을 더 많이 보게 된다. 따라서 우선순위의 변화와 지각하는 것의 변화가 상호 강화된다.

이로써 우리는 나이 듦의 역설에 대한 개연성 있는 해답에 도달한다. 육체가 우리를 배신하는 시기에 어떻게 인생 만족도는 더 높아질 수 있는가? 카스텐슨은 2009년 출간한 《길고 밝은 미래: 갈수록 장수하는 시대의 행복, 건강, 경제적 안정 A Long Bright Future: Happiness, Health, and Financial Security in an Age of Increased Longevity》(한국어판: 《길고 멋진 미래: 행복한 노년 준비하기》, 박영스토리, 2017)에서 이렇게 답을 기술한다.

　노년에도 "시련과 실망이 존재하지만 그쯤 되면 사람들은 인생의 쓴맛보다 단맛을 더 잘 느끼게 된다"라고. 나는 살짝 다르게 표현하고 싶다. "우리의 가치관이 육체보다 빨리 변한다"라고.

인생 후반전은
짐이 아니라 선물이다

나는 나이 들어 육체의 한계와 노쇠를 느끼는 사람들을 인터뷰하면서 노년의 만족감에 대한 나름의 분석을 들을 수 있기를 기대했다. 그런데 만족감에 대한 이야기는 많이 들었어도 이렇다 할 해설은 별로 듣지 못했다. 행복 곡선의 골짜기에 있는 사람들처럼 곡선의 오르막에 있는 사람들 또한 대체로 주관적인 상황은 잘 설명했지만 그런 상황이 발생한 이유는 잘 설명하지 못했다.

　예를 들어 83세의 제임스는 사실상 은퇴한 변호사다. 그 나이쯤 되자 일선에서 물러날 수밖에 없었다. 수많은 만남을 다 감당할 수가 없고 종종 실수를 저지르기 때문이었다. "내가 나를 못 믿는데 어떻게 일을 하겠어요." 그는 여행, 사진, 무료 법률 상담으로 그 공백을 얼마간 채우고 친구들과 '한배를 탄 사람들'이라는 모임을 만들어 매주 이런저런 활동을 하고 있다. 하지만 직업을 통해 성취감을 누리고 싶은 욕구는 80대인 지금도 여전하다. "종일 전화기를 붙들고 살았는데 이젠 그러질 못하는 현실이 싫어요. 사람들이 지하철에서 자리를 양보하는 것도 싫고. 몸이 점점 약해지는 것도 싫어요. 직업적으로 이 사람 저 사람 많이 알고 지내고 싶어도 그게 뜻대로 안 돼요."

그러나 내가 캔트릴 사다리 질문을 했을 때 제임스는 인생 만족도를 만점에 가까운 9점으로 평가했다. 그는 나이 들어서 잃어버린 것이 있긴 하지만 인생이 '나빠졌다'기보다는 '달라졌다'고 느낀다고 했다. 왜 그런지 묻자 "나는 나이 때문에 생기는 장애를 인지하는 거지, 느끼는 게 아니거든요"라는 대답이 돌아왔다. 무슨 뜻일까? "나는 늙었다는 '생각'이 싫어요. 늙었다는 건 장애가 생겼다는 뜻이라고 생각하거든요. 그걸 머리로는 인지하고 있어요. 그런데 감정적으로는 전혀 수용하지 않았어요. 그런 장애가 감정적으로 커다란 문제로 느껴지진 않는단 말이죠. 그게 조심히 피해가야 하는 맨홀 같은 거긴 해도 내 인생을 불행하게 만드는 악조건은 아니에요."

나와 절친하게 지내는 79세의 로버트는 이미 스키를 접었고 ("나는 나이를 먹지만 산은 나이를 안 먹거든요.") 조만간 인생의 낙인 요트 세일링마저 접어야 할 판이다. "이젠 몸 챙기는 거에 여간 시간이 많이 들어가는 게 아니에요." 그런데 그는 인생 만족도에 어느 때보다 높은 9점을 매긴다. 치열하고 파란만장한 중년을 보낸 그는 현재 파트타임으로 여건이 허락하는 대로 쉬엄쉬엄 일하고 있다. 그는 쉬는 법을 배워야 했다. 이제 그는 자신이 성취해야 할 목표를 나열한 목록 같은 건 없다고 느낀다. 혹시 정서적으로 그렇게 기분이 좋은 것이 놀랍진 않냐고 묻자 그는 동의한다는 뜻으로 말했다. "솔직히 이렇게 오래 살 줄 몰랐죠." 그에게는 하루하루가 뜻밖의 선물이다.

물론 당신 또한 그렇다는 보장은 없고 당신의 인생길은 다를 수 있다. 지금 나는 94세가 되면 누구나 노라처럼 "모든 면에서 100퍼센트 만족"하게 된다거나 질병이 정서적으로 아무런 영향이 없다고, 또는 쇠약해지는 것이 즐거운 것이라고 말하는 게 아니다. 내가 하고 싶은 말은 나이 듦에 대해 "사회가 오해하고 있고 개개인 역시 오해하고 있다"라는 로라 카스텐슨의 말이 옳다는 것이다.

미국처럼 부유한 현대 국가에서 나이 드는 것은 과거에 또는 가난한 국가에서 나이 드는 것과 다르다. 미국은 내가 태어난 1960년부터만 쳐도 신생아의 평균 수명이 70세 미만에서 약 80세로 10년 정도 늘었다. 눈부신 발전이다. 세계적으로 보면 평균 수명의 증가 폭은 더욱 괄목할 만하다. 50대 초반에서 70대 초반으로 약 20년이 늘어났다. 많은 사람에게 이것은 마치 누군가가 우리 수명을 60세에서 싹둑 썰어서 건강하고 긍정적인 세월을 15년쯤 더 붙여 놓은 것과 같다.

하지만 직장, 퇴직 연금, 물리적 환경은 여전히 우리가 건강하고 행복하게 사는 날이 60대 초반에 끝나는 것처럼 만들어져 있다. 요즘은 웬만한 사람은 60대 이후로도 장기간 생산적인 세월을 기대할 수 있는데, 60대가 정년이다. 노화로 일을 못 하게 됐을 때 지급되도록 만들어진 공적 연금은 실제로 그런 날이 오기 10여 년 전부터 지급된다. 그런 와중에 대중문화에서는 청춘은 기운 넘치고 행복한 시기로 인생의 절정이고, 중년에는 "위기"가 발발하고, 노년에는 심신 기능이 저하된다고 말한다. 하지만 현실에서 청춘은 마음이 양극단의 감정을 오가며 고생하는 시기고, 중년은 고단하지만 건설적인 적응의 시기며, 노년은 대체로 가장 행복한 시기다.

카스텐슨은 지금과 달리 나이 듦에 대한 전망이 이러한 현실에 부합하는 세상을 상상하곤 한다. "지금은 사람이 나이가 들면 사회적으로 이런 메시지를 받는 것 같아요. '저리 가, 젊은 사람들한테 자리를 내줘. 당신은 무능력자야. 우리가 챙겨 줄게. 근데 잘 챙겨 주진 못할 거야. 우린 그만한 돈이 없거든. 그러니까 우리가 쓸 자원을 다 써 버리지 마. 저리 가라고." 그녀는 만일 우리가 행복과 나이의 궤적을 똑바로 안다면 성인기 후반을 짐이 아니라 선물로 여길 것이라고 믿는다. 목표를 이루고 사랑하는 이들과 어울리고 꿈을 좇을 시간이 아무 조건 없이, 전례 없이 많이 주어지는 시기.

그래서 나는 이처럼 나이 듦의 실체와 동떨어진 통념이 뒤집히면 문화적 이야기가 어떻게 바뀔지 카스텐슨에게 물었다. 그녀는 우선 사회 차원에서는 노인들의 참여를 독려해 그들의 재능을 활용하기 위한 움직임이 크게 늘어나 노인들이 부채가 아닌 자산으로 여겨지고 다시 사회생활의 중심으로 복귀하게 될 것이라고 대답했다. 그리고 개인 차원에서는 우리가 젊은이들에게 그들 인생의 궤적에 대해 다른 이야기를 하게 될 것이라고 했다. "너희가 나이 들수록 신체 문제는 많아지겠지만 대신 지식도 많아질 거야. 그리고 자신에게 가장 중요한 걸 챙기고 남들이 아니라 자신이 중요하게 여기는 목표를 추구할 자유가 생긴 걸 느낄 수 있을 거야."

이런 미래를 전망하면 카스텐슨은 흐뭇해진다. "그렇게 되면 사람들이 빨리 나이 들고 싶어 할지도 모르죠!"

더 나아질 수 있다는 기대

자, 우리가 아는 것을 정리하자면 이렇다. 중년에는 시간과 나이가 행복에 저항하지만 이후로는 태세를 전환한다. 시간과 나이가 우리의 우선순위를 재조정하고 우리의 가치관을 재정립하는 것이다. 물론 시간과 나이는 인생의 어떤 단계에서도 우리를 이 희한한 계획에 대비시키긴커녕 계획 자체에 대해 절대 알려 주지 않는다.

왜 그럴까? 이것에 관해서는 다음 장에서 더 자세히 이야기하고자 한다. 여기서는 시간과 나이가 쓰는 수법이 우리 안에 깊숙이 뿌리 내린 것처럼 보인다고만 말하겠다. 나이를 먹으면서 우선순위가 바뀌는 종이 인간만은 아닌 것 같기 때문이다.

2016년 독일영장류연구센터German Primate Center의 율리아 피셔Julia Fischer와 취리히대학교 심리학자 알렉산드라 M. 프로인트Alexandra M. Freund가 피셔의 동료 3명과 공동으로 바바리마카크Barbary macaque(긴꼬리원숭이과에 속하는 영장류 옮긴이) 개체군을 연구한 결과를 논문으로 발표했다. 이 논문에 따르면 바바리마카크들도 노년에 사회적 상호 작용에 깊은 관심을 보이지만(그리고 젊은 원숭이들은 계속 나이 든 원숭이들과 함께 있으려고 하지만) 상호 작용을 하는 대상의 수는 줄어든다는 사실이 밝혀졌다. 다시 말해 바바리마카크 또한 나이 들면 친구를 가리고 핵심적인 관계에 더 집중하는 듯한 양상을 보였다. 인간이 노년에 보이는 사회적 선택성과 동일한 특성이 나타나는 것이다.[15]

연구가 이제 걸음마 단계라 아직 신뢰성이 부족하지만 이들이 내놓은 결과는 대형 유인원이 U자 행복 곡선을 경험한다는 연구 결과와 일맥상통한다. 또 나이가 들면 가치관이 바뀌는 현상이 우리 안에 생물학적으로 내재되어 있음을 암시한다. 하지만 여기서 인간 특유의 심리와 자의식을 간과해서는 안 되는데, 이 점은 시간의 지평을 바꾸자 노인과 청년의 우선순위가 서로 뒤바뀌었던 카스텐슨의 실험에서 잘 드러난다.

행복 곡선처럼 나이 듦의 역설은 생물학과 심리학, 인간의 본성과 문화, 절대적 시간과 상대적 나이 듦이 서로 맞물려 발생하는 현상이다. 이 요인들이 어떤 복잡한 춤을 추는지, 그리고 각 쌍에서 어느 쪽이 춤을 주도하는지는 아직 밝혀지지 않았다. 그렇다고 시간이 그저 각종 행위가 펼쳐지기만 하는 중립적인 무대나 각종 사건이 기록되기만 하는 빈 서판인 건 아니다. 나이 듦은 그저 생일의 연속이나 육체적 쇠락의 내리막길이 아니며, 또한 우리가 다소 뻔하게 예측하는 상황과 환경을 통과하는 과정도 아니다.

시간과 나이는 서로 독립된 행위자로서 독자적 궤적을 그리는 동시에, 함께 춤을 추는 파트너로서 우리의 인생과 정신의 한복판에 또 언저리에 이런저런 패턴을 만든다. 그리고 우리는 그 패턴들을 직접 경험하고 있으면서 그것들을 이해하지 못하거나 똑똑히 보지 못하곤 한다.

20대의 로라 카스텐슨은 이혼하고 혼자 아이를 키우면서 대학원에 다녔다. 그때는 당장 다음 심사를 통과할 수 있을지, 일자리는 구할 수 있을지가 고민이었다. 하지만 대학원을 나온 후 인디애나대학교에 부임했고 다시 3년 만에 스탠퍼드대학교로 적을 옮겼다. 그렇게 전도유망한 학자의 길을 걸으며 30대에 정교수직을 향해 나아가던 중 자신의 연구가 심리학과 무관하다는 지적을 받았다. 물론 이후에 그녀는 정교수가 됐다. 하지만 성공이 불러온 것은 안도가 아니라 더 큰 불안이었다.

"내 인생에서는 40대가 최악이었어요. 그 시절을 되도록 생각 안 하려고 해요. 그땐 모든 게 언제든 무너질 수 있을 것 같았어요. 내가 실력이 있다는 건 알았어요. 책도 내고 연구비도 받고 했으니까요. 학계에서 여러모로 인정받고 있기도 했고요. 그런데 그 정도로는 왠지 부족한 것 같은 기예요. 내가 도달해야 할 곳이 너무 높이 있고 잃을 수 있는 게 너무 많은 것처럼 느껴졌어요. 자꾸만 뭔가를 증명해야 한다는 압박감을 느꼈고요. 사람들이 자꾸만 나를 주시하면서 내가 진짜 실력이 있는지 확인하는 것 같은 기분이었어요."

그러다 50대에 만족도 곡선이 반등을 시작했다. "사람이 50대가 되면 안개를 헤치고 나오게 되는 것 같아요." 우리가 대화를 나누었을 때 63세인 그녀는 어느 때보다 행복해했다.

내가 물었다. "지금도 평가를 받아야 하고, 연구비 심사를 받아야 하고, 날카로운 비평가와 경쟁심 강한 동료 학자들을 상대해야 하는 건 같지 않나요? 여전히 그런 것 때문에 스트레스를 받진 않으세요?" 카스텐슨은 딱 두 단어로 대답했다.

"그러거나 말거나요."

이 말은 타인의 의견과 필요를 무시한다는 뜻이 아니다(그런 것과 거리가 멀다). 이제는 하루하루를 자신의 성취에 대한 혹독한 국민 투표로 여기지 않는다는 의미였다. "이만큼 살았더니 비판을 머리로만 받아들이지 젊었을 때처럼 상처받진 않아요." 그리고 이렇게 덧붙였다. "내가 굉장한 특권을 누리고 있는 것 같아요. 이제는 그걸 분명히 '느낄' 수 있어요. 예전에는 못 느끼던 거죠."

"그럼 인생이 정점을 찍은 건가요?"

"지금이 정점이 아닌가 싶어요. 나이 먹는 거 신경 안 써요. '몸'이 나이 먹는 건 물론 신경 쓰이긴 해요. 근데 뭐 심각하진 않아요."

"정서적인 차원에서 인생이 더 나아질 거라고는 기대하지 않으세요?"

"정서적인 차원에서 내 인생이 여기서 또 어떻게 더 나아질 수 있을까 싶은데요."

이 문제에서만큼은 그녀의 생각이 틀렸을 수 있다.

6장

지혜의 길

행복 곡선에는 목적이 있다

중년의 전환기는
공동체라는 방향성을 가진다

2015년 초에 세계 최고이자 최대의 블로거가 웹사이트를 폐쇄하고 떠났다. 그의 나이 51세였다.

앤드루 설리번Andrew Sullivan은 37세에 〈오늘의 요리The Daily Dish〉라는 블로그를 개설했다. 당시만 해도 블로그는 아직 새로운 형태의 매체였다. 물론 블로그에서 신문이나 방송 보도를 인용, 링크하고 사건을 덧붙이는 형태로, 그리고 가끔은 직접 취재한 내용을 보도하면서(대부분의 경우에는 정말 '가끔' 있는 일이었다) 자기 나름의 온라인 신문이나 잡지를 만드는 사람들이 이미 존재하긴 했다. 저명한 언론인 중에 블로그에 뛰어든 이들도 있었다. 하지만 설리번은 블로그를 새로운 차원으로 발전시켰다.

그는 옥스퍼드대학교를 졸업하고 하버드대학교에서 박사 학위를 취득한 후 언론계에 투신해 서른이 되기 전에 워싱턴 정계에서 가장 유력한 매체인 《뉴리퍼블릭The New Republic》의 편집장에 오른 인물이었다. 워싱턴에서 난다 긴다 하는 신예들의 기준에서도 설리번은 스타였다. 그런 그가 블로그에 혹한 것은 거기서 자신을, 그리고 자신의 직업을 일신할 기회를 봤기 때문이었다. 그가 보기에 블로그에서는 누구의 간섭도 받지 않고 오롯이 자신의 목소리로 글을 쓰면서 독자들과 직접 소통할 수 있었고, 이를 통해 단순히 구독자를 모으는 차원을 넘어 공동체를 형성하는 것이 가능할 것 같았다. 그렇게 되면 이 신생 매체의 잠재력을 활용하고 발전시키는 일이 무궁무진할 것 같았다.

그의 시도는 성공적이었다. 〈오늘의 요리〉는 미국을 넘어 세계인의 필독 매체가 됐다. 이 블로그는 전통 언론이 적자의 늪에서 허우적댈 때 흑자 행진을 하며 새로운 비즈니스 모델을 개척했다. 열렬한 추종자들도 형성했다. 그런데 설리번은 돌연 블로그를 중단했다.

몇 달 후 그에게 왜 그만두었는지 물어봤다. 그는 사업을 운영하는 것이, 쉴 새 없이 글을 쓰고 편집하고 메일을 교환하는 것이 정신과 육체에 가하는 부담을 언급했다. "얼마나 많은 사람과 연락해야 하는지 몰라요. 엄청난 양의 데이터를 처리해야 하고요." 그리고 사생활과 관련된 요인들을 언급했다. 요컨대 성공한 사람들이 중년에 번아웃을 경험하게 만드는 스트레스를 예로 들었다.

하지만 설리번은 그냥 지치기만 한 것이 아니었다. 강물의 흐름 또한 바뀌어 있었다. 가치관이 바뀌자 블로그 운영이 가치관에 위배됐다. "난 가상 현실에 매몰돼 실제 현실을, 소중한 친구들을, 사랑하는 가족을 등한시하고 있었어요."

나는 그가 누렸던 영향력과 스포트라이트를 포기하는 것에 관해 물었다. 성공의 정점에서 일을 접는 건 그의 말마따나 "미국인들이 잘 하지 않는 짓"이었기 때문이다. 그는 로라 카스텐슨이 들었으면 별로 놀라지 않았을 말로 대답했다. "40대가 되니까 야심이 감쇠하는 게 느껴졌어요." 무슨 뜻일까? "그동안 품고 있던 세속적인 야심이 점점 내가 진짜 살고 싶은 삶을 못 살게 방해하는 걸림돌로 여겨졌단 뜻이죠."

나는 그를 더 물고 늘어졌다. 만약에 사람들이 "앤드루 설리번 요즘 뭐 한대?"라고 말한다면? "그러라고 하죠, 뭐. 내가 야심, 허영, 자존심을 다 버렸다고 말하긴 어려워요. 하지만 20대 중반 때와는 비교가 안 될 만큼 약해지긴 했죠."

앞으로 무엇을 할 계획인지 물어봤다. "글쎄요. 모르긴 몰라도 번쩍거리는 상을 쫓아다니진 않을 것 같아요. 그래서 행복할 것 같고요."

나는 설리번이 스물여덟 살일 때 처음 만났다. 그러니까 그가 〈오늘의 요리〉를 접었을 때는 서로 알고 지낸 지 20년이 훌쩍 넘은 시점이었다. 그의 말은 사실이었다. 그는 여태껏 본 적 없을 만큼 행복해했다.

1965년에 중년의 위기라는 개념을 처음으로 제시한 엘리엇 자크는 중년이 위험한 때인 동시에 기회의 때라고 봤다. "중년은 기본적으로 연옥의 시기, 고뇌와 우울의 시기다." 하지만 중년은 거기에 상응하는 보상을 가져다주기도 한다. "삶의 지속성이 더 강하게 느껴질 수 있다. 그러면 의식, 이해, 자아실현이 강화된다. 그리고 지혜, 강한 의지와 용기, 더 깊은 사랑과 돌봄과 통찰력, 희망과 즐거움이라는 진정한 미덕이 함양될 수 있다." 그는 중년의 위기를 "몇 년간 지속되는 전환기"라고 설명했다.

이 책을 준비하면서 나는 자크가 몇 가지 중요한 점을 착각했다고(대체로 극적이지 않고 점진적인 현상에 '위기'라는 용어를 쓴 것부터 시작해) 생각하게 됐다. 하지만 중년이 전환기라는 그의 생각에는 동의한다.

내가 사람들에게 중년의 전환과 이후의 삶에 대해 물었을 때,

앤드루 설리번이 말한 것처럼 가치관의 중심축이 야심에서 유대로 바뀌었다는 소회를 들은 적이 한두 번이 아니다. 그래서 이런 정서와 주제가 중년에 쓰디쓴 현실주의 수업을 받는 것 또는 뇌에서 무작위로 일어나는 일련의 변화를 겪는 것 이상의 무언가와 연결되어 있다는 생각에 이르렀다.

이 전환기에는 방향성이 있다. 목적이라는 거창한 말을 써도 좋겠다. 앞 장에서 본 대로 행복 곡선의 오르막에는 '정서' 차원에서 긍정성으로 향하는 방향성이 있다. 거기에 더해 '사회' 차원에서는 공동체로 향하는 방향성이 존재한다. 다시 말해 우리가 거의 체감하진 못해도 이것은 '사회적' 이야기다.

목적이 이끄는 삶
: 자기중심성에서 타인지향성으로

내가 본 가장 극적인 사례는 폴이 아닐까 싶다. 그는 내가 얼마 전 강연을 하러 갔던 뉴잉글랜드의 대학교에서 만난 50세 교수다. 처음에는 그와 그렇게 속 깊은 이야기까지 하게 될 줄 몰랐다. 어디까지나 업무상 방문이었고 그는 그냥 악수하고 돌아서면 잊어버릴 친절한 사람, 평범한 사람으로 보였기 때문이다. 하지만 그가 오랫동안 거의 집착에 가까운 열정으로 암벽 등반을 했고 다리가 하나씩 박살 나는 사고를 겪었다는 말을 듣자 귀가 솔깃했다. 한쪽 다리가 박살 났는데 또 나가서 다른 쪽 다리를 마저 박살 낸 사람을 만나 볼 기회는 흔치 않다. 그래서 그의 인생에 대해 이것 저것 묻기 시작했다. 그는 내가 믿을 만한 사람이라고 생각하고 허심탄회한 이야기를 들려주었다. 가히 행복 곡선의 전환이 타인을 보는 시각을 어떻게 바꿔 놓을 수 있는지 증명하는 사례 연구라 할 만했다.

성인기의 첫 20년은 익숙한 이야기였다. 20대 때 폴은 고속으로 전진했다. 그는 자신의 20대를 표현하는 말로 "치열" "야심" "불멸"을 꼽았다. "스물넷에 고등학교 때부터 사귄 여자친구와 결혼했어요. 그때는 인생이 장대한 모험이라고 생각했죠. 아웃도어 스포츠에 심취했어요. 암벽 등반을 시작한 건 단순히 여가 차원이 아니었어요. 내가 이기나 네가 이기나 어디 한번 해 보자는 심산이었죠."

30대에는 한동안 이 일 저 일 전전하며 고생하다가 교수직으로 이어지는 학자의 삶을 등반하기 시작했다. "정말 치열하게 살았습니다. 한시도 가만히 앉아 있질 않고 무슨 일이든 열과 성을 다 바쳤어요." 그는 암벽 등반 역시 그렇게 전투적으로 임했다. 과연 가능할까 싶은 루트만 고집하며 끝내 정복할 때까지 쉴 새 없이 도전했고 그러고 나면 또 새로운 정복에 나섰다. 폴은 완벽한 등반가, 완벽한 교수, 완벽한 남편, 완벽한 아버지, 완벽한 축구 감독이 되려고 부단히 노력했다. 모든 사람이 그를 성공자요 승리자로 봤다. 그러나 그렇게 사회의 험준한 암벽을 정복해 나갔지만 40대 초반에 그는 뭔가가 잘못됐음을 알았다.

"괴상한 증상이 나타나기 시작한 겁니다. 사람들이 나에 대해 하는 말에 강박적으로 집착하게 됐어요. 내 마음의 중심, 내 정체성의 근간에 대한 의구심이 들었고요. 내가 왜 이러나 싶었죠. 이제 정교수가 됐는데. 예쁜 아내와 사랑스러운 자식들이 있는데. 그런데 캄캄한 어둠 속에 있는 느낌이라니요."

그 밑도 끝도 없는 불안감을 가라앉히려고 한 학기 휴가를 내고 상담을 받았으나 추락은 계속됐다. "원래 뭐가 왜 그런지 모르면 그게 걷잡을 수 없이 커지잖습니까. 다른 사람들이 나를 곱게 보지 않을까 봐 전전긍긍했어요. 내가 나를 곱게 보지 않았죠. 가족들과 저녁을 먹고 있으면 다시 일하러 가고 싶기만 하고 아빠 노릇, 남편 구실을 못 했어요. 같이 앉아 있으면 막 정신적으로 무너져 내릴 것 같은 거예요. 그래서 방으로 올라가면 이번에는 또 벽들이 와르르 무너지는 느낌이 들었어요.

아주 끔찍한 시절이었죠. 그때 큰애가 6학년인가 중학교 1학년쯤 됐을 거예요. 아빠가 그렇게 힘들어하는 모습이 걔 인생에 막대한 영향을 끼쳤죠. 아빠가 멀쩡히 잘 살고 있는 줄만 알았으니까요. 친구들도 다 그렇게 생각했죠. 그런데 내가 정신을 추스르기 위해 휴가를 내야 한다니까 다들 믿질 못했죠. 그때 느꼈던 깊은 고독감이 아직 생생히 기억납니다. 어떤 존재론적 공포마저 느꼈죠. 나락에 떨어지기 일보 직전인 것 같았거든요."

불안이 문제였을까? 아니면 우울증? 폴은 둘 다 조금씩 있었다고 말했다. 하지만 정신의학 용어로는 똑똑히 설명되는 게 아무것도 없었다. "내가 날 좋아하지 않아서 그렇게 됐던 것 같아요. 나 자신을 믿지 않았어요. 내가 좋은 사람이라고 생각하지 않았죠. 난 대단히 의욕이 넘치는 성격인데, 그런 사람이 남들 눈에 비친 나를 너무 의식하게 된 겁니다." 당시 그는 유일하게 한 학생에게 받은 낮은 강의 평가 점수가 자신이 실패했다는 확실한 증거라고 생각했다.

폴은 정신의학의 도움을 받아 악전고투 끝에 원래로 돌아왔다. 그는 인생을 재개하면서 자신에게 더 관대해지려고 노력했다. 일상이 회복됐다. 그런데 위기를 겪는 동안 물밑에서는 더 큰 변화가 준비되어 있었다. 바로 가치관의 변화였다. "예전에는 엄청난 자기중심주의가 나를 움직이는 힘이었습니다. 그런데 이제는 내 목표만 생각하며 달리는 삶에서 멀어지고 있어요."

폴의 연구 분야 중 하나는 아메리카 원주민 문학이다. 한번은 졸업한 제자가 그에게 이런 제안을 했다. 학생들을 데리고 사우스다코타주의 원주민 보호 지역을 방문해 봉사 겸 공부를 할 기회를 주면 어떻겠냐고. 그래서 일주일간 그곳에 다녀왔다. "도착하는 순간부터 떠나는 순간까지 내가 하는 모든 행동이 과거에 했던 어떤 일보다 큰 목적과 의미가 있는 것처럼 느껴졌어요. 진부한 표현이죠, 상투적이에요. 하지만 난 지금 집을 수리하면서 큰못을 박고 있는 중이에요. 그리고 그 못이 바로 '목적'이라고 생각합니다."

그는 사우스다코타주에서 질문을 안고 돌아왔다. 이 목적의식을 계속 유지할 수 있을까? 일상의 곳곳에 목적의식이 배게 할 수 있을까?

그는 자신이 뭔가에 빠지면 과하게 생각하고 행동하는 경향이 있음을 알기에 조심스러웠다. "한 걸음 물러나서 생각해 봤어요. '내가 지금 너무 낭만적으로 생각하고 있는 건 아닐까? 지금은 뜨겁지만 결국엔 식어 버리지 않을까?' 문득 지난 47년의 세월이 수치스럽게 느껴졌습니다. 내가 따뜻하고 다정한 선생이긴 했어요. 암벽 등반 때문에 가족이 뒷전일 때가 있긴 했어도 가족을 위해 할 수 있는 건 다 했고요. 하지만 그 일을 계기로 이제는 내가 누리는 것을 누리지 못하는 사람들을 도와야겠다는 의무감이 생겼어요. 그래야 한다는 걸 진작부터 머리로는 알았지만, 실제로 현장에 가서 사람들을 만나고 비영리단체에서 자기 인생을 바쳐 일하는 똑똑하고 유능한 사람들을 가까이서 보니 인생이 완전히 바뀐 거죠. 그때부터 사람들을, 특히 '이 사람들'을 도우면서 더 강한 목적의식을 갖고 살 방법을 생각하게 됐습니다."

요즘 폴은 연중 6주를 미국과 중앙아메리카의 원주민 보호 지역에서 보낸다. 그는 자신이 관여하는 원주민 공동체들을 위해 교육 프로그램과 구술 역사 프로젝트를 마련했고, 원주민을 지원하는 비영리단체에 운영 위원으로 참여 중이다. 여전히 암벽 등반을 하지만 1년에 몇 번이 전부다. 다리를 박살 내는 루트에는 더 이상 끌리지 않는다. "이젠 그런 게 최우선순위를 차지하고 있지 않습니다."

그의 사연을 들으면서 나는 수족Sioux 보호 지역 방문이 변화의 계기가 되긴 했겠지만 어디까지나 부수적인 사건이 아니었을까 하는 생각이 들었다. 꼭 그곳이 아니라 베트남의 고아원을 방문하거나 일주일간 저소득층 아이들을 가르쳤어도 필시 가치관이 변하는 계기가 됐을 것 같았다. 진짜 변화는 물론 폴의 내면에서 일어난 것이었다.

그래서 물었다. "본인이 어떻게 달라진 것 같습니까?"

그는 2가지가 달라졌다고 대답했다.

첫째, 마침내 자신을 더 잘 용서하고 믿을 수 있게 됐고, 그와 함께 자신의 능력에 대한 믿음이랄까 효능감이 생겼다. "사람은 자신을 너그럽게 용서하는 게 '가능'합니다. 내가 스트레스를 아예 안 받는다고 하면 거짓말이겠죠. 가끔은 아내와 함께 현관 앞 계단에 편하게 앉아서 머리를 식혀야 할 때가 있으니까요. 그래도 내 인생 만족도가 높아진 건 그런 스트레스 요인들을 잘 다스릴 수 있게 된 덕분이에요. 그런 게 인생의 전부가 아니라고 생각하게 된 거죠. 이제는 뭐든 결국엔 다 잘 될 거라고 생각해요. 애를 먹이는 일이 생겨도 내 수중에 그걸 다룰 연장들이 있다고 생각하고요."

둘째, 그의 목표가 향하는 방향이 외부로 바뀌었다(극도로 목표 지향적인 폴의 성격 자체가 변하진 않겠지만). 아마 이것이 훨씬 중요하지 않을까 싶다. 그는 심리학자들이 말하는 자기중심성egocentricity에서 벗어나 타인지향성other-directedness 쪽으로 돌아섰다. "예전에도 남들을 돕는 일을 하긴 했지만 그건 사실 내가 세운 목표가 그런 거라서 한 것뿐이었어요. 그런데 보호 지역에서 겸손해졌죠. 물론 그런 데서 일하려면 자기가 뭔가를 이룰 수 있을 거라고, 자기중심적으로 생각하는 게 필요하긴 합니다. 하지만 겸손하게 사람들의 말을 경청하고 그들의 생각과 심정을 이해하려는 노력 역시 필요하죠." 자신의 변화를 설명하면서 그는 내가 잊을 수 없을 만큼 절묘한 표현을 썼다.

"타인의 자아에 대한 인식이 깊어진 것 같아요."

폴은 인생 만족도가 높다. 나의 캔트릴 사다리 질문을 받고 그는 현재에 9점을 주었는데, 이는 20대에 7점, 30대에 6점, 40대 중 상당 기간에 5점을 준 것보다 높은 점수였다. 50세인 지금 그는 '시간'의 지평은 좁아졌지만 '관계'의 지평은 넓어진 세상을 살고 있다. 자신이 흔히 생각하는 차원의 야심, 인생 목표 목록에서 항목을 하나씩 지워 나가는 식의 야심은 줄었지만 역량은 더 향상됐다고 느낀다.

"난 50대를 낙관적으로 봅니다. 지금처럼 다방면에서 축적된 지혜를 발휘해 잘 산다면, 앞으로 30년을 더 살든 1년을 더 살든 간에, 이 땅을 떠날 때 애들이 아버지는 무엇 무엇 무엇을 '이루었기' 때문이 아니라 무엇 무엇 무엇에 '관심'을 기울였기 때문에 잘 살다 갔다고 할 수 있을 거예요."

모든 길은 지혜로 통한다

폴의 이야기는 혼란 속의 붕괴, 조심스러운 회복, 인생의 변화로 이어지는 한 편의 드라마요, 갑작스럽고 획기적으로 가치관이 변한 이야기다. 하지만 보통 이런 변화는 훨씬 점진적이고 은근하게 일어난다.

예를 들면 54세의 사업가 데이비드가 더 전형적인 유형이다. 데이비드는 창업 후 10년을 죽기 살기로 매달리며 고생한 끝에 이제야 비로소 회사가 빛을 보기 시작했다. 20대의 그는 아무 생각 없이 좌충우돌하며 되는 대로 살았다. 30대에는 좋은 직장에 들어가서 명성을 얻었다. 그리고 40대에 성공의 정점에서 모든 것을 걸고 꿈을 좇아 창업을 했지만 경제적으로나 정서적으로나 심대한 타격을 입었다. 매일같이 쏟아지는 문제들과 전쟁을 치렀다. 첩첩산중에서 길을 잃은 기분이었다. 그 와중에 부부 관계에 금이 갔다. 상담은 받았지만 주변에는 아무 말 하지 않았다. "내가 축 처져 있으면 옆에 있는 사람들도 처지잖습니까. 그래서 아무 일 없는 척해야 했죠."

쉰 살이 됐을 때 사업이 안정 궤도에 올랐다. 50대 중반에 나와 대화를 나누었을 때는 사업이 완전히 자리를 잡았고 재혼으로 가정생활 역시 순탄했다. 그뿐 아니라 자신이 바뀐 느낌이 들었다. "사기꾼 증후군impostor syndrome(가면 증후군)이 없어진 것 같아요. 드디어 없어진 거죠. 내 능력에 대한 자신감이 더 커졌어요." 그는 성인이 되고 처음으로 인생에 대한 만족도가 높았다. 다만 기분은 여전히 들쭉날쭉하다고 했다(기억하겠지만 인생 만족도는 하루하루의 감정 상태와 동일하지 않다).

내가 물었다. "혹시 가치관이 바뀌었나요?" 물론! "다른 사람들이 뭔가를 잘할 수 있도록 도와주는 게 참 즐겁습니다." 데이비드는 사람들을 가르치고 있었다. 멘토링을 많이 했다. "멋진 아이디어가 실현되도록 돕는 게 좋아요. 거기에 내 이름이 들어가고 말고는 상관없어요." 성취해야 할 것 목록에 대한 집착은 줄었다. 우리가 대화했을 때 그는 이제 막 캘리포니아 여행에서 돌아온 참이었다. 거기서 실리콘 밸리 사람들과 잡아 놓았던 약속을 모두 취소하고 오랜만에 중학교 친구를 만났다면서 자기 스스로 그런 결정에 조금 놀랐다고 했다. 왠지 친구와 재회가 더 중요하게 느껴졌다고 한다.

요컨대 데이비드는 40대에 직업적 전환기는 물론이고 개인적 전환기를 통과했다. 하지만 폴과 같은 드라마는 없었다. 중년의 전환기는 대부분 이렇게 비교적 조용히 지나간다. 하지만 그럴 때도 개인의 발달에 심대한 영향을 미치기는 마찬가지다.

크리스틴이 그랬다. 그녀는 중년에 잇따른 난관에 봉착했다. 어머니의 죽음으로 큰 충격을 받았고, 연속된 실직으로 몇 번이나 다시 구직을 해야 했다. 그러다 보니 온 식구의 건강보험과 그간 모아 놓은 돈을 모두 날려 버리기 직전까지 갔다. 이 일 저 일을 전전하다 보니 남들은 30~40대에 많이 느끼는, 전문가로서 탄탄한 입지를 다졌다는 느낌을 50대에도 느낄 수 없었다. 하지만 두 자녀와 남편을 부양해야 하는 처지에 어떻게든 버텨내는 것밖에는 도리가 없었다.

그런데 이런 스트레스에도 불구하고 그녀는 53세에 인생 만족도가 어느 때보다 높다고 했다. 무엇이 변했기에 안녕감이 향상 됐는지 묻자 내면의 변화를 언급했다. 그녀는 자신의 능력에 대한 믿음이 생겼다. "인생을 잘 살 수 있을 것 같아요. 내 약점이 뭐고 강점이 뭔지 아니까 강점을 발휘하는 방향으로 인생을 꾸려 나갈 수 있어요." 그리고 또 이렇게 말했다. "이제는 내가 세상을 구원 해야 한다는 사명감 같은 건 안 느껴요."

좀 더 물어보니 그녀는 이제 '온' 세상을 구원해야 한다는 사명 감은 느끼지 않았다. 과거에 크리스틴은 자신이 세상의 문제 해결 에 이바지하는 중대한 사명을 맡고 있다고 생각했다. 20대에 평화 운동에 합류해 핵전쟁을 종식시킬 계획을 세운 그녀였다.

그럼 이제는 그녀의 이상이 무너진 걸까? 천만에. "내가 세상 을 구원할 수는 없어요. 하지만 세상의 한구석을 구원할 수는 있 죠." 그녀는 이제 야생조류구조센터에서 열심히 봉사하고 있었다. "맹금류를 회복시켜서 다시 야생으로 돌려보내면 집중적으로, 구 체적으로 세상에 영향을 미치는 거죠." 그녀의 야심과 이상은 그 대로고, 발휘하는 범위만 자신의 영향권 안으로 좁아졌을 뿐이다. 이제 그녀는 추상적이고 광범위한 사안이 아니라 구체적이고 국 소적인 사안에 더 많은 시간과 노력을 들인다.

정리하자면 이렇다. 간혹 폴처럼 행복 곡선의 밑바닥에서 실 존적 위기와 내면의 드라마를 경험하는 사람이 있긴 하다. 그렇지만 그와 달리 중년의 전환기가 심심하고 은근하게 점진적으로 진행되는 사람이 더 많다. 그래서 보통은 본인조차 그런 변화를 뚜렷이 인식하지 못한다. 하지만 극적인 길이든 점진적인 길이든 간에 방향성은 동일하다.

이 길은 타인을, 그리고 지혜를 향한다.

지혜의 과학의 탄생

앤드루 오즈월드에게 행복 곡선에 관해 물었을 때 그는 데이터에 대해, 그리고 거기서 얻을 수 있는 많은 시사점에 대해 열변을 토했다. 하지만 실증주의자인 만큼 이론적 설명에는 말을 아꼈다. 대신 흥미로운 연구를 하는 사람이 있으니 한번 연락해 보라고 했다. 그 주인공은 특이한 정신의학자 딜립 제스트였다.

2014년에 우리가 처음 만났을 때 제스트는 69세였다. 그는 어린 시절에 인도에서 자란 영향으로 마치 노래하는 듯한 마라티어 억양이 남아 있었다. 겸손한 인상에 작고 호리호리한 체격이었다. 샌디에이고에서 여름에 만났는데 헐렁한 파란색 재킷 안에 스웨터를 받쳐 입은 그는 항상 추위를 탄다고 했다. 옷차림과 체형은 나이대다웠지만 몸놀림과 걸음걸이는 훨씬 젊게 느껴졌다. 연구실에서 나와 멀찍이 떨어진 그의 실험실로 가는 동안 걷는 속도를 따라가기 힘들 정도였다. 그의 정신 또한 그만큼 날렵하게 움직인다. 그럴 수밖에 없는 것이 그의 정신은 평행한 두 세계에서 살고 있기 때문이다.

제스트는 1944년 뭄바이 근처 소도시에서 변호사 가정의 다섯 자녀 중 하나로 태어났다. 중학교 1학년 때 영어를 배우기 위해 푸네로 이주한 그는 미국영사관 내 도서관을 발견하고 닥치는 대로 책을 읽었다. 그중 한 권이 지그문트 프로이트가 쓴《꿈의 해석》이었다. "그 책은 애거서 크리스티의 추리 소설과 비슷했어요. 살인이 아니라 꿈으로 시작하는 것만 달랐죠."

소년 제스트는 정신의 수수께끼를 푸는 것을 일생의 업으로 삼겠다고 생각했다. 정신의학으로 진로를 정하고 인도에서 의학 교육을 받은 후 미국으로 건너와 코넬대학교, 미국국립보건원 National Institutes of Health, 조지워싱턴대학교라는 명문 기관에서 학업을 이어 갔다. 그리고 1980년대 중반에 캘리포니아대학교 샌디에이고캠퍼스로 적을 옮겼다. 이 글을 쓰는 지금 그는 이 학교에서 샘 앤드 로즈 스타인 노화연구소Sam and Rose Stein Institute for Research on Aging 소장, 정신의학 및 신경과학 석좌 교수 등 아주 긴 직함을 달고 재직 중이다. 연구실 한쪽 벽면을 명판, 자격증, 상패가 가득 메우고 있었다. 여기서 알 수 있다시피 그는 가히 미국 정신의학계의 대들보라고 할 만한 학자가 됐다. 2012년 제스트는 미국정신의학회American Psychiatric Association 회장으로서(아시아계 미국인으로는 최초였다) 1990년대 중반 이후 처음으로 정신의학 진단 편람을 대대적으로 개정하는 작업을 진두지휘했다.

제스트의 주전공은 노인정신의학이고 그중에서 특히 성공적 나이 듦을 연구한다. 앞 장에서 언급했다시피 노년에 몸은 약해지는데 주관적 안녕은 커지는 경향이 그의 연구에서 발견됐다. 제스트는 또 뇌 연구자여서 실험 참가자들을 윙윙대는 MRI 장치에 집어넣고 정신의 회로가 점화되는 양상을 관찰하는 데 많은 시간(그리고 돈)을 쓴다. 내가 찾아간 날에는 노인의 뇌에서 연민을 처리하는 과정을 더 자세히 알아보기 위한 실험이 한창이었다.

내가 이렇게 제스트의 과학자로서 이력을 구구절절 읊는 건 한편으로 그에게 주류 정신의학계를 근본적으로 흔드는 전혀 다른 면이 존재하기 때문이다. 그는 긍정심리학과 의학을 접목한, 스스로 "긍정정신의학positive psychiatry"이라 부르는 학문의 전도사다.

이것은 새로운 사상이다. 정신의학자들은 기본적으로 의료인이기 때문에 정신 질환의 치료에 주력한다. 환자의 우울증이나 불안증이 완화됐다면 할 일을 다한 것이다. 제스트의 표현을 빌리자면 환자를 -5점에서 0점으로 끌어올리면 끝이다. 하지만 그는 정신의학이 그 이상을 할 수 있고 또 해야만 한다고 생각한다. 그는 정신의학이 멀쩡한 사람의 행복과 정신적 회복력을 증진해야 한다고, 즉 0점인 사람을 5점으로 끌어올려 안녕을 증진하고 정신의 학적 문제를 예방해야 한다고 주장한다.

긍정정신의학은 아직 정신의학계에서 큰 관심을 못 받고 있다. 그 이유 중 하나는 질환의 치료가 아닌 행복의 증진은 의학 교육 과정에 포함되어 있지 않기 때문이다. 하지만 제스트는 다른 교육 과정을 밟았다. 그는 인도에서 태어나 세계 최고의 반열에 드는 지혜 전통 속에서 자랐고, 특히 《바가바드 기타Bhagavad Gita》의 가르침에 흠뻑 젖었다. "인도에서 나고 자라는 사람들에게 《바가바드 기타》를 읽는 건 당연한 문화죠. 그건 처음부터 끝까지 지혜에 관한 책이에요."

학자로서 제스트는 초기에 한 가지 의문에 부딪혔다. "왜 노인이 되면 몸은 쇠하는데 인생 만족도는 높아지는 걸까?"

우연이라고 보기에는 그 경향성이 매우 강했다. "노인들에게서 관찰되는 인생 만족도가 혹시 나이 들면서 육체는 불편해져도 정신은 더 지혜로워지는 것과 관련이 있진 않을까 하는 생각이 들었어요. 그러니까 이런 질문을 하게 됐죠. '그럼 지혜란 뭘까?'"

제스트는 지혜의 신경과학(뇌과학)을 개척함으로써 서로 다른 길을 가는 두 전통을 결합할 수 있을 것 같다고 생각했다. 이를 위해 그가 생각한 첫 번째 단계는 엄밀한 과학적 방법으로 지혜를 정의하는 것이었다. 두 번째 단계는 지혜를 측정하는 것, 세 번째 단계는 뇌에서 어느 부위가 지혜와 가장 관련이 깊은지 파악함으로써 과연 지혜가 생리학적 요인과 맞닿아 있는지 탐구하는 것이었다. 그리고 네 번째 단계는, 혹시 가능하다면, 마침내 지혜를 함양하고 증대하는 방법을 알아내는 것이라고 봤다.

의학계의 전통주의자들은 그의 생각에 회의적이었다(지금도 마찬가지다). 제스트는 동료들에게 이런 말을 들어야 했다. "뭘 해도 좋은데 '지혜'란 말은 제발 입 밖에 꺼내지 마요. 그러면 아무도 진지하게 안 들을 테니까. 그건 현실적인 개념이 아니잖아요. 신경과학적 개념이 아니라 철학적 개념이죠." 그는 그들의 회의적 반응을 도전으로 받아들였다.

막상 연구를 시작했지만 지혜와 신경생물학을 논하는 논문은 단 한 편도 찾을 수 없었다 그래서 2010년에 직접 그런 논문들을 써냈다. 일류 학술지들에 발표된 그의 논문에는 이런 문장이 자주 나왔다. "뇌 내의 두 부위가 지혜의 영역들에 공통으로 관여하는 것으로 나타났다. 전전두피질(특히 배외측, 복내측, 전대상회)과 변연계 선조체다." 그는 이 부위가 손상되면 지능은 그대로지만 통상적으로 지혜롭지 못하다는 말을 들을 만한 행동을 할 수 있음을 알아냈다.

그런데 "지혜의 영역들"은 무엇일까? 제스트는 단독으로, 또 공동으로 고대와 현대의 문헌, 동양과 서양의 문헌, 전통과 과학의 문헌에서 지혜에 대한 지혜를 샅샅이 뒤졌다. 그래서 무엇을 알게 됐는지 묻자 그는 이렇게 대답했다. "지혜라는 개념이 시대와 지역을 넘어 놀라울 정도로 유사하게 보전되어 왔다는 거요."

현대 학자들이 내린 지혜의 정의에서는 다음과 같은 특질들이 반복해서 언급된다.

공익에 대한 관심을 반영하는 친사회적 태도와 연민, 실용적인 인생의 지식, 실용적인 지식을 응용해 개인 문제와 사회 문제를 해결하는 능력, 모호성과 불확실성을 처리하고 다양한 관점을 보는 능력, 정서적 안정성과 감정 통제력, 성찰 능력과 공평무사하게 자신을 이해하는 능력.

서양 문헌에 비하면 《바가바드 기타》에서는 욕구와 물질적 쾌락을 다스리는 능력을 많이 강조한다. 하지만 제스트는 입싯 V. 바히아Ipsit V. Vahia와 2008년 《정신의학Psychiatry》에 발표한 논문에서 이렇게 쓰고 있다. "《바가바드 기타》에서 말하는 지혜의 개념을 현대 과학 문헌과 비교하면 인생에 대한 풍부한 지식, 감정절제력, 공익에 대한 기여(연민/희생), 통찰(겸손을 중심에 둔) 등의 공통점이 발견된다."[1]

제스트는 내게 "지혜로운 사람이 어떤 사람인가에 대해서라면 전 세계적으로 동일한 관념이 암묵적으로 존재합니다"라고 말했다. 물론 문화권마다 다양한 변형이 가해지긴 한다. 하지만 시대와 문화를 초월하는 일관성이 엄연히 존재하기에 지혜라는 것이 사람과 지역에 따라 서로 다른 것을 지칭하는 무질서한 개념이 아님을 알 수 있다. 오히려 지혜는 어디서나 쉽게 인지되는 덕목이다.

제스트는 지혜의 보편성을 근거로 지혜가 호모 사피엔스에게 중요한 속성이고 최소한 부분적으로나마 본성에 내재된 것이라고 본다. "지혜라는 개념은 보편적으로 존재합니다. 그러니까 생물학적인 기초가 있다고 해야겠죠. 나는 우리 뇌가 우리의 기분을 더 좋게 만드는 방향으로, 또 노년의 어떤 특성들을 개선하는 방향으로 변화한다고 봐요." 뇌에 "지혜의 기관"이 있다고 가정하는 사람은 아무도 없다. 하지만 제스트는 지혜가 어떻게 작용하는지, 그리고 만일 그것이 우리 뇌의 회로망에 탑재되어 있다면 구체적으로 어떻게 탑재되어 있는지를 알면 많은 것을 배울 수 있으리라 믿는다.

만일 지혜에 생물학적 기초가 있다면 아마 진화적 기초 또한 존재할 것이다. 아마 지혜는 인생을 더 잘 살 수 있게 돕는 방향으로 진화했을 것이다. 하지만 왜 지혜가 가임기를 지난 여성을 포함해 노년에도 유지되며 대체로 더 원숙해지는 걸까?

생물학계에는 폐경 후 여성이 자녀와 손주의 안녕에 이바지함으로써 혈통의 미래 전망을 개선한다는 이른바 "할머니 가설

grandmother hypothesis"이 존재한다. 할머니 효과를 알면 인간 여성이 비교적 일찍 폐경기를 보낸 후 생식 능력이 없는 상태로 오랜 기간을 사는 이유를 이해하는 데 도움이 될 것이다. 인간 외에 이 현상이 존재하는 종은 들쇠고래와 범고래뿐이다. 해양생물학자들은 범고래 연구를 통해 무리 내에 폐경이 지난 어머니와 할머니 고래가 있을 때 젊은 수고래들의 생존율이 크게 향상되며, 심지어는(또는 특히) 그 수고래들이 다 자란 지 한참 지나서 새끼를 낳아 기를 때조차 그런 향상 효과가 강하게 나타난다는 사실을 알아냈다. 어쩌면 인간에게도 유사한 작용이 존재할지 모른다.

제스트는 말했다. "지혜는 나이에 상관없이 유용해요. 하지만 노년에 특히 더 중요하죠. 진화적 관점에서 보자면 젊은이들은 생식이 가능하니까 지혜롭지 않아도 괜찮습니다. 그렇지만 노인들은 다른 식으로 종의 생존에 기여할 방법을 찾아야 합니다. 그 방법이 바로 지혜의 할머니 효과죠."

정말 그럴지 모른다. 지혜의 생물학과 신경과학은 과학이라는 책에서 아직 백지에 가까운 책장이다. 현재로서는 제스트 같은 학자들이 착수한 연구를 통해 해답보다는 질문이 더 많이 나오고 있다. 하지만 그로 인해 지혜의 과학이 태동하고 있다.[2]

지혜는 계량 가능하며,
따라서 실재한다

딜립 제스트를 만나기 전에는 지혜라는 개념에 과학적인 의미가 있다는 생각을 못 했고, 당연히 지혜를 계량할 수 있다는 생각 또한 못 했다. 하지만 그런 일이 가능하다는 것을 모니카 아르델트 Monika Ardelt가 입증했다.

나는 아르델트를 만나기 위해 그녀가 사회학 교수로 있는 플로리다대학교를 찾았다. 아르델트의 연구실은 수직면이란 수직면은 모두 포스트잇, 만화, 사진, 아이들 그림으로 장식되어 있고 선반이란 선반은 한 치의 빈틈도 없이 책이 꽉꽉 들어차 있어서 어수선한 느낌이었다. 하지만 그녀의 화법은 정연하고 엄밀했다.

아르델트는 1960년 독일의 비스바덴에서 태어나 인근의 소도시에서 자랐다. 그녀가 처음으로 지혜에 매력을 느낀 건 아직 어린아이였을 때다. "내가 좋아하는 삼촌이 있었어요. 말수가 적은 분이었죠. 다른 사람들이 이러쿵저러쿵 남 얘기 할 때 머리가 하얗게 센 그 삼촌은 가만히 앉아서 빙긋 웃고만 있었어요. 그분 주변에는 긍정적인 기운이 감돌았죠. 그냥 옆에 있기만 해도 내 마음이 고요해졌어요. 같이 있는 게 좋았어요. 그게 내 호기심을 자극했어요. 다른 가족들은 달랐거든요. 삼촌은 수용과 침착의 본

보기였죠."

20대 후반에 아르델트는 미국에서 대학원 공부를 시작했다. 학위 논문 주제를 물색하던 중에 성인 발달과 성공적 나이 듦이 탐지망에 걸렸다. "지혜가 내 인생의 화두였어요. 하지만 그게 과학 연구의 주제가 될 수 있단 생각은 못 하고 있었죠." 그런데 어느 날 데이터 세트를 찾기 위해 도서관에 갔다가 코넬대학교 심리학자 로버트 스턴버그Robert Sternberg가 1990년 엮어 펴낸《지혜: 그 본질, 기원, 발달Wisdom: Its Nature, Origins, and Development》을 우연히 발견했다. "그때 내 눈을 의심했어요! 세상에, 진짜 지혜를 연구하는 사람들이 있었어!"

이를 계기로 그녀는 심리학자 비비언 클레이턴Vivian Clayton과 제임스 버런James Birren이 1980년에 발표한 선구적 논문을 알게 됐다. 그 논문에서는 지혜를 세 영역의 강점이 서로를 강화하며 형성되는 결합체로 정의했다. 그중 하나는 지식과 이성, 즉 이해와 학습의 영역인 '인지'다. 또 하나는 감정과 공감, 즉 자신과 타인에 대한 느낌의 영역인 '정서'다. 나머지 하나는 자기 이해와 냉정, 즉 우리가 자신과 타인을 어느 정도 객관적으로 보게 해 주는 덕목들의 영역인 '사유'다.

이 3영역 패러다임에서는 측정 가능한 심리학적 요소들의 집합체로서 지혜를 분석할 수 있다고 상정한다. 이것은 공교롭게도 불교에서 말하는 지혜의 개념과 흡사한데, 불교의 지혜는 제스트가 말하는 시대와 문화를 초월하는 보편적 개념의 좋은 예다. 아래는 경제학자 제프리 삭스Jeffrey Sachs가《세계 행복 보고서》2013년 판에서 요약한 불교의 지혜론이다.

> 팔정도八正道는 무상無常과 연기緣起에 대한 8가지 '올바른' 대응법을 규정한다. 이는 다시 3가지 차원으로 분류할 수 있는데, 바로 인지적 정도인 정견正見, 정사유正思惟, 윤리적 정도인 정어正語, 정업正業, 정명正命, 집중적 정도인 정정진正精進, 정념正念, 정정正定이다. 인지적 정도는 만물이 항상 변하고 비영구적이며 상호 연결되어 있는 현실을 이해하기 위한 것이다. 윤리적 정도는 거짓말이나 타인에게 유해한 생업 등 잘못된 행동으로 타인에게 해를 끼치는 일을 피하기 위한 것이다. 집중적 정도는 마음이 덧없는 쾌락에 헛되이 집착하지 않도록 훈련하기 위한 것이다.

물론 부처는 현대의 심리 검사법들을 몰랐다. 하지만 아르델트는 알았다. 그녀는 표준 심리 검사법들에서 사용되는 수백 개의 문항을 조사해 통상적으로 '지혜롭다'고 인식되는 사람과 행동을 일관성 있게 식별할 수 있는 문항을 추려 보기로 했다. 그 결과 39개 문항으로 구성된 설문지를 만들 수 있었고, 이를 동료 학자들과 함께 다시 12개 문항으로 줄인 축약판을 만들었다. 과연 주변 사람이나 인터뷰 진행자에게 비교적 지혜롭다고 인지되는 사람들("지혜자 후보군")이 아르델트의 검사에서 더 높은 점수를 받았다. 이로써 지혜를 이루는 세 영역의 상대 강도를 측정함으로써 사람들의 지혜를 비교하는 것이 가능해졌다.

그 외에 다른 학자들이 다양한 지혜 검사법들을 개발했고, 이 검사법들에서 일관된 결과가 도출됐다. 과학에서는 무엇이든 계량 가능하면 그것이 실재한다고 인정한다. 따라서 지혜는 공식적으로 실재하는 것이다!

나는 아르델트의 39문항 지혜 검사를 받았다.[3] 아르델트가 스스로에게 가혹할 만큼 솔직해야 한대서 최대한 솔직하게 답하려 노력했다. 개중에는 "나는 항상 문제의 모든 면을 보려고 한다"처럼 지혜와 연관성이 분명하게 느껴지는 질문이 있었다. 그런가 하면 "사람들이 내게 말을 할 때 차라리 그냥 떠나 주었으면 하는 경우가 종종 있다"(당연하지!)처럼 에두르는 질문도 있었다.

검사 결과 나는 "중위권"에서 비교적 높은 축에 속했다. 내가 왜 최상위권에 들지 못했는지 알 것 같다. 나는 사유의 측면에서는 점수가 높았다. 여러 관점에서 객관적으로 문제를 보는 것을 잘하기 때문이다. 하지만 공감과 연민에 대한 문항(예를 들어 "타인에게 위로가 필요할 때 위로하지 않는 경우가 많다.")에서는 점수가 그만큼 높지 않았다. 나는 본능적으로 타인에게 도움의 손길을 내밀거나 직감적으로 타인을 어떻게 도와야 하는지 아는 사람이 아니다. 공감력이 약해 지혜의 등급이 떨어진 건 내가 그만큼 부족하기 때문이다. 하지만 또 한편으로는 지혜란 것이 기본적으로 나 자신에 관한 것만은 아니기 때문이다.

그렇다면 제스트가 뇌에서 관련 부위를 찾으려고 하고 아르델트가 검사하려고 하는 이 지혜란 덕목은 도대체 무엇인가? 세부적으로 들어가면 학자들의 의견이 분분하지만 큰 틀에서는 다음과 같은 중론이 존재한다.

지혜는 패키지 상품이다

지혜는 다양한 특성을 가지고 있다. 그런데 지혜의 마법은 그런 특성들이 '통합'될 때, 그래서 서로 지지하고 증진할 때 제대로 발휘된다.

어떤 사람이 지능이 발달하거나 지식이 많지만 공감력이나 연민이 부족하다면 영리한 전문가면서 다른 한편으로는 교활한 사기꾼, 즉 지혜롭지 못한 사람일 수 있다. 또 공감은 잘하는데 사유가 부족한 사람은 인자하지만 충동적이고 실속이 없어 지혜롭지 못한 사람일 수 있다. 사유는 잘하는데 지식이 부족한 사람 역시 생각은 깊지만 세상 물정을 잘 몰라 지혜롭지 못한 사람일 수 있다. 단연코 인류 역사상 가장 지혜로운 드라마라 할 〈스타트렉〉에서 꾸준히 변주되는 주제는 최강의 지성을 자랑하는 캐릭터인 벌칸족 스팍에게 맥코이 박사의 본능적 공감력과 커크 함장의 현실적 결단력이 부족하다는 것이다. 이 세 캐릭터는 서로 떼어 놓고 보면 지혜롭다고 할 수 없다. 지혜는 이 삼두체제 내에서 발생하는(때로는 긴장감 넘치는) 상호 작용을 통해 발현된다.

이런 상호 작용을 근간으로 하는 만큼 지혜는 정적인 덕목이 아니라 '동적인' 덕목이다. 한 사람 안에서도 지혜는 상황별로 유동적이고 그날그날 유동적이다. 캐나다 워털루대학교의 젊은 사회심리학자 이고르 그로스만Igor Grossmann의 실험에서 지혜로운 판단의 편차가 '사람들' 사이에서보다 '한 사람' 내에서 더 크게 나타난다는 사실이 밝혀졌다.[4] 이것이 우리가 다양한 사람과 어울리며 여러 관점을 접해야 하는 이유 중 하나다. 어떤 상황에서든 겉으로 가장 지혜로워 보이는 사람에게서 가장 지혜로운 반응이 나온다는 보장이 없기 때문이다.

그로스만의 또 다른 실험에서는 지혜로운 사고가 어느 정도는 학습이나 유도가 가능한 것으로 나타났다.[5] 예를 들면 어떤 상황을 일인칭 시점에서 자신에게 일어난 일처럼 설명하지 않고 삼인칭 시점에서 남의 일처럼 설명하게 하면 그런 효과가 생겼다. 이런 희소식을 접하고 나는 학교에서 젊은이들에게 규격화된 시험에 합격하는 법을 가르치기보다 객관적으로 상황을 보는 법을 가르치는 데 더 많은 시간을 써야 하지 않나 하는 생각을 하게 됐다.

지혜는 지능이나
전문성이 아니다

머리가 빠릿빠릿하게 돌아가는 사람이 더 많은 인지력을 사유에 활용해 더 지혜로우리라 생각하기 쉽다. 하지만 많은 연구에서 지능 자체는 지혜와 전혀 연관성이 없다고, 적어도 연관성이 일관되게 나타나지는 않는다고 밝혀졌다.

이고르 그로스만은 2013년 4명의 학자와 공동으로 발표한 논문에서 지능과 지혜의 연관성을 찾을 수 없었다고 썼다. 오히려 집단 내 갈등 상황에서 지혜로운 판단이 필요한 경우처럼 어떤 국면에서는 인지 능력과 지혜가 서로 부정적인 관계를 보였다.[6] 다른 연구들에서도 비슷한 결론이 도출됐다.

전문성 역시 그 자체로는 지혜를 보장하지 않는다. 아르델트는 말했다. "지혜롭다는 건 뭔가를 '알고' 있다는 뜻입니다. 그러니까 지혜는 지식이죠. 하지만 지혜로운 사람이 꼭 양자물리학의 최신 이론을 알아야 하는 건 아니에요. 지혜로운 사람이 아는 건 '인생'이죠. 그중에서 특히 대인 관계에 밝아요. 타인에게 공감하는 법과 타인을 이해하는 법을 잘 알아요. 그리고 '대내' 관계에 대해서도 잘 압니다. 자기 자신을 아는 거요."

그렇다고 똑똑하거나 양자물리학을 아는 것이 지혜를 훼손한다거나, 무식하면 더 지혜롭다는 뜻은 아니다. 요컨대 더 지혜로워지고 싶다면 '지혜'를 추구해야지, 영리함이나 박식함을 추구하지 말라는 것이다. 우리는 지혜를 지능과 다른 것으로, 그보다 복잡하고 귀한 것으로 보는 아르델트와 그로스만과 〈스타트렉〉의 관점이 옳음을 알고 있다. 그런데 요즘은 왜 그렇게 많은 사람이 "그 사람 정말 똑똑해"를 최고의 칭찬으로 간주하는 걸까?

지혜는 균형 잡힌 것이다

이처럼 지혜는 여러 영역의 강점이 균형 잡혀 있는 상태다. 따라서 어떤 한 영역이 도드라지지 않고 서로를 뒷받침한다. 그리고 지혜는 다른 측면의 균형 또한 갖추고 있다.

시대와 문화를 초월해 일관성 있게 나타나는 지혜의 특성은 '감정적' 균형이다. 지혜는 결코 시종일관 차분하고 고요한 것을 의미하지 않는다. 대신에 지혜는 감정을 잘 절제하는 것, 그리하여 도발적인 상황에서 자제력을 잃지 않는 것을 의미한다(우리 아버지의 말을 빌리자면 1달러짜리 자극에 5달러짜리 반응을 하지 않는 것이다). 지혜로운 사람은 시인 러디어드 키플링Rudyard Kipling의 말처럼 "주위 사람이 모두 냉정을 잃었을 때 냉정을 유지하는" 능력이 좋다.

또 다른 종류의 균형도 지혜의 특징이다. 바로 불확실하고 모호한 상황에서 감정과 지성의 균형을 유지하는 능력이다. 이 능력을 갖추기란 쉽지 않다. 확실성과 명료성을 추구하는 것이 인간의 본성이고, 이를 위해 인간은 중요한 뉘앙스 차이를 의도적으로 무시하기까지 하기 때문이다.

《난센스: 알지 못함의 힘Nonsense: The Power of Not Knowing》(한국어판:《난센스: 불확실한 미래를 통제하는 법》, 문학동네, 2017)에서 제이미 홈스Jamie Holmes는 이렇게 쓴다. "모호함을 해결하고자 하는 충동은 우리 안에 깊이 뿌리 내려 있고 다면적이고 대체로 위험하다. 우리는 스트레스를 받을 때 심리적 압박감으로 인해 모순된 증거를 거부하거나 묵살함으로서 실제로는 존재하지 않는 확실성과 명료성을 억지로 인식하려고 한다."[7] 제스트도 불확실성과 모호성 속에서 올바른 판단을 하는 능력이 지혜의 핵심 특성 중 하나라고 설득력 있게 주장한다.

지혜는 나만의 관점에서
벗어난 사유다

말했다시피 아르델트와 그녀의 학설을 지지하는 사람들은 지혜를 세 영역의 역량이 결합된 덕목으로 본다. 이 세 영역은 인지(지식과 지능), 정서(연민과 감정), 사유다.

그런데 여기서 '사유'는 단순히 깊이 생각하는 것을 의미하지 않는다. 아르델트는 말했다. "지혜에서 사유의 차원은 기본적으로 현상과 사건을 여러 관점에서 보는 능력이라고 할 수 있어요. 자신을 외부의 관점에서 보는 능력이기도 하죠. 그렇게 할 때, 그러니까 현상과 사건을 다른 관점에서 볼 때 세계를 더 넓게 이해할 수 있을 뿐 아니라 자신을 더 넓게 이해할 수 있어요. 그러면 자기중심주의가 완화되죠. 아울러 타인에게 더 강한 공감력과 연민을 발휘할 수 있게 되고요."

영어에는 아르델트가 말하는 덕목을 지칭하는 적확한 단어가 존재하지 않는다. 흔히 사용하는 '사유reflection'와 '자기이해self-understanding'와 '자의식self-awareness'은 오로지 내면만 들여다보는 것, 즉 정신적 자기 매몰이란 어감이 강하다. 이것은 자기중심적인 자아 성찰을 뜻하므로 딱 맞는 개념이 아니다. 다른 심리학자들은 '자기초월self-transcendence'이란 용어를 사용한다. 그러나이 말은 LSD 환각 체험처럼 들린다. '불편부당dispassion'과 '객관성 objectivity'도 근접한 개념이지만 고고함이나 계산적 무관심으로 들릴 수 있다.

명칭이야 무엇이든 간에, 자기 자신의 정념과 관점에서 벗어나는 능력은 지혜의 인지적 측면과 연민적 측면으로 이어지는 길을 연다. 아르델트는 "나는 사유의 차원이 셋 중에서 제일 중요하다고 봐요. 이를 통해 나머지 두 차원에 도달할 수 있기 때문이죠"라고 말했다.

지혜는 행동으로 구현된다

사유는 필요하지만 사유만으로 충분하진 않다. 제스트, 캐서린 밴전Katherine Bangen, 토머스 믹스Thomas Meeks는 "행동 또는 실천이 지혜의 필수 요소다. 지혜롭게 생각하더라도 지혜롭게 행동하지 않으면 지혜를 구현한 것이라 볼 수 없다"라고 쓰고 있다.[8]

지혜로운 행동은 지혜로운 판단보다 어렵다. 이것은 고도로 지능이 발달한 사람에게조차(어쩌면 그런 사람일수록) 어렵다. 기억하겠지만 심리학자 조너선 하이트는 연애할 때 더 좋은 것이 뭔지 판단하고도 그 판단을 따르지 못했다. "탑승자"가 최선의 길을 보았지만 "코끼리"가 제멋대로 움직였기 때문이다.

하이트의 비유를 확장하자면 지혜로운 행동과 지혜로운 판단이라고 할 때 우리가 지칭하는 건 탑승자의 논리적 사고도, 코끼리의 본능도 아니다. 그것은 바로 탑승자와 코끼리가 공동으로 최선의 길을 찾아서 사이좋게 그 길을 갈 때 우리가 하는 생각과 행동이다.

실천을 요구하기 때문에 지혜는 우리에게 영향력을 행사한다는 흥미로운 특성이 있다. 아르델트는 "지혜는 '실현된' 지식이에요. 사람을 변화시키죠. 지성적 지식의 경우에는 반드시 그렇지는 않아요. 그냥 아는 게 더 늘어날 뿐이에요"라고 내게 말했다.

2004년 플로리다대학교의 수전 블럭Susan Bluck과 빈대학교의 유디트 글뤼크Judith Glück는 사람들이 지혜로운 행동, 말, 생각을 한 사례를 수집했다.[9] 대부분의 사람은 소중한 교훈을 얻거나 어떤 문제를 극복한 일을 지혜로웠던 순간으로 기억했다. 예를 들면 부정적인 상황에서 어렵사리 긍정적인 결과를 이끌어 낸 일이 그랬다.

실천 없이 평범한 지식과 지성만으로는 이처럼 삶을 변모시키는 효과를 전혀 발휘하지 못한다.

지혜는 개인 차원에서 유익하다

최근 여러 연구를 통해 지혜가 신체 건강, 정신 건강, 행복, 인생 만족도, 자신감, 정신적 회복력의 증진과 관련이 있고 또 중독과 충동의 감소와 관련이 있는 것으로 드러났다.[10]

이 인과관계가 어떻게 성립하는지 우리는 확실히 알지 못한다. 잘 사니까 지혜가 깊어지는 것일 수도 있고 지혜가 깊으니까 잘 사는 것일 수도 있다.[11]

그런데 지혜가 그 자체로 좋은 영향을 미친다는 증거가 또 있다. 바로 이 같은 긍정적 관계가 사람들 사이만이 아니라 한 사람 '안'에서도 나타난다는 것이다. 그로스만과 동료 학자들은 시간 일지(하루 동안 자신의 감정과 반응을 기록한 것)를 분석했다. 그 결과 사람들이 지혜로운 판단 모드에 있을 때 긍정적 감정은 더 강해지고 부정적 감정은 더 약해지며, 감정 절제력이 향상되고, 더 너그러워진다는 사실을 발견했다.[12]

지혜는 집단 차원에서 유익하다

건전한 사회치고 지혜의 '감소'를 바라는 곳이 있을까? 물론 없을 것이다. 여기에는 그럴 만한 이유가 있다.

지혜는 경제학자들이 말하는 전문 용어로 "긍정적인 사회적 외부 효과positive social externality"를 일으킨다. 쉽게 말해 무리 안에서 지혜로운 사람들이 지혜롭게 행동하면 그 여파가 나머지 사람들에게까지 미쳐 지혜롭지 않은 사람들도 더 나은 삶을 살게 된다. 어쩌면 이것이야말로 지혜의 가장 선명하고 중요한 특징이면서 지혜에 관한 현대의 모든 정의에서 동의하고 강조하는 특징이 아닐까 싶다. 딜립 제스트와 토머스 믹스는 "고금의 문헌을 통틀어 가장 일관되게 포착되는 지혜의 하위 특성 중 하나는 공익 증진과 사익 초월이다"라고 쓰고 있다.[13]

지혜의 대표 강점들을 생각해 보면 사회 문제를 해결하는 데 유용하다는 공통점이 있다. 지혜로운 판단은 타인의 입장에서 생각하게 만들고, 지적이고 추상적인 문제가 아니라 사람과 사람 사이에서 발생하는 갈등을 포함해 현실적인 사회 문제를 고민할 것을 요구하며, 생각이 아니라 행동으로 표출된다. 지혜는 인간관계의 질을 향상함으로써 우리의 삶을 개선하는데, 모든 관계에는 최소한 한 명의 타인이 존재하는 만큼 타인의 삶 또한 개선한다. 지혜는 현실성 있는 조언의 형태로 확산되며, 좋은 조언이 받아들여질 때 지혜는 전염성을 발휘한다.

기질적으로 보면 지혜는 침착과 균형에 가까운데, 이 두 특성은 타협과 갈등 해결의 필수 요소다. 나는 지혜로운 친구의 말을 듣고 나를 화나게 한 사람의 생각에도 일리가 있음을, 내가 단순한 실수나 오해를 악의라고 확대 해석했을 가능성이 있음을, 그냥 문제를 덮어 두는 편이 나음을 깨닫고는 불같이 일었던 분노가 꺼진 적이 얼마나 많은지 모른다. 지혜로운 조언은 간혹 너무 고고하거나 원칙론적일 때가 있다. 그러나 소설가 조지프 헬러Joseph Heller의 말처럼 "원칙을 초월해 올바른 행동을 하게" 만들 때가 많다. 지혜는 대체로 이데올로기와 정반대인 경우가 흔하다.

내가 생각하는 지혜의 가장 근본적인 특징은, 무인도에서는 진정으로 지혜로운 사람이 될 수 없다는 것이다. 무인도에서 혼자 사는 사람도 영리함, 기민함, 지적임, 노련함 등 여러 좋은 자질을 가질 수 있다. 또 구조 전문가 입장에서 생각하고, 생존에 유익한 지식을 보유하고, 침착하게 결정을 내리는 등 지혜의 다양한 요소를 보여 줄 수 있다. 하지만 타인이 존재하지 않는 사회에서 우리는 '잠재적'으로 지혜로울 수 있을 뿐이다. 지혜는 나 자신만 향하지 않고 사회의 화합과 주변 사람들의 이익을 지향하기 때문이다.

철학자 이사야 벌린Isaiah Berlin은 1996년 출간한 《현실 감각: 사상들과 그 역사에 관한 연구The Sense of Reality: Studies in Ideas and Their History》에서 정치계의 지혜를 인상적인 필치로 설명했다.

정치인들이 말하는 지혜, 곧 정치술은 지식보다는 이해에 가깝다.

말하자면 그것은 어떤 사안에 관련된 사실들에 대한 모종의 숙지를 통해 무엇이 무엇에 부합하는지, 주어진 상황에서 무엇이 가능하고 무엇이 불가능한지, 어떤 수단이 어떤 상황에서 어디까지 효력을 발휘할지는 말할 수 있으나, 자신이 어떻게 그것을 아는지는 물론이고 자신이 무엇을 아는지조차 설명하지 못할 수도 있는 상태를 뜻한다.

벌린은 지혜의 속성 중에서 말로 설명하긴 어렵지만 독특하고 분명히 실재하는 속성인 사회적 실용성social practicality을 잘 포착했다. 그리고 벌린처럼 이 점을 잘 알고 가히 미국 역사상 최악이라고 할 사회 문제에 맞선 정치인이 있었다.

1962년 39세의 미시시피주 세무 공무원이 켄터키주 댄빌의 센터칼리지에서 〈실용주의적 정치인에 대한 변호In Defense of the Practical Politician〉라는 강연을 했다. 그의 이름은 윌리엄 F. 윈터William F. Winter였다. 그는 세월이 흘러 1980년대 초에 미시시피주 주지사가 되어 주민들에게 역대 어떤 주지사보다 깊은 존경을 받았다. 이후 미시시피대학교 윌리엄윈터인종화해연구소William Winter Institute for Racial Reconciliation 소장이 된 그는 내가 이 장을 집필할 때도 현역에 있었다.(윈터는 2020년 12월에 사망했다-옮긴이)

하지만 1962년 당시 그는 인종 갈등이라는, 미국에서 가장 난감하고 극렬한 대립 상황을 해결할 방법을 궁리하는 무명의 공무원에 불과했다. "그는 '중도'라는 말이 비방과 매도의 말로 변질되어 버린 주에서 활동하는 중도파였다."[14] 윈터를 이렇게 평가하는 데이비드 블랭큰혼David Blankenhorn은 1950~1960년대에 미시시피주에서 자라면서 그 소요의 시대를 직접 목격한 저술가이자 사회철학자다. 2016년 《아메리칸인터레스트The American Interest》의 인물 기사에서 블랭큰혼은 1962년을 인종주의 정치의 불길에 사로잡힌 분노한 남부의 포퓰리스트들이 타협을 투항으로 규정하고 결사 항전을 맹세한 시기로 회고하고 있다(지금도 건재한 정치 풍토다).

윈터의 말은 남부 포퓰리스트들과 결이 달랐다. 그는 센터칼리지 청중에게 이렇게 말했다. "타협의 정신은 큰 용기가 필요합니다. 나는 누구보다 용감했던 공직자들을 알고 있습니다. 그중에는 거창한 말을 즐겨 하는 자들에게 배신자라는, 또는 그보다 더한 중상의 말을 들으면서도, 또 무자비한 압력 속에서도 고요히 이성의 목소리를 듣고 인기는 없지만 꼭 필요한 합의안을 타결하기 위해 전심으로 노력했던 사람들이 있습니다." 그는 실용주의적 정치인 역시 타협을 선호하지는 않는다고 말했다. 그들도 남들처럼 자기 뜻이 관철되는 것을 더 좋아한다. 하지만 그들은 타협이 필요한 때를 알고 타협을 하는 방법을 안다. 윈터는 이렇게 말했다.

우리는 실용주의적인 정치인과 그가 정부의 부정확한 과학에 가하는 교정에 큰 빚을 지고 있습니다. 만일 그가 확신하지 못한다면 그것은 그가 (……) 확신이 항상 확실성의 시금석이 아님을 알기 때문입니다. 만일 그가 지식인보다 못하다면 그것은 그가 책에서 모든 답을 찾을 수 없음을 알기 때문입니다. 만일 그가 완벽하지 않다면 그것은 그가 완벽하지 않은 사람들을 상대하고 있기 때문입니다.

우리가 다양성과 분열이 존재하는 국가에서 함께 살아가고자 한다면 윈터가 말한 특성들이 반드시 필요하다. 그가 설명하고 있는 이것이 바로 지혜다.

나이 들면 지혜로워지기 더 쉬워진다

그럼 다시 토머스 콜이 묘사한 강, 우리의 이야기를 관통하는 강으로 돌아가 보자. 여행자의 모래시계에서 모래가 떨어지는 와중에 강의 흐름이 확 바뀐다. 중년에는 상황이 객관적으로 좋아 보일 때조차(또는 그럴 때일수록) 우리를 실망과 비관 쪽으로 잡아당기던 저류가 노년에는 방향을 바꿔서 우리를 뜻밖의 정서적 보상

쪽으로 잡아당긴다. 콜이 그린 강의 수문학水文學,hydrology을 아는 우리는 이제 중요한 질문을 던져야 하는 지점에 서 있다.

이 강의 흐름과 이상한 반전 현상에 개인을 위한, 또 사회를 위한 어떤 목적이 있을까? 나이의 저류가 왔던 길을 되돌아가는 데 어떤 이유가 있을까?

있다. 우리는 사회적·부족적 동물이다. 우리는 무리 지어 공존하도록 진화했고, 사회적 본능에 의지해 후손이 번성할 수 있도록 우리 유전자가 대대로 전달될 확률을 극대화한다. 그러니 젊었을 때는 야심을 품고 경쟁하며 분투하도록, 되도록 빨리 고지에 이르는 것을 목표로 하도록, 지위를 획득하고 또 지위에 따르는 사회적·물질적·성적 특혜를 획득하도록 우리가 프로그래밍되어 있다는 건 일리가 있다. 또 출산과 양육의 주된 시기가 지나면 우리 역할이 새롭게 바뀐다는 것도 일리가 있다. 이때 새로운 역할은 사회의 이익에, 같은 공동체와 무리에 속한 이들의 번영에, 부족의 생활을 방해하는 요소의 해결에 기여하는 쪽을 지향한다.

그리고 이 두 시점 사이에 전환기가 존재한다는 것 역시 일리가 있다. 이 전환기는 때때로 내가 이편에도 저편에도 속한 것 같지 않아 불편하고 고단하고 혼란스럽게 느껴질 것이다. 만약에 나이가 들면서 지혜 또한 자란다면 우리는 행복 곡선에 내재한 사회적 논리, 그리고 어쩌면 이 곡선에 내재해 있을지 모를 생물학적 논리에 대해 의미심장하고 매우 고무적인 이야기를 할 수 있을 것이다.

행복 곡선은 자기중심주의가 약해지고 인생에 대한 만족스러운 전망이 강해지는 경지에 도달하기 위해 우리가 건너야 하는 물살이다.

어디까지나 '만약에' 나이가 들면 지혜가 자란다고 가정했을 때 이야기다. 지금 이 자리에서 나이 듦에 따라 지혜가 깊어지는 현상이 현대 과학으로 증명됐다고 말할 수 있었으면 좋겠다. 아니, 최소한 나이와 지혜가 일관성 있게 연합된 움직임을 보이는 것이 증명됐다는 말이나마 할 수 있었으면 좋겠다. 하지만 현재로서는 연구 결과가 모호하다.

나이 들수록 지혜로운 판단 능력이 강화된다는 연구 결과가 존재하긴 한다. 이고르 그로스만과 4명의 동료가 2013년 발표한 지혜와 지능에 관한 논문에서 그런 현상이 발견됐다.[15] 하지만 그로스만이 이선 크로스Ethan Kross와 공동으로 쓴 2014년 논문에서는 나이 든 사람과 젊은 사람 간에 지혜로운 판단 능력의 유의미한 차이가 발견되지 않았다.[16] 또 그로스만은 6명의 학자와 함께 미국과 일본을 배경으로 인간관계에서 갈등이 생겼을 때 지혜로운 판단의 양상을 연구한 논문을 2012년 《심리과학》에 발표했는데, 미국인은 나이 들수록 지혜로운 판단 능력이 향상되지만 일본인은 그렇지 않았다.[17] 아르델트, 제스트 등의 연구 결과도 마찬가지로 결론이 분분했다.

그래서 나는 사람이 나이가 든다고 저절로, 또는 반드시 더 지혜로워진다고 말할 수는 없다고 본다. 하지만 이렇게 말할 수는 있을 것 같다. "다른 조건들이 동일하다면 나이가 드는 과정으로 인해 노년에 지혜로운 사람이 되기가 '더' 쉬워진다"라고 말이다. 요컨대 나이는 우리에게 더 좋은 자산을 선물한다.

개인의 여로가
곧 사회의 여로다

균형과 침착성이 향상되는 것. 만족감이 증가하면서 후회가 감소하는 것. 인생에 대한 대응력과 실용적 경험이 증가하는 것. 내면과 외부 상황이 일치하지 않는 모순과 그로 인해 발생하는 갈등에 대한 수용력이 커지는 것. 사회관계와 앞에서 폴이 말한 "타인의 자아에 대한 인식"을 더 중요시하는 것. 이는 모두 최근 연구에서 나이와 지혜 양쪽과 관련성이 크다고 밝혀진 변화의 양상이다.

폴의 비유에 대입하자면 모두 지혜의 연장들이라고 할 수 있겠다. 이런 변화들은 이번 장 도입부와 이 책 곳곳에서 내가 전한 이야기들에서 언급됐다. 설리번은 "번쩍거리는 상"에 등을 돌리고 친구, 가족, 종교를 향했다. 폴은 지위를 의식하며 완벽을 추구하던 모험을 그만두고 아메리카 원주민 보호 지역 활동에서 의미를 발견했다. 데이비드는 자신의 기업가 에너지를 다른 사람들의 창업을 돕는 일에 쏟는 쪽으로 방향을 바꾸었다. 크리스틴은 세상이 아닌 조류를 구한다. 이들의 이야기와 또 내가 지면 관계상 다 싣지 못한 많은 사람의 이야기에서 우리는 침착함을 향하고, 실용적 문제 해결과 사유를 향하고, 타인지향성을 향하는 움직임을, 즉 지혜가 깊어질 때 나타나는 현상을 알아볼 수 있다.

내가 인터뷰한 사람 중 다수가 50대와 그 이후의 삶에 만족을 느낀다고 했다. 먼저 "지혜"라는 말을 꺼낸 사람은 거의 없었다. 요즘 이 말은 우리가 일상적으로 쓰는 어휘에 속하지 않는다. 그래도 지혜의 주파수에 감응하는 사람에게는 지혜의 신호가 크고 선명하게 들릴 것이다. 그러고 보니 퇴역 후 파트타임으로 리무진을 운전하는 칩을 인터뷰했을 때가 기억난다.

60대 중반인 칩은 현재의 인생 만족도를 역대 최고인 8점으로 평가했다. 이유를 묻자 이제 젊었을 때 부족했던 인내심이 생겼고, 예전처럼 타인을 함부로 판단하지 않으며, 물질의 중요성이 줄었기 때문이라고 대답했다.("나는 백만장자는커녕 십만장자도 안 돼요. 하지만 그런 걸로 불행해하지 않아요. 돈은 많아 봤자 골치만 아프거든요.") 어쩌면 그의 이야기에서 가장 중요한 부분은, 한때 자기 인생에서 창궐했던 갈등을 피하는 법을 배운 덕분에 네 번째 결혼 생활은 앞의 세 번과 달리 순탄하게 흘러가고 있다는 말일지 모르겠다. "젊었을 때는 진짜 별것 아닌 걸로 폭발했어요. 그런데 지금은 싸우기 전에 점잖게 해결할 방법이 있는지부터 생각해요. 되도록 타협할 방법을 찾으려고 하죠. 아니면 일단 미뤄 두고 나중에 다시 얘기하는가요." 과연 지혜로운 말이다!

물론 세상을 구원하겠다는 청춘의 자기중심적 야망을 몹쓸 것으로 치부할 수는 없다. 데이비드가 젊은 사업가들에게 조언할 수 있는 건 그가 이미 창업으로 성공을 거두었기 때문이다. 행복 곡선의 양 비탈에는 목적이 있다. 다만 그 목적이 우리가 개인적으로 행복(또는 불행)을 느끼도록 돕는 건 아니다.

만일 인생의 저류가 우리를 먼저 거창함과 초조함과 들썩임과 지위 경쟁으로 향하게 한 후 다시 현실성과 만족감과 침착함과 사회성으로 향하게 한다면, 그리고 만일 이 두 시기 사이에 양쪽 세계의 최악을 경험하는 불쾌한 전환기가 존재한다면, 그렇다면 우리의 개인적 감정은 부수적인 것에 불과하다. 만일 과학적 증거에 대한 내 해석이 옳다면, 행복 곡선은 감정의 소프트웨어가 천천히 리부팅되면서 우리가 사회에서 이전과는 다른 역할을 수행하도록 변하는 현상, 즉 '사회적' 적응 현상이다. 행복 곡선이 존재하는 건 우리 종의 생존과 번영에 기여하기 위해서다.

토머스 콜이 묘사하는 인생 여로는 고독한 내면의 여행이기에 그 속에 인간 동반자나 사회가 존재하지 않는다. 그는 주관적 심리의 측면에서 나이 듦을 그리고 있다. 콜이 작품 활동을 했던 1830~1840년대는 아직 심리학이 태동하려면 수십 년이 더 지나야 했던 시기였다. 이 점을 감안하면 놀라운 통찰을 담은 작품이라 할 수 있다. 그럼에도 나는 콜에게는 미안하지만 잠깐 멈춰서 그 속의 아이러니를 탐구하고 싶은 충동을 억누를 수 없다.

〈인생 여로〉가 주관적 측면에서 내면의 여정을 묘사한 그림이라고 할지라도 만일 내 주장이 옳다면 강의 구부러지는 물길과 방죽을 만든 것은 콜의 그림에 빠져 있는 요소, 바로 우리와 타자의 총체적 상호 작용이다. 그것은 영겁의 세월 동안 우리의 문화에, 또는 우리의 유전자에, 또는 이 둘의 결합체(이쪽일 가능성이 가장 크다)에 겹겹이 기록됐다.

이렇게 중요한 측면을 고려한다면 콜이 묘사하는 고독한 여정은 사실 사회적 여정이다. 우리는 이 여로를 저마다 개별적으로 경험하면서 동시에 공유하고 있고, 또한 집단적으로 이 여로를 형성해 왔다.

더 풍성하고 더 깊어지다

행복 곡선이 우리의 방향을 공동체주의적 가치관 쪽으로 돌린다는 점을 알면 내가 4장에서 말한 역설을 이해하는 데 도움이 될 것이다. 행복 곡선의 내리막과 골짜기는 낙관주의가 쭉쭉 빠져나가는 것을 의미한다. 즉 심리학자들이 말하는 우울한 현실주의를 향해 천천히 나아가는 장기간의 적응 과정이다. 이 시기에 우리는 미래의 행복에 대한 기대치가 감소한다. 다시 말해 정서적으로 눈높이를 낮추게 되고 안주하는 법을 배운다. 안주하면 만족감이 커진다.

'안주'라니? 따분하게 들린다. 왜소하게 쪼그라든 만족감을 마지못해 받아들이는 것처럼, 청춘의 꿈이 폐기되고 청춘의 희망이 위축되는 것을 용인하는 것처럼 들린다. 어쩐지 우울한 현실주의처럼 들린다.

그러나 우울, 위축, 쪼그라듦은 대부분의 사람이 경험하지 않는다. 거리가 멀어도 한참 멀다. 전환기를 지나온 사람들을 인터뷰했을 때 실망이나 체념의 뉘앙스는 거의 듣지 못했다. 내가 들은 말은 리부팅 이후의 삶이 손실에 대한 보상의 차원을 넘어 한층 풍요롭게 느껴진다는 것이었다.

이것은 어떤 면에서 우리가 앞 장에서 살펴본 긍정성 효과,

사회정서적 선택성 같은 심리 변화의 결과라고 할 수 있다. 하지만 또 어떤 면에서는 아리스토텔레스가 fMRI 스캔과 빅 데이터의 도움 없이 간파했던 현상의 작용이기도 하다. 바로 "지혜가 우리 삶을 풍요롭게 만드는 것"이다. 지혜는 우리의 지식만이 아니라 가치관을 변화시키고, 그에 따라 우리의 됨됨이와 세상를 보는 눈까지 변화한다.

인터뷰 당시 70대 초반이었던 제리 허시Jerry Hirsch(실명 사용을 허락받았다)가 이런 변화를 생생하게 묘사했다. 그는 내 고향 애리조나주 피닉스에 소재한 자선 단체 북극성재단Lodestar Foundation의 이사장이었다. 젊었을 때 허시는 쇼핑센터 건설로 큰돈을 벌었다. 당시에는 자신이 잘 살고 있다고 생각했다. 하지만 마흔여덟에 결혼이 파탄 났다. 이혼 후 우울증, 자살 시도, 입원 치료를 경험하면서 그는 냉정한 눈으로 인생을 보게 됐다.

"내 묘비에 이렇게 적힐 것 같았어요. 'K마트를 426개에서 693개로 늘린 남자.' 이게 내가 남기고 싶은 유산인가? 아니야. 다른 게 필요해." 그는 학교로 돌아가 영성을 연구하며 "내 인생에 더 큰 의미를 줄 만한 것을 매일 탐색"했다. 그래서 자선 활동을 시작했다. "다른 사람을 돕는 일을 하면 내 인생에 더 큰 의미가 생길 거라 생각했어요. 그런데 다른 사람을 도우면 도울수록 거기서 느끼는 만족감이 점점 더 커지는 거예요. 그래서 그 일을 쭉 하고 있죠."

그는 인생 만족도가 어마어마하게 달라졌다고 말했다. 그저 캔트릴 사다리에서 점수가 높아지는 식으로 계량적인 변화만 있었던 게 아니다. 그가 생각하는 '삶의 질'이라는 개념 자체가 달라지는 더욱더 근본적인 변화가 있었다. 그의 경우에는 이런 대변화의 선행 조건으로 위기가 필요했다. "예전에는 이런 일에 힘을 쏟을 때 느낄 수 있는 행복과 만족의 깊이를 모르고 살았어요. 더 깊은 차원이 있다는 걸 몰랐죠. 내 중심부를 둘러싸고 있던 껍데기들이 저절로 뜯겨 나간 건 아니에요."

'깊이'라는 말은 내가 행복과 나이에 관한 탐구를 막 시작했을 때 친구인 칼라를 인터뷰하면서 들은 말이기도 했다. 당시 54세였던 칼라는 행복 곡선의 오르막에 안착한 것 같았다. 인생 만족도가 높고 계속 상승 중이었다. 50대가 되자 그간 쌓아 온 우정을 어느 때보다 진하게 음미하게 됐다고 했다. 더 체계적이고 효율적인 사람이 된 것 같다고도 했다. 그녀는 주민 단체에 더 활발히 참여하고 있었고 교회 봉사도 시작했다. 그러면서 인생의 또 다른 깊이를, 20대의 짧은 안목으로는 알 수 없었던 어떤 형용 못 할 차원을 알아 가고 있다고 말했다. "그때는 앞만 보고 달려가기 바빠서 현재를 살지 못했지. 이제는 현재에 감사해. 예전이나 지금이나 매일 하는 일은 별로 안 달라졌다고 해도 '느낌'이 달라."

바로 이것이다. 똑같은 삶, 다른 '느낌'. 그렇기에 사실 그 삶은 똑같은 삶이 아니다. 강물은 풍경만 바꾸는 것이 아니라 여행자를 바꾼다. 강굽이 너머에 있는 세상은 비현실적 낙관주의가 벗겨져 짜릿함이 덜해 보일지언정 더 헛헛하거나 더 협소해 보이진 않는다. 오히려 더 풍성하고 더 깊어 보인다. 이것이 지혜의 시작이다.

인생은 왜 50부터 반등하는가

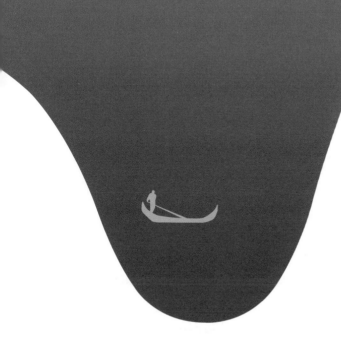

7장

스스로 돕기

인생의 골짜기를 지나는 법

중년에겐 지금 당장
도움이 필요하다

이 책에서 가장 먼저 소개한 칼과 첫 인터뷰 후 1년쯤 지났을 때 같이 점심을 먹었다. 그는 이제 마흔여섯이었고 상황은 딱히 나아진 게 없었다.

따로 대화를 메모하진 않았다. 우리는 그저 편하게 이야기를 나누었다. 내가 이 책을 준비하면서 한 인터뷰는 대개 내밀한 부분을 파고들었다. 그래서 높은 수준의 신뢰가 요구됐다. 처음 만났을 때 칼은 아내에게조차 편하게 말하지 못한 감정을 내게 내비쳤다. 이후 그의 신뢰는 어느새 우리의 우정으로 만개했다. 나는 그의 삶에 관심이 있었고 그는 내 책에 관심이 있었다.

그사이에 나는 그에게 행복 곡선에 대해, 또 나이 듦의 역설에 대해 알려 주었다. 하네스 슈반트의 그래프를 보여 주며, 중년이 되면 과거의 인생 만족도에 대한 누적된 실망감이 미래의 인생 만족도에 대한 낙관론 위축 현상과 맞물려 가혹한 되먹임 고리를 만든다고 설명해 주었다. 통계상으로 봤을 때 그가 곡선의 밑바닥에 있다고, 그곳에서는 수년째 만족감을 밀어낸 저류가 절대 방향을 바꾸지 않을 것처럼 보인다고 가르쳐 주었다. 그리고 절대 방향을 바꾸지 않으리라 생각되는 무렵에 비로소 저류가 방향을 바꾸는 것이 일반적이라고 말하는 수많은 연구 결과를 보여 주었다.

나는 행복 곡선을 둘러싼 이 많은 정보 중 단 하나라도 지금 힘겹게 슬럼프를 지나고 있는 사람에게 실제로 도움이 될지 궁금했다. 과연 이런 지식이 앞으로 펼쳐질 길에 대한 안도감이나 희망을 가져다줄까? 아니면 그저 종이에 인쇄된 글자, 추상적 과학 이론에 불과할까?

칼에게 하네스 슈반트의 부정적 되먹임 고리를 보여 주는 메일을 보내고 얼마 안 돼 답장이 왔다. "와!"로 시작하는 그의 메일은 이렇게 이어졌다. "'예측 오차=절망/기타 등등' 가설이 내 경우에 딱 들어맞는군요. 결혼/커리어/기타 등등에 대해 기대했던 게 실현이 안 됐거든요. 오랫동안 실망감이 쌓이다가 결국엔 '난 실패자야. 망했어. 이제 어떻게 하지?'라고 폭발하게 된다는 거네요. (……) 실현되지 못한 환상/꿈/상상, 그리고 거기에 이어지는 동물적 반응으로서 현실 부정, 충격적/분노의 현실 자각, 절망, 투쟁-도주 감정. 가시밭길을 굳건히 지나갈 것인가, 아니면 일, 관계, 가정으로부터 도피할 것인가? 그럼 또 '배우자에게 말할까 말까?' 하는 고민이 생기죠.

애들 밥 챙겨 주고 나서 칵테일 한 잔. 알코올은 불안에 바르는 약 아니겠습니까."

음. 왠지 예감이 좋지 않았다.

그래서 만나기로 했다. 태국 음식을 함께 먹으면서 그는 여전히 퇴근해 집에 오면 거의 어김없이 덫에 걸린 기분이 든다고 털어놓았다. 그리고 이미 많은 걸 누리고 있으면서 큰 실망감을 느끼는 자신에게 여전히 실망감과 분노를 느끼고 있었다. 행복 곡선을 알게 되면서 "탑승자"(이성)는 어느 정도 달래진 것 같았다. 하지만 "코끼리"(본능)는 진정되지 않고 1년 전에 그가 말한 "혼란" "탐색" "두려움"의 상태에 여전히 빠져 있는 듯했다. 몇 년만 있으면 마음의 평화가 찾아올 수 있다는 사실을 알아 봤자 별 위로가 되지 않았던 것이다.

칼의 궁금증은 이것이었다. '지금 당장'은 어쩌란 말인가?

중년의 슬럼프에
특히 잘 듣는 처방

60대 초반이면 많이들 그렇듯이 조슈아 콜먼Joshua Coleman은 이제 행복 곡선상의 골짜기를 지나서 그 경험을 말할 수 있는 입장이 됐다. 그는 40대에 느낀 불만감에 대해 "이제는 역전됐다고 할 수 있습니다"라면서 "내가 싫어하는 것 때문에 동요하지 않고 좋아하는 걸 더 중요하게 여기게 됐거든요"라고 말했다.

콜먼은 자신이 얻은 교훈을 누구보다 잘 설명할 수 있는 위치에 있다. 심리학자로서 샌프란시스코에서 개인과 가족을 위한 상담소를 운영하고 있기 때문이다. 매주 내담자 중 평균 1~2명꼴로 어떤 식으로든 중년의 문제를 경험하고 있다고 한다. 그가 말하는 중년의 문제는 중년의 위기가 아니다. 내가 40대에 경험한 것처럼 실망감이 조금씩 누적되다가 급기야 실망감이 실망감을 키우면서 생기는, 하지만 임상적인 우울증이나 불안증과는 다른, 중년의 불쾌감에 더 가깝다. 콜먼은 중년의 슬럼프가 본격적으로 우울증을 일으키는 경우는 본 기억이 없다고 했다.

"내가 볼 때는 많은 사람이 40대가 되면 그동안 이루려고 했던 걸 많이 이루거든요. 그래서 중차대한 질문을 하게 되는 거예요. '이제 어쩌지? 이걸로 끝이야?' 아직 커리어를 시작하거나 가정을 꾸릴 만한 에너지는 남아 있지만 40대에는 이미 커리어와 가정 같은 게 거의 다 손에 들어와 있거든요. 그러니까 남들하고 비교를 많이 하게 되죠. 내가 상담을 하면서 보면 많은 사람이 끊임없이 자신의 인간관계와 상황을 타인과 비교해요. 그런데 60대, 70대가 되면 현실을 훨씬 잘 받아들이게 되죠."

쾌락의 쳇바퀴가 떠오르는 대목이다. 우리는 성공과 성취와 지위가 만족감을 줄 것이라 기대하지만 골대는 자꾸만 뒤로 물러난다. 비교군이 계속 상향 조정되고 항상 누군가는 우리보다 빨리 치고 나가고 있기 때문이다. 우리는 아직 젊음의 승부욕을 포기할 준비 또는 각오가 되어 있지 않고, 노년의 공동체주의적 가치관이 주는 보상을 거두어들이려면 아직 멀었다.

그러면 무슨 수를 써야 할까? 한 가지 답은 '모든 수'다. 인생의 어느 시기에나 도움이 되는 행동과 태도 전부가 중년의 정서적 덫에 걸려 있을 때도 도움이 된다. 그러다 보니 인터넷에서 "중년의 위기"로 검색하면 무난한 조언이 수두룩하게 나온다. 예를 들어 앤드루 와일Andrew Weil의 웹사이트 DrWeil.com에서 〈중년의 전환기〉 페이지를 보면 다음과 같이 다소 전형적인 조언이 실려 있다.

자신의 감정을 탐색하고 수용한다. 주기적으로 인생을 돌아본다.

연인이나 부부 관계를 다시 뜨겁게 만들기 위한 시간을 마련한다. 새로운 목표를 설정한다. 새로운 취미를 찾는다. 여행한다. 봉사한다. 자녀와 더 많은 시간을 보낸다. 정신 건강을 관리하고 필요하면 모임이나 상담사를 찾는다. 규칙적인 운동은 활기차고 독립적인 삶에 필요한 신체 건강을 유지하는 데 도움이 된다.

DrWeil.com의 조언이 나쁘진 않지만《영혼을 위한 닭고기 수프Chicken Soup for the Soul》유의 자기계발서에서 쉽게 볼 수 있는 일반론이다. AgCareers.com이라는 웹사이트에서 중년에 커리어를 전환하고자 하는 사람들에게 건네는 (전형적인) 조언 역시 마찬가지다.

자신의 강점과 관심사를 파악하세요. 일이 행복을 가져다주지 않는다는 것을 인정하세요. 자신이 원하는 삶을 위한 경제적 계획을 수립하세요. 현실적이고 달성 가능한 커리어 목표를 세우세요. 비즈니스 인맥을 활용하고 확장하세요. 지속적으로 커리어를 발전시킬 수 있도록 평생 배우는 자세를 기르세요.

이런 예는 얼마든지 있다. 중년을 헤쳐 나가는 사람들을 위해 나온 수많은 자기계발서의 내용을 요약하는 건 무척 버거운 일이므로 여기서 굳이 하지는 않겠다.[1] 대신에 초점을 더 좁히려고 한다.

콜먼을 비롯한 심리학자들과 대화를 나누고 많은 사람을 인터뷰하면서, 그리고 직접 행복 곡선의 밑바닥을 경험하면서 나는 자가 증식하는 중년의 슬럼프에 특히 잘 듣는 다음과 같은 처방들을 알게 됐다. 이 중에 만병통치약은 없지만 모두 탄탄한 과학적 근거가 있고 높은 성공률을 자랑한다. 그리고 모두 기를 쓰고 우리를 망치려 드는 되먹임 고리를 물리치는 데 도움이 된다.

정상화한다

정상화normalisation란 심리치료에서 내담자가 자신의 상황을 이상하거나 위험하거나 병적인 것으로 인식하지 않게 도와주는 것을 말한다. 심리학자들은 중년의 불만감을 호소하는 사람들을 상담할 때 정상화에 주력한다고 한다. 조슈아 콜먼도 그렇다. "나는 정상화를 많이 합니다. 그게 인격의 문제가 아니고, 자신이 구제 불능이라는 증거도 아니라는 걸 내담자가 알게 하는 거죠. 그런 감정을 느끼는 게 내면에 어떤 더 큰 문제가 있어서가 아니라 그냥 그럴 만한 이유가 있기 때문이란 걸 알게 해요. 발달학적 관점에서 보면 그게 정상적이고 당연하단 걸요. 또 연구 결과에 따르면 시간이 해결해 준다는 것도 알려 주죠."

칼이 40대의 불안감에 대해 "두려움"이란 말을 사용한 것을 생각해 보자. 그는 "내가 정신이 어떻게 된 걸까요?"라고 묻는다. 우리가 4장에서 만난 40대 중반의 사이먼은 앞으로 과연 만족감을 느끼게 될지, 아니, 만족감을 느끼는 것이 '가능'한지조차 의문이다. "뭔가 마음 깊숙한 곳에서부터 잘못된 게 아닐까 싶네요."

칼과 사이먼의 감정이 그들의 이성적 자아인 "탑승자"에게는 이해되지 않는다. 그래서 탑승자는 거기에 '비정상'이라는 딱지를 붙인다. 하지만 이 기괴한 불쾌감을 없애 주는 알약이나 응급 처치법은 존재하지 않는다. 그럼 혹시 희망이 없는 것 아닐까? 나는 밑바닥에 있을 때 나에 대한 인식을 (하향) 조정했다. 감사와 만족을 모르고 자학밖에 모르는 인간이라고. '이제 평생 이렇게 살아야 하는 걸까? 이제 이게 내 성격이 된 걸까?'

심리학자들은 정상화가 여러 방면으로 작용한다고 말한다. 일단 정상화는 중년의 불쾌감이 특이한 것이 아님을 숙지시켜 수치심과 고립감을 완화한다. 이스트테네시주립대학교 상담센터장을 맡고 있는 심리학자 댄 L. 존스Dan L. Jones는 사람들이 겪고 있는 게 위기가 아니라 전환기라는 것, 다시 말해 성인의 발달 과정에서 불쾌하긴 하지만 정상적인 단계라는 것을 강조한다고 했다. 중년의 슬럼프를 병이 아니라 일반적인 현상으로 인식하도록 유도하는 것이다.

아울러 정상화는 중년의 불만에 이상한 자가 증식력을 부여하는 부정적 되먹임 고리를 차단하도록 돕는다. 사람들은 실망과 불만을 정당화할 이유를 찾아보지만 끝내 찾을 수 없자 자신이 실망과 불만을 느낀다는 사실에 또 실망과 불만을 느낀다. 이런 부정적 되먹임은 삶의 객관적 상황과 상관없이 똬리를 틀 수 있다. 특히 객관적으로 성공한 사람일수록 성공에 감사하지 못하는 자신에게 더 큰 실망감을 느낄 수 있다.

이에 대한 대응법 중 하나는 더 감사하려고 노력하는 것이다. 자신이 누리고 있는 걸 생각해 보고 사람들에게 감사 편지를 쓰는 것이다. 이것은 좋은 조언이긴 하다. 실제로 치료 효과가 있을 수 있고 감사가 그 자체로 좋은 덕목이라는 점에서 그렇다. 하지만 이미 봐서 알다시피 감사해야 할 것을 생각하면 자학적인 부작용이 발생할 수 있다. '객관적인' 상황의 유리함을 되새기면 거기에 감사하지 못하는 자신의 '주관적인' 심리가 더욱 큰 도덕적 결함이나 정서적 질환처럼 느껴지기 때문이다.

"상담을 받으러 와서 자신이 '부유한 나라 사람의 배부른 소리'나 하고 있다고 민망해하는 사람이 적지 않아요. 그런 생각이 불행을 더 키우죠"라고 콜먼은 말했다. 내 이야기를 하자면 감사해야 할 것을 생각하면서 기분이 좀 나아졌다가도 내가 감사할 줄 모르는 인간이라는 생각 때문에 당혹감과 짜증이 더 심해졌다. 하네스 슈반트의 용어를 쓰자면 나는 감사해야 할 것을 생각함으로써 "만족" 곡선이 일시적으로 상승했지만 본의 아니게 "기대" 곡선 또한 상승시켰기 때문에 결과적으로 그 효과가 상쇄됐다.

슈반트는 기대를 직접 통제하는 것이 대응법에 포함돼야 한다고 지적한다. 사람들이 낙관 예측 오차를 정상적인 것으로, 따라서 실망을 자연스러운 것으로 인식하게 만들어야 한다고 말이다. 다시 말해 '실망을 기대하게' 만들어야 한다는 뜻이다. 생각해보면 만일 청년기에 낙관성 측면에서 오차가 발생하지 않는다면 아마 그 사람은 우울증에 걸릴 것이다. 객관적으로 정당화되지 않는 불쾌감을 정상적인 현상으로 본다면 불쾌감은 인격적 결함도, 질병도, 추잡한 비밀도 아닌 것이 된다. 그저 지극히 평범한 재조정의 산물일 뿐이다. 불만이 생길 수는 있지만 불만이 생겼다는 이유로 불만을 더 키울 필요는 없다!

"사람들이 인생 만족도가 U자를 그리는 경향이 있고 이전의 기대치가 현실에서 충족되지 않는 게 일반적이라는 걸 알면 인생에 대한 불만이 줄어들 겁니다." 슈반트의 말이다. 그는 정상화가 삼중 효과를 낸다고 본다. "터널 끝에 빛이 있다고 하면 일단 그 말 자체로 도움이 돼요. 그건 또 자기가 이 되먹임 효과의 악순환을 깰 수 있다는 뜻이 되니까 역시 도움이 되죠. 게다가 그게 정상적인 발달 단계라는 걸 알면 고통이 줄어들고요."

내 얘기를 하자면 쉰 즈음에 불만의 안개가 걷히기 시작했을 때 그런 변화가 내 의지와 무관하게 저절로 일어나는 현상으로 느껴졌다. 그런데 때마침 중년의 전환기에 행복 곡선에 대해 알게 됨으로써 이전에는 이상하고 고약하게 느껴졌던 슬럼프를 정상적인 것으로 여기게 되었고, 덕분에 변화 과정에서 고통이 줄어든 측면이 있다고 본다. 그러고 보면 사실 이 책은 행복 곡선이 정상적인 것이고 어떤 면에서는 유익하기까지 하다는 소식을, 그리고 행복 곡선에 대한 정면 공격('이따위 기분은 거부하겠어!')이 도리어 역효과를 낳을 수 있다는 소식을 널리 알리기 위한 노력의 산물이다.

그러니 자신이 감사해야 할 것을 생각해 보자. 그런데 그렇게 해서 실망감이 줄어들지 않는다고 한들 당신 잘못이 아니다. U자 곡선의 골짜기에서는 원래 감사하기가 더 어려운 법이다. 그러니 자신을 다그치지 말고 좀 봐주자.

내면의 비판자를 차단한다

말했다시피 40대의 나는 내가 별 성과도 없이 인생을 낭비하며 동년배보다 뒤처지고 있다고 큰소리치는 내면의 목소리 때문에 심란했다. 그런데 이것은 드문 일이 아니다. 콜먼은 "고통의 주요 원인 중 하나가 사회적 비교예요. 지위에 대한 불안감이 그렇게 자학하게 만드는 강력한 요인이죠. 내가 지금껏 이룬 것으로 충분한가? 나는 실패자인가, 성공자인가?"라고 말했다.

앞에서 본 대로 계속해서 더 높은 지위를 차지하기 위한 달리기는 설령 우리 유전자에 깊이 내재된 것이라 해도 행복의 측면에서 보자면 제 살 깎아 먹기다. 그렇기 때문에 경제학자 리처드 레이어드는 1장에서 인용했듯이 "행복의 비결이 하나 있다면 나보다 성공한 사람과 비교하고 싶은 마음을 버리는 것이다. 비교를 하려면 상향식으로 하지 말고 하향식으로 할 일이다"라고 조언했다.

물론 말처럼 쉽진 않다. 우리는 애초에 더, 더, 더 많은 것을 바라고 더, 더, 더 높은 곳을 보도록, 특히 인생 초반에는 그런 성향이 더욱 강하게 나타나도록 설계됐기 때문이다. 젊었을 때는 상향식 비교 덕분에 야심에 차서 짜릿한 계획을 세우고 낙관적으로 장래의 성취와 만족을 기대한다. 그런데 그로부터 20년이 흘러 우리가 여전히 성취의 사다리에서 위쪽을 쳐다보지만 이제는 그곳에 도달하기 위해 쓸 수 있는 시간이 바닥나고 있음을 깨달았을 때, 청춘의 야심과 낙관론은 오히려 우리를 적대시하는 쪽으로 돌아서서 신랄한 공격을 퍼붓는다. 내 경우에는 상향식 비교의 충동이 종종 내 가치관의 밧줄에서 풀려나 마구 날뛸 때 특히 당혹스러웠다. 딱히 방송에 출연하거나 소설을 쓰고 싶은 마음이 없으면서 괜히 방송에서 잘나가는 언론인이나 성공한 소설가를 보면 질투가 나는 것이었다.

50대에 접어들어 강박적 자기비판의 마수에서 벗어나기 전에 나는 단순하지만 의외로 효과적인 인지치료cognitive therapy 방식을 통해 마음을 다소 안정시킬 수 있음을 깨달았다. 인지치료는 자학적이고 자기파괴적인 생각의 패턴을 식별하고 그런 생각을 차단하는 법과 그것을 더 정확하고 건설적인 패턴으로 전환하는 법을 가르쳐 주는 치료 분야다.

나는 사회적 비교가 시작되려는 낌새가 느껴질 때마다 의식적으로 그것을 저지하기 위해 머릿속 화제를 건설적인 것으로 바꾸었다. 그러자 얼마 후 두 단어로 된 반자동적 저지 명령이 만들어졌다. 바로 "비교 금지!"였다("브렌트가 나보다 훨씬―비교 금지!" "내가 인생을 낭비하고 있는 건―비교 금지!"). 마음속으로 "비교 금지!"라고 외치는 것이 비록 완벽한 전술은 아니라 해도, 부정적인 생각의 소용돌이를 중단시키는 동시에 내 이성이 어느 정도 통제력을 발휘하고 있음을 느끼게 해 준다는 이중의 이점이 있었다.

아마 많은 사람이 그러리라 생각하는데, 내 경우에는 상향식 비교 중에서 가장 교묘한 유형이 나 자신과의 비교, 더 정확히 말하자면 저 멀리 있는 이상적인 나와의 비교였다. 나는 왜 이만큼 해야 하는데 요만큼밖에 못 할까? 왜 내가 최근에 쓴 글이 몇 달 전에 쓴 글보다 못할까? 왜 어제 배우자에게 해야 할 말을 못했을까? 우리 모두는 매일 어떤 식으로든 실수를 저지르고 기대에 못 미친다. 그래서 자기비판의 소재는 절대로 모자라는 법이 없다.

물론 자기비판도 어느 정도는 건전한 쓸모가 있다. 하지만 40대의 나는 자기비판이 걷잡을 수 없는 수준이었다. 여기서도 나는 결국 내 나름의 인지치료법을 찾았다. 하루 중 언제든 내면의 비판자가 트집을 잡기 시작하면 "오늘 하루를 완벽하게 살 필요는 없어"라는 일침으로 말문을 막아 버렸다. 나와 내 인생의 잘못된 부분을 줄줄이 나열한 목록으로 생각이 흘러갈 때마다 속으로 그렇게 당연한 말을 하며 흐름을 끊으면, 집요한 내면의 비판자를 차단하고 무력화하는 데 도움이 됐다.

이런 차단법들이 내게 효과가 있었던 건 문구들 자체에 어떤 치료 능력이 있어서가 아니라 순전히 반자동으로 사용하기가 쉬웠기 때문이다. 이 인지 개입법이 다른 사람에게는 통하지 않을 수 있다. 각자 실험을 통해 자신에게 맞는 방법을 찾아야 한다. 하지만 인지 개입법이 이렇게 의외로 강력한 힘을 발휘할 수 있다는 사실을 알아 두면 좋겠다. 내면의 대화를 더 강력하게 통제하면 그것만으로 승리가 보장되진 않겠지만 승리에 보탬이 된다.

현재에 집중한다

행복 곡선상의 골짜기는 시간이 놓은 덫이다. 과거의 인생 만족도는 기대에 미치지 못했고 미래의 인생 만족도는 쭉 내리막길일 것처럼 보인다. 과거에 대한 실망과 미래에 대한 비관이 현재의 충만을 앗아간다.

 "마음챙김mindfulness" 또는 "마음의 현존mindful presence"은 마음이 자꾸만 미래나 과거를 오가며 부산을 떨게 놔두지 않고 있는 그대로의 현실에 오롯이 집중하는 것을 뜻한다.[2] 1971년 출간된 람 다스Ram Dass의 베스트셀러《지금 여기에 있으라Be Here Now》에 이 개념이 잘 요약되어 있다. 고대로부터 현대까지 이어져 널리 사용되는 현존을 위한 수련법인 명상은 호흡처럼 구체적이고 즉각적인 것에 주의를 집중함으로써 방황하는 생각을 붙들고 요란한 내면의 목소리를 잠재운다.

 명상은 과학계에서 몇십 년 전부터 광범위하고 엄밀한 연구가 진행되면서 더욱 각광받고 있다. 명상을 통해 불안이 완화되고 긍정적 감정이 증진된다는 과학적 증거가 차고 넘친다. 그래서 기업은 물론이고 군대에서도 명상을 도입하고 있다. 심리학자 조너선 하이트는 "명상의 목적은 자동적 사고 과정에 변화를 가해 코끼리를 길들이는 것이다. 몇 달간 매일 꾸준히 명상을 하면 두렵고 부정적인 생각에 사로잡히는 빈도가 크게 감소해 감정 양식이 개선된다"라고 쓰고 있다.[3] 요가나 태극권 등 현존을 위한 다른 수련법도 동일한 효과를 얻을 수 있다. 이 점에서는 일반적인 운동 역시 마찬가지다.

나는 행복 곡선 가장 밑바닥에 있을 때 명상이나 요가를 시도하지 않았다. 대신 운동을 하고 불 꺼진 방에서 음악을 들었다. 그리고 시행착오를 통해 나만의 또 다른 인지행동치료cognitive behavioral therapy 방법을 찾았다. 내 마음이 현재를 벗어나 과거나 미래로 쏠릴 때 그 흐름을 저지하기 위해 지금 이곳으로 화제를 전환하는 방법이었다. 예를 들면 그럴 때 옆에 누워 있는 배우자의 숨소리에 집중했다. 중년의 슬럼프를 겪는 사람들을 인터뷰해 보면 현존 능력을 기르기 위해 명상, 앱, 정신 훈련법을 이용한다는 이들이 있다. 그들도 어느 정도 긍정적인 효과를 보는 것 같다.

콜먼에 따르면 마음챙김은 뇌에서 공포와 불안의 근원인 편도체를 진정시키는 데 도움이 된다. 그러면 껄끄러운 감정과 해결되지 않는 상황을 수용하고 감당하기가 한결 쉬워진다. "그런 걸 타개할 방법을 매번 다 생각해 내는 건 불가능해요. 그래서 평온하게 수용하고 감내하는 법을 배워야죠." 현존은 불만에 대한 집착을 완화하고 부정적 되먹임을 진압하는 힘도 있다.

그러니 "지금 여기에 있으라".

함께 나눈다

홀로 시련을 견뎌 내는 건 초사회적hypersocial 동물인 호모 사피엔스에게 절대로 좋은 방법이 아니다. 우리는 암 진단이나 실직 같은 외부 충격이 가해졌을 때 가장 가깝고 소중한 사람들에게만이라도 솔직히 이야기를 나누고 도움을 요청해야 한다는 것을 본능적으로 안다. 그런데 중년의 되먹임 덫이 제일 무서운 점은 사회적 교류에 대한 본능을 적으로 돌려 버린다는 것이다.

우리가 중년에 겪는 불행감은 객관적 상황을 통해 정당화되지 않는다. 따라서 그것은 우리의 인격적 결함을 보여 주는 것으로 인지된다. 그러므로 우리는 불행감을 수치스럽게 여긴다. 그래서 그것을 숨긴다. 콜먼은 "사람들은 자기가 할 수 있는 걸 다 이루지 못하고 있다고 느끼면 자기한테 근본적으로 문제가 있어서 그렇다고 생각하죠. 그렇게 수치심을 느끼면 움츠러들고 입을 닫게 됩니다"라고 말했다.

더군다나 행복 곡선에 중요한 영향을 미치는 것이 지위에 대한 불만인데, 현대인의 삶에서 나약하거나 실패한 사람으로 보이는 것만큼 지위에 큰 타격을 입히는 요인은 없다. 콜먼은 중년의 불만감에 시달리는 사람들이 느끼기에 "그걸 타인에게 드러낸다는 건 당연히 지위가 내려간다는 걸 의미해요"라면서 "치료 또는 치유 효과가 있는 뭔가를 받아들이려면 지위에 대한 불안감이 커지는 걸 감수하고 그 문턱을 넘어야 하죠"라고 말했다.

기억하겠지만 칼은 "집안 분위기만 개판 될" 걸 걱정해 자신이 느끼는 불쾌감을 아내에게 털어놓지 않았다. 한 친구에게만 말했을 뿐이다(나까지 합하면 2명이다). 내가 인터뷰했던 40대 중반의 스털링은 아내에게 그런 불쾌감에 대해 말했다가 아내가 당황해 어쩔 줄 모르는 모습을 보고 더는 말하지 않았다. 그는 "그런 건 사람들이 평소에 말하는 게 아니잖아요. 난 가장 가까운 친구한테도 말 안 하려고요"라고 말했다. 4장에서 만난 앤서니는 몇 명에게 도움을 요청했는지 묻자 "음, 하나도 없는 것 같은데요"라고 대답했다. 아내가 눈치챘을 수 있겠지만 같이 그 문제를 의논한 적은 없다고 했다. 6장에서 소개한 데이비드는 행복 곡선의 밑바닥에 있을 때 스타트업의 대표로서 불안하거나 축 처진 모습을 절대로 보여서는 안 된다고 생각했다. 심리학자들은 그나마 여성이 남성보다 타인에게 약한 모습을 잘 보여 주고 중년의 불만을 잘 이야기하는 편이긴 하지만, 한때는 남성의 전유물로 여겨졌던 지위 경쟁에 참여하는 여성이 점점 늘어나면서 남녀 격차가 줄어들 수 있다고 본다.

앞에서 살펴봤다시피 행복 곡선상의 골짜기에 갇히는 건 절대 사소한 문제가 아니다. 이때 자기 자신을 고립시키고 싶은 충동을 극복한다면 비록 그것만으로 마음의 문제가 완전히 낫진 않는다고 해도 안정감을 느끼고 실수를 예방하는 데 큰 힘이 된다.

도움을 요청하는 것은 전문가에게 상담을 받는 형태가 될 수도 있다. 꼭 어떤 병이나 장애가 있어야 상담을 받는 건 아니다. 이스트테네시주립대학교의 심리학자 댄 존스는 "상담을 받는 건 나 자신에 관한 수업을 듣는 것과 같습니다. 나를 위해 상담사를 고용하는 거예요. 그래서 나를 더 잘 알게 되죠. 누군가가 내 말을 진심으로 들어주는 걸 느끼게 되고요"라고 말했다. 그런데 평범한 우정, 다른 말로 사회적 유대 또한 비슷한 효과를 낸다.

43세의 테리는 친구들과 허심탄회하게 대화를 나눈 덕분에 부부 관계를 유지할 수 있었고 어쩌면 인생이 파탄 날 뻔한 걸 막은 것 같다고 생각한다. "마흔에 아들이 하나 더 생기니까 이제 신나게 즐길 수 있는 시절도 다 갔구나 싶었어요. 나이는 마흔이지, 애는 둘이지, 직장에서는 책임을 져야 하는 위치고 하니까 내키는 대로 살 수 있는 날은 끝났다는 거였죠. 기저귀 갈고 아빠로 사는 게 이제 내 인생인 거예요. 그것도 좋긴 했지만 너무 급격하게 정체성이 바뀐 거죠. 그래서 어떤 실존적 고뇌 같은 게 생겼어요. 스포츠카를 사진 않았지만 쇼핑에 맛을 들였어요. 옷을 사기 시작했죠. 막 낭비하는 건 아닌데 주변 사람들이 다 농담처럼 말할 정도였어요. 외적인 삶은 큰 변화가 없었지만 내면은 고된 투쟁이었고 어떤 면에서는 강도만 약해졌을 뿐 지금도 마찬가지예요. 속에서는 '어휴, 이제 앞으로 그냥 쭉 이렇게 살다 가는 건가?' 하는 생각뿐이었어요."

그는 아내와 함께 교회에 나가기 시작했고 거기서 "친한 무리"가 생겼다. "옛날에는 스포츠를 좋아하지 않는 남자와는 어차피 딱히 할 얘기가 없을 테니 절대 친구가 될 수 없다고 생각했어요. 그런데 이제 보니까 그게 아니더라고요. 이젠 절친한 친구들이 많아요. 특히 인생에서 비슷한 시기에 있는 친구가 많죠."

그것이 인생 만족도에 어떤 영향을 끼쳤을까? "엄청난 영향을 끼쳤죠. 그냥 아내와 둘이서 버티려고 했으면 아마 못 버텼을 겁니다." 친구들 덕분에 고립감이 줄어든 것도 있지만 테리에게 그보다 더 중요한 건 그들이 서로의 안녕감과 책임감을 키워 주는 존재라는 사실이다. "내가 경솔한 짓을 할 수 있단 걸 알아요. 그럴까 봐 걱정이 되고요. 결혼을 파탄 낼 수도 있는 거죠. 그런데 그렇게 정서적으로나 정신적으로 책임감을 느끼게 하는 친구들이 있으니까 그런 실수를 방지하는 효과가 커요. 나는 친구들한테 요즘 어떻게 지내는지 말하고 친구들도 나한테 그런 얘길 하거든요. 그러니까 만약에 내가 경솔한 짓을 저지르면 친구들한테 다 털어놔야 한다는 책임감 같은 게 있어요. 그런데 '어휴, 어제 아내랑 대판 싸우고 호텔 가서 잤잖아' 같은 말은 하고 싶지 않거든요."

고립은 실망과 불만을 부패시켜 수치심을 낳고, 수치심은 다시 고립의 충동을 낳는다. 이 악순환을 끊는 것이 급선무다. 그러니 친구를 부를 수 있다면 부르자.

뛰지 말고 걷는다

행복 곡선상의 골짜기가 덫처럼 느껴진다면 실제로 덫이 맞기 때문이다. 손가락을 빼려고 하면 더 꽉 죄는 중국 손가락 퍼즐Chinese finger puzzle(대나무를 엮어 만든 긴 통 모양의 장난감. 양 끝에 두 손가락을 끼우는데 밖으로 잡아당기는 대신 가운데로 밀어야 손가락이 풀려난다-옮긴이)처럼 행복 곡선도 우리 본능을 역으로 이용한다.

행복 곡선은 부정적 되먹임과 쾌락 적응(쾌락의 쳇바퀴) 등 몹쓸 수법을 동원해 만족을 방해하고 객관적 성취를 주관적 실망으로 둔갑시킨다. 또 낙관론을 약화함으로써 과거의 희망을 미래에 대한 절망으로 바꿔치기하고, 우리가 표하는 감사를 수치심의 원천으로 둔갑시킨다. 그리고 우리를 수치스럽고 당혹스럽게 만들어서 우리가 어느 때보다 주변 사람들과 솔직한 심정을 나누어야 할 때 그것을 숨기게 만든다.

이렇게 덫에 걸렸을 때 우리는 당연히 도망치고 싶은 충동을 느낀다. "나 좀 여기서 꺼내 줘!" 도피의 환상, 직장이나 가정으로

부터 도주 계획, 전혀 다른 삶에 대한 열망이 제멋대로 생겨나 부글부글 끓어오른다. 나는 일을 그만두고 싶은 충동("오늘! 당장!")을 느꼈을 때 그런 도주 본능이 비합리적임을 알았다. 아마 그런 상황에서는 대부분이 알 것이다. 하지만 안다고 해서 억누를 수 있는 건 아니었다. 나는 내 코끼리에게 지금 내 상황이 좋다고, 내가 목표를 달성하고 있다고, 아무 대책 없이 상사의 방에 가서 사표를 내는 건 바보 같은 짓이라고 부단히 말했다. 그런데 코끼리의 반응은 "나 좀 여기서 꺼내 줘!"였다.

되먹임 덫에 걸린 사람들이 많이 하는 경험일 텐데, 당시 상황을 더 복잡하게 만든 건 내가 직업적으로 정체기 내지는 권태기에 있었다는 사실이다. 40대의 나는 자기계발을 얼마간 포기해 가면서까지 일부러 저축을 하고 있었다. 내가 몸담은 언론계가 대격변을 겪으면서 한창때의 언론인이 졸지에 백수가 되는 일이 비일비재했다. 내게 그 여파가 미치지 말란 법이 없었다(결국에는 그렇게 됐다). 그래서 내 '탑승자'는 여러 방안을 검토한 후 일단 버티며 돈을 모아 두는 게 현명하다고 판단했다. 지금 와서 생각해 보면 그때 성급하게 충동적으로 움직이지 않은 것이 얼마나 다행인지 모른다. 끝내 직장을 잃었을 때 나는 이미 창업 아이디어가 준비되어 있었고 통장에 두둑이 쌓인 돈은 안전망이 되어 주었다.

그런데 이것은 지나고 나니까 명확히 보일 뿐이다. 당시에는

40대를 우직하게 견뎌 내는 대가로 끝이 안 보이는 권태와 불안의 시기 역시 견뎌 내야 했다. 설령 지금 행복 곡선에 대해 알고 있는 걸 그때 다 알았다고 한들 내가 수용해야 할 변화와 피해야 할 변화를 확실히 구별할 수는 없었을 것이다. 사실을 말하자면 중년에는 변화가 분명히 필요할 때가 있지만 그 변화가 반드시 권태나 불안을 경감해 주는 건 아니다.

칼은 40대 초반에 직장을 옮겼다. 나쁜 소식은 새 직장으로까지 불만감이 따라왔다는 것이었다. 하지만 새 직장이 더 마음에 든다는 좋은 소식도 있었다. 그는 결국 직장이 아닌 자신에게 문제가 있음을 깨달았다. 그렇지만 여전히 그때 이직하기를 잘했다고 생각한다. 이와 마찬가지로 이혼을 한 사람들 역시 이혼으로 인생의 실존적 공백을 다 채우진 못한다 해도 더 좋은 인연을 만나는 경우가 있다.

이 난제를 표현하는 또 다른 방법은 3장에서 본 행복 공식을 다시 살펴보는 것이다.

$$H = S + C + V + T$$

여기서 H는 지속적인 행복의 수준, S는 이미 설정된 감정의 점수, C는 삶의 상황, V는 자의로 다스릴 수 있는 요소, T는 시간이 인생 만족도에 미치는 영향을 뜻한다.

내가 40대에 느낀 불만이 C나 V, T라고 명시된 상자에 보기 좋게 들어가 있었다면 얼마나 좋았을까. 만약 그 상자가 C였다면 이직 같은 방법으로 삶의 상황을 바꿔야 한다는 걸 알았을 것이다. 만약 V였다면 태도를 바꾸거나 취미를 만들어야 한다는 걸 알았을 것이다. 또 만약 T였다면 인내심을 발휘하고 다소 지나치다 싶을 만큼 경각심을 가져야 한다는 걸 알았을 것이다. 유감스럽게도 당시에는 각각의 요소가 얼마나 작용하고 있는지 알 길이 없었다.

인간은 좋은 날을 보내고 있을 때조차 무엇이 자신을 행복하게 만들고 무엇이 아닌지를 잘 모른다. 더욱이 수년간 불안에 휩싸여 있을 때는 문제의 근원을 잘못 짚을 공산이 훨씬 크다. 그렇다면 어떻게 신호와 소음을 구별하고 적정 반응과 과잉 반응을 구별할 수 있을까?

이때는 상담이 큰 도움이 될 수 있다. 사람들이 어떤 덫에 흔히 걸리는지 잘 아는 전문가의 안내를 받아 체계적으로 혼란을 해소하고 대응책을 검토할 수 있기 때문이다. 물론 허리케인이 아닌 안개, 그러니까 급작스러운 위기가 아닌 끈질긴 불쾌감을 겪는 사람은 전문가에게 도움을 요청할 확률이 더 낮다. 이것은 U자 곡선의 골짜기에 있는 사람 중 대부분에게 해당하는 말이다. 기억하겠지만 이 골짜기는 인생 만족도가 붕괴하는 시기가 아니라 감소하는 시기고 보통은 비상사태도 아니다. 위급하지 않은 사람에게 해 줄 수 있는 내가 아는 가장 좋은 조언이자 전문가들이 입을 모아 말하는 조언은 이것이다. "변화는 좋은 것이지만 현실성이 있어야 한다."

"나 좀 여기서 꺼내 줘!"의 충동은 모든 것을 내팽개치라고 유혹한다. 하지만 현실적으로 볼 때, 변화는 우리가 그간 축적된 기술, 경험, 인맥을 이용할 때, 다시 말해 그런 것을 처음부터 다시 쌓는 게 아니라 새로운 방향으로 이용할 때 덜 파괴적이고 더 성공적이다.

카를로 스트렝거Carlo Strenger와 아리 루텐베르크Arie Ruttenberg 는 중년의 변화가 직업이 있는 사람에게 "실존적으로 불가피한 일"이긴 하지만 항간에 "마법적 변화에 대한 오해"가 팽배한 것을 개탄한다. 2008년 《하버드비즈니스리뷰Harvard Business Review》에 발표한 글에서 텔아비브대학교의 심리학자 스트렝거와 중년 대상 서비스 기업 설립자인 루텐베르크는 우리가 열심히 노력만 하면 무엇이든 되거나 이룰 수 있다는 생각이 오히려 독이 된다고 주장한다.[4]

우리는 고무적인 강연을 듣고 고강도 단기 교육을 받은 후 이제 인생에 영원한 변화가 생길 것이라고 믿는 사람을 수없이 만났다. 하지만 그들에게서는 항상 동일한 패턴이 나타난다. 그 마법은 단 며칠간 지속될 뿐이고, 대부분의 사람이 보름쯤 지나면 애초에 왜 그런 격려의 말이 자신을 변화시킬 것이라고 생각했는지 알지 못한다. 그래서 혼란스러워진다. 자신이 어떤 방향으로 진화하기를 원하는지 확실히 알 수 없어서 변화를 위한 노력을 포기한다. 이런 이유로 변화를 장려하기 위한 가르침이 역설적으로 변화를 억제한다.

그러니 횡적으로, 점진적으로, 건설적으로, 논리적으로 움직이자. 그러면 충동적으로 실수를 범할 확률이 낮아지고, 불리한 상황을 더 잘 관리할 수 있게 되고, 문제의 원인을 잘못짚었을 때 입는 피해가 줄어든다. 그리고 만족감이 생긴다. 4장에서 심리학자 조너선 하이트가 말했듯이 우리 안의 보상 체계는 우리가 목표를 '향해' 한 걸음씩 나아갈 때마다 즉각적이고 단기적인 만족감의 분출이라는 보상을 주는 반면, 실제로 목적지에 도달하면 일순간 쾌감이 생기지만 곧 그것이 새로운 기준점이 되어 버린다.

우리 '느낌'으로는 큰 도약이 필요할 것 같다. 하지만 실제로는 뛰어오르는 대신 달성 가능한 목표를 향해 작은 걸음을 내딛는 것이 더 성취하기 쉬울 뿐 아니라 보통은 더 큰 만족감을 준다. 심리학자 수전 크라우스 휘트본은 "기분을 더 좋게 만들겠다는 목표를 달성하기 위해 꼭 큰 변화를 일으켜야 하는 것은 아니다. 일상에 작은 변화를 가해 세상을 보는 관점이 바뀌는 것만으로 충분할 수 있다. 애자일agile(짧은 주기로 지속적으로 소프트웨어를 개선하는 개발법-옮긴이) 사고방식을 받아들인다면 시간은 좀 더 걸릴지 모른다. 그러나 작은 조정들이 축적되어 진정으로 혁신적인 변화로 이어질 수 있다"라고 쓰고 있다.[5]

그렇다고 행복 곡선의 굽이를 지날 때 극적인 변화를 일으키지 말라거나 큰 위험을 감수하지 말라는 뜻이 아니다. 다만 어떤 변화를 일으키고 어떤 위험을 감수할 때 그것이 파괴가 아닌 '통합'을 지향해야 한다는 말이다. 인생에서 뭔가를 조정할 때는 그간 축적된 경험과 이전에 했던 선택을 존중해야 한다. 그리고 자신의 가치관, 의무, 기회에 대한 현실적 인식을 토대로 해야 한다. 물론 이런 통합적 변화가 큰 규모로, 어마어마한 규모로 발생할 수도 있다.

좋은 예가 중년에 자기붕괴를 경험했던 55세 교사 바브다. 설문에서 바브는 50대를 "짜릿함" "충만함" "즐거움"으로 표현했고 인생 만족도를 캔트릴 척도에서 최고점에 가까운 9점으로 평가했다. 반면에 40대는 겨우 4점을 주고 "고생" "스트레스"로 표현했다. 이 정도 규모의 역전 현상을 보는 경우는 드물다. 그래서 나는 이런저런 경로를 거친 끝에 마침내 현재 인도에 살고 있는 바브와

스카이프로 인터뷰를 하게 됐다.

텍사스주의 보수적인 가정에서 자란 바브는 항상 겉도는 기분이었다. 10대 때 마약과 술에 손을 많이 댔다. 20대에 남편을 만나 성공적인 결혼 생활의 문을 열었지만, 한편으로는 '나는 누구인가?' 하는 고민이 떠나질 않았다. 30대에 엄마가 되고 초등학교 특수 교사로 자리를 잡았다. 그녀에게는 안정된 삶이 잘 맞았다. "우리가 잘 살고 있다고 생각했어요."

그런데 40대에 난기류가 형성됐다. 어느새 훌쩍 커 버린 아이들에게는 예전만큼 엄마가 많이 필요하지 않았다. 동부로 이사해 정착하는 과정도 힘들었다. "두 달 정도 울었어요." 처음에는 중학교에서, 이어서 고등학교에서 수학을 가르치고 학생들에게 성심을 다하며 보람을 느꼈다. 그런데 특수 교육 경력 때문에 문제아들을 많이 맡다 보니 극심한 스트레스로 쓰러질 지경이었다. "엄청 힘들거나 엄청 좋거나 둘 중 하나였지 중간은 없었어요. 계속 그렇게 살 수는 없었지만 그렇다고 그 외에는 딱히 또 해 볼까 싶은 게 없었죠. 진짜 덫에 걸린 기분이었어요. 남편도 직장에 불만이었고요." 무미건조한 직장 생활로 인해 부부 관계 또한 점점 메말라 갔다. "결혼 생활이 위태로울 정도는 아니었지만 긍정적인 부분을 찾기가 어려웠어요."

그런 상태에서 그들은 외국행을 결심했다. 당시 바브는 51세였고 전부터 그들 부부는 몇 년간 외국에서 살아 볼까 하는 막연한 생각이 있었다. 그러던 차에 이집트의 카이로로 이주한 친구들을 방문해 재충전되는 느낌을 받자 진심으로 새로운 시작을 결정하게 됐다. "남편한테 이런 식으로 말했어요. '이대로 계속 살 수는 없어. 이제 일할 수 있는 것도 몇 년 안 남았는데 그 시간을 불행하게 보내고 싶지 않아.'" 바브는 온라인에서 수학이 특기인 특수 교사를 찾는다는 카이로 소재 국제 학교의 공고를 봤다. "스카이프로 면접을 봤는데 사람들이 괜찮더라고요. 딱 보니 좋은 학교라는 감이 왔죠." 애들은 이제 20대였고 남편은 이미 퇴직한 상태였다. 그들은 떠날 준비가 다 됐다고 생각했다.

실제로 이주한 후에는 어땠을까? "정말 좋았어요." 바브 부부는 이집트의 유구한 역사와 다채로운 문화에 반했다. 바브는 아랍어를 조금 배우고, 현지 친구들을 사귀고, 베두인족 가이드와 함께 사막에서 캠핑을 했다. 남편은 근처 학교들과 인연을 맺었다. 이후 바브가 다니던 학교 교장이 인도 첸나이의 학교로 적을 옮기자그들 부부는 따라나섰다. 내가 스카이프로 첸나이에 있는 바브와대화했을 때 그녀는 사람들이 친절하고 학교가 좋다며 첸나이를극찬했다.

원래 바브는 외국에서 몇 년 살다가 다시 미국으로 돌아올 생각이었다. "처음 떠나왔을 때는 당연히 언젠가는 미국에 돌아가서 노년을 보낼 거라고 생각했어요. 그런데 지금은 잘 모르겠어요. 안 갈 거 같아요. 고향보다 여기가 더 고향 같거든요."

덫에 빠진 것 같은 40대에게 그녀는 이런 말을 해 주고 싶다고 했다. "인생은 정말 짧아요. 자기를 불행하게 만드는 걸 계속하고 있을 필요 없어요. 하지만 그런 걸 안 하려면 기꺼이 위험을 감수할 수 있어야 해요."

자유 또는 도피를 갈망하는 칼과 같은 40대에게 바브의 이야기는 어서 도망치라고 등을 떠미는 것처럼 느껴질지 모른다. 하지만 이 이야기가 극적인 측면이 있긴 해도 근간에는 연속성이 있다. 바브는 기존의 능력과 경험을 활용할 수 있는 직장을 찾았고 그곳에 대해 철저히 조사했다. 그리고 자식들이 독립하고 남편이 사회보장연금Social Security을 받을 시기가 됐을 때야 비로소 카이로로 떠났다. 남편의 연금 덕분에 한 사람만 일해도 먹고사는 데 지장이 없다는 계산이 있었다. 그리고 두 사람 모두 준비가 다 됐고 서로 같은 마음이라는 확신이 있었다. 첸나이로 이주할 때 나라는 바뀌었어도 상사는 그대로였기 때문에 핵심적인 관계가 유지됐다.

이것은 물론 변화의 이야기지만 그 변화는 합리적으로 구상하고, 신중하게 시기를 고르고, 체계적으로 실행한 변화였다. 그것은 통합적인 변화였지, 파괴적인 변화가 아니었다.

나의 자기붕괴 행위였던 50대 초반의 창업 시도는 사업상 실패였다. 하지만 덕분에 나는 변화와 도전을 경험했는데, 내가 40대에 상상했던 성급한 도피와는 거리가 멀었다. 언론인으로서 내 경험과 인맥을 잘 활용할 수 있도록 사업 계획을 세웠고, 그런 도박을 감당할 수 있는 퇴직금과 예금이 있었으며, 여러 인간관계와 선택지가 파괴되지 않도록 신경 썼다. 내가 직업적으로, 감정적으로 바브와 같은 홈런을 쳤다는 말은 못 하겠다. 하지만 시합에서 퇴장하지 않고 타석에 들어선 것만은 분명하다.

기다린다

"지나면 더 좋아진다." 이것은 가장 중요한 지혜다. 그리고 가장 사용하기 어려운 지혜다.

U자 곡선의 밑바닥에서 괴로워하는 사람에게 도움이 될 만한 대응법은 많다. 하지만 그곳에서 우리가 맞서는 물살은 깊고 거세다. 그렇기에 현실에서 우리가 손에 쥐고 있는 대응법으로 불만을 완화할 수는 있어도 완전히 없애 버리기는 어렵다.

솔직히 나는 없애 버리는 게 과연 좋은 생각인지 잘 모르겠다. 알다시피 그 밑바닥이 아무리 불쾌하다고 한들 행복 곡선은 개인(그리고 사회)의 건강하고 중요한 전환과 연관이 되어 있는 것 같다. 어떤 마법의 영약을 마시고 행복 곡선을 없앨 수 있다면 노년이 훨씬 각박해질지 모른다. 어쩌면 프로스트의 말처럼 최선의 출구는 그 길을 끝까지 가는 것일지 모른다. 대부분의 사람에게 중년의 슬럼프는 성가시긴 할지언정 트라우마가 남을 정도로 고통스럽진 않다. 특히 그것이 일반적인 현상이고, 끝이 있으며, 재앙이 아니라는 사실을 알면 그렇다. 대부분의 사람은 기다려야 한다면 충분히 기다릴 수 있다. 기다림은 그들에게 보상을 준다.

요즘은 무엇을 하든 적시성just-in-time이 강조된다. 이런 세상에서 인내심을 갖고 조금씩 전진하면 마음을 짓누르는 문제의 해결에 도움이 될 거란 말은 직관에 반하고 심지어는 문화에도 반하는 것처럼 들린다. 우리는 시간을 우리의 종으로, 즉 우리가 사용하고 채울 수 있는 것으로 생각하기를 좋아한다. 반대로 시간이 우리의 주인이라고, 우리가 거부할 수 없고 때로는 이해할 수 없는 방식으로 영향을 미치는 것이라고 생각하기는 싫어한다. 그래서 '기다리기'는 받아들이기 어려운 조언이다.

하지만 행복 곡선과 그 이상한 되먹임 덫과 관련해서는 기다림이 수동적 전략이 아니라는 것을 알아 두면 큰 도움이 될 것이다. 기다림은 아무것도 하지 않는 것이 아니다. 기다림은 시간과 공조해 시간이 우리를 위해 일하게 하는 것이다. 인내는 유일한 해결책이 될 수 없겠지만 해결책 중 하나는 된다. 돌아보면 내가

40대에 가장 많이 한 것이 바로 기다리기였다. 내가 동원한 모든 방법 중에서 기다림이 제일 효과적이었다.

토머스 콜이 그린 중년의 여행자는 키도 없고 노도 없다. 마음의 위안을 주던 수호천사는 시야에 들어오지 않고 무자비한 모래시계만 시야를 지킬 뿐이다. 그는 겁에 질린 채 두 손을 모아 쥐고 하늘을 올려다보며 가호를 빈다. 더 강력한 존재의 손에 운명을 맡긴다. 콜이 생각한 더 강력한 존재는 신이었다. 하지만 그의 그림은 세속적 해석도 가능하다. 인생 여로에서 우리는 자신보다 강력한 힘들에 휘둘리며 자신이 통제할 수 없는 물길에 휩쓸려 떠내려가는 존재다. 그러니 통제를 '내려놓자'. 강물을 믿자. 시간을 믿자.

그리고 인내에 대해 알아 둬야 할 것이 하나 더 있다. 혼자 기다리지 않을 때 기다리기 더 쉬워진다는, 훨씬 더 쉬워진다는 사실이다.

인생은 왜 50부터 반등하는가

8장

서로 돕기

벽장 속의 중년 구하기

우리에겐
사회라는 피난처가 필요하다

스스로 돕기, 즉 자조自助는 값지다. 자조는 중요하다. 하지만 내가 앞 장에서 권한 것들만으로는 충분하지 않다. 그 모든 것을 철저히 행하고 거기에 운동, 식습관, 비타민, 닭고기 수프를 더해도 여전히 부족하다.

이 책을 쓰기 위해 자료를 조사하면 할수록 자조가 필요하긴 하지만 그것만으로는 불충분하고 어떤 면에서는 핵심에서 벗어나 있다는 생각이 강하게 들었다. 중년을 위한 해법에서 더 큰 비중을 차지하는 부분은 우리 안이 아니라 바깥에 있고 대체로 관심을 받지 못하고 있다.

　내 친구 칼을 포함해 수많은 사람이 너무 많은 것을 혼자 힘으로 하라는 말을 듣고 있다. 그들에게는 사회적 물길과 U자 친화적 환경이 필요하다. 그들에게는 행복 곡선을 무시하는 제도와 행복 곡선을 조롱하는 사회 규범이 아니라, 그 길을 더 편히 걸어갈 수 있게 해 주는 제도와 규범이 필요하다. 그들에게는 그들이 어디가 고장 난 것이 아니라 지극히 정상이라는 전제 아래 그들이 경험하는 현상을 설명해 주는 이야기가 필요하다. 칼에게는 뭍에서 보내는 도움이 필요하다.

　게리 역시 마찬가지다. 게리는 내가 행복 곡선의 "벽장"에 관심을 갖게 만든 사람이다.

　게리도 칼처럼 일 때문에 알고 지내다 친구가 됐다. 처음에 행복 곡선에 관한 책을 어떻게 쓸지 구상할 때 떠오른 사람 중 한 명이 게리였다. 내가 인터뷰했을 당시 그는 50대 초반으로 인생 만족도에 매긴 점수가 6점에 불과했는데, 그나마 최저점이던 40대의 5점보다는 1점이 높았다.

　"평소 느끼는 불만감에 대해 누구랑 얘기 나누나요?"

　"그냥 속에 담아 놔요. 친구들한테는 얘기 잘 안 해요." 그는 자신을 성공한 사람, 강인한 사람이라고 생각한다. "사람은 원래 잘나가는 모습을 보여 주고 싶어 하지 약점이나 나약한 모습을 보여 주려고는 안 하니까요." 그는 우는소리 하는 걸 싫어한다. "내가 문제가 좀 있긴 해도 친구들에 비하면 성공하고 안락하게 사는 편이란 걸 잘 알아요. 그런데 불평을 한다면 우리 애들이 하는 말로 선진국병처럼 느껴진단 말이죠."

혹시 부인에게는 말하는지 물어봤다. "예, 뭐, 조금. 일과 관련된 건 잘 안 하고요. 그 사람은 나보다 직업 만족도가 더 떨어지거든요."

수많은 사람이 그렇듯 게리는 중년의 위기라든가 우울증 같은 표준적인 틀이 자신에게는 맞지 않는다고 느꼈다. 그의 처남은 전형적인 중년의 위기를 겪으면서 이혼 후 더 젊은 여성을 만나고 오토바이를 장만했다. "중년의 위기란 건 뭐랄까 과감히 행동하는 것과 관련이 있다고 봐요. 나도 과감하게 행동했으면 더 재미있게 살았을지 모르겠지만 그렇게 안 했어요." 의학적 치료나 우울증 상담은 필요하지 않다고 느꼈다. "내가 뭐 우울증 같은 병에 걸린 것 같지는 않았거든요."

그날 게리에게 들은 특징은 모두 이후 다른 사람들의 인터뷰에서 메아리처럼 반복됐다. 정리하자면 불쾌감과 당혹감과 수치심이라는 감정, 함구라는 행위, 표준적 명칭은 자신에게 맞지 않는다는 인식이었다. 게리가 말한 것 중에는 이후로 내가 더 많은 것을 알게 되면서 중요성이 더 커진 요소가 있었다. "내 인생에도 나보다 지혜로운 어른이 멘토로 있었으면 좋겠다고 생각했어요. 이런 걸 터놓고 이야기 나눌 피난처 같은 사람이 있으면 좋지 않을까 했죠."

피난처. 약한 모습을 보여도 되는 곳. 비밀과 부끄러움이 없는 곳. 그리고 '안내자'. 그것이 게리에게 필요하지만 스스로 줄 수는 없는 것이었다.

질병화와 희화화의
대상이 된 중년

게리에게는 사회에서 중년의 불만을 말할 때 지배적으로 사용되는 2가지 양식이 장벽처럼 느껴졌다.

하나는 "질병화medicalization"다. 너한테는 의사가 필요해. 병원에 가서 처방을 받아. 항우울제를 복용해. 알다시피 정신병은 인생의 오점이라는 인식이 팽배하기 때문에 심각한 우울증에 걸린 사람조차 적절한 치료를 거부하곤 한다. 그런데 지금껏 살펴본 대로 행복 곡선의 밑바닥은 길긴 해도 깊이가 얕다. 대부분의 사람은 심각한 우울증을 경험하지 않는다.

그들이 경험하는 것은 우울증과는 전혀 다른 만성적 불만이다. 이때는 가치관과 인생이 긴장 상태에 있고 실제로 성취한 것과 성취감이 일치하지 않는데, 두 증상 다 의학적 문제는 아니다. 그러니까 당사자가 질병화라는 양식을 선뜻 받아들이지 못할 만하다. 인터뷰 당시 게리는 직장에서, 또 아버지와 남편으로서 성공한 사람이었다. 그러니까 문제는 그가 실패하거나 추락하거나 제 역할을 못 하고 있는 게 아니었다. 진짜 문제는 실패하거나 추락하거나 제 역할을 못 하고 있는 것이 '아님'에도 정서적으로 자신을 그에 걸맞게 대우하지 못하는 것이었다. 바로 되먹임 덫이었다. 이럴 때 약이 필요한 경우도 있긴 하다. 하지만 대부분은 자신이 본인과 타인에게 실망스러운 존재가 아니라 지극히 정상이고 주변에 지원군이 있다는 느낌만으로 충분히 버텨 낼 수 있다

게리가 겪고 있는 현상을 설명하는 또 다른 사회적 양식은 "희화화mockery"다. 이건 질병화보다 훨씬 나쁘다. 중년의 위기가 잘못이 아닌데 얼마나 빈번하게 놀림감이 되는지 모른다. 온라인에서 '중년의 위기'로 이미지 검색만 해 보면 대번에 알 수 있다. 무엇이 나오는가? 중년 남성과 빨간 스포츠카 사진이 잔뜩 나온다. 열이면 열 스포츠카고, 열에 아홉은 빨간색이고, 열에 일고여덟은 오픈카다.

머리가 반쯤 벗겨진 남자가 빨간 오픈카를 타고 고속도로를 질주하는 사진 밑에 "마침내 도래한 중년의 위기?"라고 쓴 이미지가 대표적이다. 비슷한 사진 밑에 "중년의 위기: 예쁜이들이 속도

를 즐기는 젊은 오빠를 좋아한다지?"라고 적힌 이미지도 있다. 어느 스포츠카 구매 가이드는 제목부터 "위기의 중년을 위한 구매 가이드"였다. 내가 《디애틀랜틱The Atlantic》에 행복 곡선에 관한 글을 썼을 때도 아니나 다를까 뚱한 얼굴로 빨간 스포츠카를 타고 있는 남자의 사진이 표지에 실렸다. 이런 스포츠카 이미지는 누가 악의를 갖고 일부러 그런 분위기를 조성한 건 아닐 것이다. 그렇지만 이 이미지는 어느새 중년의 불만을 해소하기 위해 과감히 돈을 쓰고 과감히 행동하는 것이 당연하다는 통념의 상징으로 자리 잡았다.

중년의 위기라고 하면 또 많이 등장하는 이미지가 오토바이를 탄 중년 남성, 젊은 여성들에게 둘러싸인 중년 남성, 그리고 젊은 여성들에게 둘러싸여 오토바이에 걸터앉아 포즈를 잡고 있는 중년 남성이다. 그나마 이 정도는 약과다. 조롱의 수위를 한껏 올려서 머리가 반쯤 벗겨진 남자가 토끼 인형의 머리에 권총을 겨누고 있고 그 밑에 "중년의 위기는 탈모로 시작해 탈선으로 끝난다"라고 적어 놓은 이미지도 존재한다. 여성 또한 남성만큼 심하진 않지만 그런 이미지가 존재한다. 예를 들면 어떤 만화에서는 에드바르 뭉크의 〈절규〉에 나오는 겁에 질린 얼굴을 한 여성이 한가운데 그려져 있고 주변에는 그 여성이 몸에 맞지 않는 옷을 입으려다 거울을 보고 경악하는 모습이 그려져 있다. 중년의 위기 관련

책들을 조사하던 중 친절하게 '부록'으로 중년에 대한 농담을 실어 놓은 책까지 발견했다. 어디 가서 중년을 주제로 토론할 생각이라면 요긴할지 모르겠다.

어느 누가 굳이 조롱이나 진부한 고정 관념의 대상이 되고 싶어 할까. 어느 누가 굳이 제2의 사춘기나 정신 파탄이 임박했다며 비상벨을 울리고 싶어 할까. 그래서 선뜻 말을 꺼내지 못한다. 그런데 게리는 말을 꺼내 봤다. 어땠는지 묻자 그는 이렇게 대답했다. "그게 좀 복잡해요. 어떤 사람들한테 얘기했을 때는 정말 좋았어요. 그런데 또 어떤 사람들은 내 얘기를 듣고 뒷담화를 하고 다니더라고요. 기분 나쁜 게 기분 좋은 거보다 훨씬 컸어요. 긍정적인 부분보다 부정적인 부분이 훨씬 큰 거죠."

중년의 불쾌감에 대해 일부러 무자비하게 말하려는 사람은 드물다. 다만 질병화와 희화화 외에는 이 문제를 담을 상자가 없을 뿐이다. 공교롭게 미국의 동성애자들도 예전에 비슷한 문제를 겪었다. 동성애자라는 걸 공개하면 정형화된 이미지 속에 갇혀 조롱을 당하거나 반사회적 인물 내지는 마음의 병이 있는 사람으로 취급받기 일쑤였다. 그렇다고 게리와 같은 사람들이 한때 동성애자들이 당했던(그리고 지금도 간혹 당하는) 것처럼 극심한 편견에서 비롯된 차별을 당하고 있다는 말은 아니다. 하지만 2가지 면에서 현저한 유사성이 보인다.

동성애자들은 동성애가 정상일 수 있다는 사회적 서사가 존재하지 않았기 때문에 자신의 감정에 문제가 있다는 이야기를 내면화하는 경우가 많았다. 그리고 자기폄하는 수치심과 스트레스를 부르고, 이것은 고립을 심화시켜 수치심과 스트레스를 더 키운다. 이런 부정적 되먹임 고리를 동성애자들의 은어로 "벽장closet"이라고 부른다. 동성애자들에게는 잘못이 없다. 잘못은 현상을 오해하는 사회에 있다.

만약에 사회가 어떤 연령 집단 전체를 오해해 잘못된 상자에 욱여넣는다면 어떻게 될까? 그리고 어떻게 하면 그것을 바로잡을 수 있을까? 미국 역사에서 흥미로운 사례를 찾아볼 수 있다.

청소년기는 있는데 중년의 리부팅기는 없다?

청소년이 없는 세상을 상상해 보자. 10대가 없는 세상이 아니라 청소년이라는 '개념'이 없는 세상을 말이다.

거기서는 어린이가 사춘기를 지나 육체적으로 성인이 되면 노동을 할 준비가 완료됐다고 간주될 것이다. 그래서 고등학교와 대학교에 들어가지 않고 바로 일터로 갈 것이다. 그들은 역량과 사회적 기술이 기초적인 수준에 불과할 것이고 10대 특유의 정서 자원을 지닌 채 업무에 임할 것이다. 하지만 그런 역량과 성숙도는 그들에게 기대되는 농업과 수공업 일에는 대체로 충분한 수준일 것이다. 그들은 젊은 나이에 결혼해 젊은 나이에 부모가 될 것이다. 이런 세상이 이상하게 느껴지겠지만 사실 150년 전쯤 미국이 정말 그랬다.

눈이 머리 속에 있었던(〈전도서〉 2장 14절 "지혜자는 그의 눈이 그의 머리 속에 있고"를 인용-옮긴이) 고대인들은 사춘기 전 유년기와 완전한 성숙기 사이에 존재하는 전환기가 대체로 질풍노도와 같음을 알았다. 고대 그리스의 역사가 헤로도토스는 기원전 1700년경 수메르에서 아들의 버릇없고 무신경한 행실을 개탄한 아버지의 이야기를 전했다. 아리스토텔레스는 젊은 성인기(사춘기~약 21세)를 그 앞에 오는 영아기(출생~약 6세)와 소년기(약 7세~사춘기 전)와 구별해 현재와 거의 일치하는 공식을 보여 주었다.

하지만 사회적으로 유년기와 성인기 사이에 존재하는 발달 단계의 개념이 본격적으로 필요해진 것은 비교적 최근의 일이다. 그전까지는 어릴 때만 학교에 다니고 사춘기가 지나면 성인의 세계에 입장했다. 마크 트웨인의 소설 《허클베리 핀의 모험》(1885)에서는 열서너 살 소년이 제힘으로 삶을 일구어 나간다고 경악하는 사람은 아무도 없는 것 같다. 하지만 지금이라면 그런 아이는 즉각 아동 보호 센터에 넘겨질 것이다.

19세기 후반이 되자 도시화, 산업화, 대중 교육 의무화가 맞물려 젊은 세대를 보는 인식의 틀이 바뀌었다. 업무의 전문화와 기술의 발달로 노동 현장에서 기술력 있고 성숙한 노동자에 대한 수요가 증가했다. 이에 따라 사회는 미성년 노동을 금지하고, 학교 출석을 강제하고, 학교에 다니는 기간을 늘렸다. 고등학교가 속속 생기면서 10대가 있어야 할 곳은 공장이 아니라 교실이라는 인식이 싹텄다. 도시도 속속 생겨났다. 산업화 이전 시대의 10대들은 농가와 작은 마을에서 자랐고 주변에 또래가 아주 많지는 않았다. 하지만 도시화로 10대들이 북적대며 같이 학교에 다니고 어울리는 밀집 지역이 형성됐다. 비로소 '10대'가 하나의 집단으로 인정되고 10대만의 풍습과 정체성이 형성되면서 '청소년 문화'라고 불리게 될 문화가 탄생했다.

　　결정적 변화는 1904년 청소년이 사회 범주의 하나로 확립된 것이었다. 이 계기를 마련한 사람은 미국 최초의 심리학 박사인 G. 스탠리 홀G. Stanley Hall이었다. 홀은 1904년 총 2권으로 된《청소년Adolescence》이라는, 어찌 보면 당연한 제목의 저서를 출간해 큰 반향을 불러일으켰다. 그는 청소년기가 감정과 감정이 충돌하고 극단적 감정이 생기기 쉬운 특징을 가진, 따라서 심리학적으로 다른 시기와 구별되는 시기라고 봤다. 이 이론의 세부 내용보다 더 중요한 건 이전까지는 그저 나이에 불과했던 것에 고유한 명칭이 생기고 그 명칭이 널리 전파됐다는 사실이다. 1900년까지만 해도 거의 알려지지 않았던 '청소년'이란 단어가 홀의 책이 출간된 후 대중의 어휘에 편입되어 지금까지 사용되고 있다. 이제는 청소년기가 없는 삶은 상상할 수 없을 만큼 청소년이란 개념이 사회에 확고하게 뿌리내렸다.[1]

청소년기가 엄연히 존재하는 사회에서는 10대가 바로 성인기로 내팽개쳐지지 않고 각종 제도와 규범에 둘러싸여 유년기에서 완전한 성숙기로 넘어가는 전환기를 잘 지나가도록 안내를 받는다. 이런 제도와 규범은 예를 들면 고등학교, 대학교, 전문대학, 인턴십, 여름 방학 단기 취업, 현장 실습, 군대, 상담소, 전화 상담, 교내 상담실, 별도의 청소년 사법 제도 등이다. 그런데 이보다 더 중요한 점은 청소년을 위한 발달 서사가 존재한다는 사실이다.

이 이야기 속에서는 10대 시절에 겪는 어려움이 정상적인 전환 과정의 일부로 그려진다. 간혹 정서 문제 때문에 의학적 관심이 필요한 경우가 있을 것이다. 그렇지만 대부분의 10대는 멘토링을 통해, 그들을 지원하는 환경을 통해, 그리고 학교와 일자리와 연애 등 이미 형성되어 있는 사회적 경로를 통해 어려움을 헤쳐 나가는 방법을 안내받을 수 있다. 우리는 일반적으로 10대들에게 혹시 혼란스럽거나 정서적으로 힘들면 도움을 요청하라고 당부하고, 실제로 10대가 도움을 요청했을 때 웬만한 사람은 그것을 놀림거리로 삼지 않을 분별력이 있다.

청소년기처럼 중년의 리부팅기 역시 예사롭고 예측 가능한 발달 경로다. 청소년기처럼 지극히 정상적인 현상이지 절대로 어떤 병이 아니다.

청소년기처럼 어떤 사람은 별 탈 없이 지나가고 어떤 사람은 고생을 많이 하는 시기다. 청소년기처럼 설령 혼자 어떻게든 버텨내는 것이 가능하다고 해도 다른 사람의 도움을 받으면 더 좋다. 청소년기처럼 고립, 혼란, 자기폄하 사고 패턴 때문에 사태가 악화될 수 있다. 청소년기처럼 아슬아슬하고 스트레스를 많이 받는 시기고 위기로 이어질 여지도 있지만(특히 부적절한 대응 때문에) 그 자체로는 위기가 아니다. 청소년기처럼 하나의 전환기며, 이때 문제를 겪더라도 대부분은 더 행복하고 더 안정된 인생의 단계로 나아간다.

요컨대 청소년기와 행복 곡선상의 골짜기는 생물학적·정서적·사회적으로 완전히 동일하지는 않지만, 보편적이고 예측 가능한 전환기로서 힘들긴 해도 병적인 현상은 아니라는 점에서 서로 비슷하다. 하지만 전자는 사회적으로 든든한 지원 환경이 존재하고, 후자는 빨간 스포츠카가 전부다.

3장에서 '시간'은 절대적 개념이고 '나이'는 상대적 개념이라고 했다. 이 2가지 모두가 행복 곡선상에서 우리 위치를 결정하는 요인으로 나름의 영향력을 발휘한다. 시계와 생물학은 우리의 신체적·정신적 상태에 강한 입김을 발휘하고, 사회와 문화는 각 연령대에서 우리가 품는 기대와 우리가 느끼는 정서에 강한 입김을 발휘한다.

때때로 시간과 나이 듦이 서로 어긋나기도 한다. 19세기를 살았던 10대들의 상황이 좋은 예다. 이 문제는 사회적으로 '청소년기'라는 상자가 추가되면서 해결됐다. 공교롭게도 바로 지금 또 다른 형태로 시간과 나이의 불일치가 발생하고 있다. 다행히 몇몇 영민한 사람들이 현재 새로운 상자를 만드는 중이다. 그중 한 사람이 마크 프리드먼Marc Freedman이다.

앙코르 성인기
: 중년과 노년 사이 새로운 인생 단계의 출현

"지금 우리 눈앞에서 인생의 새로운 단계가 출현하고 있다고 생각합니다." 어느 여름날 프리드먼을 인터뷰했을 때 그가 한 말이다.

당시 50대 후반이던 프리드먼은 본인의 표현을 빌리자면 "로라 카스텐슨 이론의 현실적 구현체"인 Encore.org라는 비영리단체의 설립자 겸 CEO다. 그는 사회가 규정하고 있는 나이 듦에 대한 구시대적 모델을 현시대 실정에 맞게 재조정할 방법을 고안하고 제시하는 것이 자신의 임무라고 생각한다.

필라델피아에서 자라고 스워스모어칼리지를 졸업한 그는 한 때 현대 무용단을 운영했지만 예일대학교에서 MBA를 취득한 후 교육에, 그리고 멘토링의 힘에 관심이 생겼다. 그래서 아이들에게 어른 멘토가 있을 때 얼마나 도움이 되는지에 주목했고, 그러다 보니 나이 든 사람들이 멘토 역할을 할 수 있게 기회를 만들어 주는 일에 흥미를 느꼈다. 급기야 저소득층 학생들의 독해력 향상을 위해 55세 이상 성인을 팀 단위로 투입하는 경험봉사단Experience Corps이라는 비영리단체를 창설했다. 이를 계기로 그는 나이 듦에 대한 종래의 사회적 모델에 대해, 그리고 자신이 살아오는 동안 이 모델이 극적으로 변화한 과정에 대해 생각하게 됐다.

오랫동안 이 모델은 기본적으로 두 단계로 구성되어 있었다. 유년기의 교육과 성인기의 노동(이른 나이에 시작되는)이었다. 너무 나이가 들거나 장애가 생겨 노동력을 상실한 사람은 할 수 있는 일이 많지 않았기 때문에 대체로 가난해졌고 대체로 오래 살지 못했다. 1930년대에 사회보장연금이 신설됐을 때만 해도 연금을 수령하는 나이까지 살 것으로 기대되는 사람이 거의 없었다.

하지만 그 누구의 예상보다 빠르게 장수 혁명이 전개되면서 1950년대에는 수많은 사람이 '은퇴자'라는 새로운 사회적 상자에 들어갈 수 있게 됐다. 은퇴의 핵심은 일을 하지 않는 것이었고 그것은 곧 아무것도 하지 않는 것에 가까웠다. 프리드먼은 "그래서 목적 격차가 생겼죠"라고 말했다.

그런데 이런 식으로 퇴출되는 건 건강한 노인을 위한 서사로 매력이 떨어졌다. 그래서 사회는 프리드먼이 "황금기Golden Years"라고 부르는 새로운 상자를 만들었다. 프리드먼이 조사해 보니 황금기는 비교적 최근인 1960년에 애리조나주의 부동산 개발업자 델 웹Del Webb이 피닉스 외곽에 선 시티Sun City라는 실버타운을 조성하면서 처음 쓴 말이었다. 웹은 은퇴가 즐거운 여가 생활을 중심으로 하는 긴 휴가가 되어야 한다는 개념을 내세웠고 곧이어 많은 마케터가 같은 개념을 차용했다. 웹의 경쟁사 중 하나는 여가를 강조하며 레저 월드Leisure World라는 실버타운 체인을 만들기까지 했다.

"노인들이 사회적으로 심하게 배척당했기 때문에 나이 든 사람들만 모여 사는, 그래서 아무도 늙은 게 아니게 되는 공동체를 조성하자는 아이디어가 나왔죠. 젊은 사람들의 존재를 의식할 필요 없이 노인들끼리 삶을 즐길 수 있는 곳요"라고 프리드먼은 말했다. 황금기라는 개념이 얼마나 인기를 끌었던지 선 시티에서 최초로 견본 주택 6채를 공개했을 때 구경 온 사람들의 차량이 수 킬로미터나 이어졌을 정도였다.

하지만 수명은 계속 늘어났다. 성인기 후반의 건강과 활력이 계속 증진됐다. 이제는 우리가 살펴본 대로 60~70대는 더 이상 짧게 끝나 버리거나 노쇠를 동반하는 죽음의 전주곡이 아니다. 대부분의 사람이 예리한 인지력과 풍부한 경험과 숙련된 기술을 보유하고 살아가는 시기다. 그리고 대부분의 사람이 가족과 지역과 사회에 이바지할 방법을 모색하는 시기다.

그런 한편으로 30년간 커리어를 유지하며 중년에 안정된 삶을 살기는 갈수록 어려워지고 있다. 2008~2013년에 50대 미국인 4명 중 1명이 일자리를 잃었다(60~64세는 5명 중 1명). 많은 사람이 경제적 필요 때문에 어쩔 수 없이 중년에 커리어를 재시작하거나 재구축해야만 한다. 그리고 많은 사람이 새로운 목적이나 더 보람 있는 삶을 찾아 재시작을 '선택'한다.

미네소타대학교의 저명한 사회학자 필리스 모언Phyllis Moen은 "고등학교나 대학교를 졸업하고 평생 한 직장이나 산업에 종사하는 것처럼 예전에는 당연하게 여겨졌던 일들이 이제는 모두 뒤집혔어요. 은퇴 역시 그렇죠. 노년이 더 뒤로 밀려났어요. 만성적인 문제는 있을 수 있겠지만 나이 들어도 늙었다는 느낌은 안 들죠. 모든 가능성이 열려요. 인생의 두 번째 기회랄까요"라고 내게 말했다.

새롭게 생긴 이 두 번째 기회의 시기에는 아직 분명한 이름이 없다. "제4막act IV" "제2의 성인기adulthood II" "중간기midcourse" "중간장middlescence" "2기 성인기second adulthood" "제3시대third age" "제3장third chapter" "젊은 노년young old" 등 다양한 명칭으로 불리긴 했다(알파벳순으로 나열했다). 이 새로운 시기에 이름을 붙일 자격을 가진 사람이 있다면 아마 2016년《앙코르 성인기: 위기, 갱신, 목적의 경계에 선 베이비붐 세대Encore Adulthood: Boomers on the Edge of Risk, Renewal, and Purpose》라는 중요한 책을 출간한 필리스 모언일 것이다. 모언이 이 시기에 붙인 이름은 물론 "앙코르 성인기"다.[2]

마크 프리드먼은 "어떤 명칭을 쓰든 간에 기본적으로 의미하는 건 같아요. 기존 범주에는 딱 들어맞지 않는 인생의 시기, 중년과 노년 사이의 새로운 단계를 말하는 거죠. 이제 그 단계로 들어가는 사람이 폭발적으로 늘어나고 있지만 아직 그 잠재력을 활용하진 못하고 있어요"라고 말했다.

프리드먼은 Encore.org에 실려 있는 설문 조사 결과를 언급하며 50~70세 미국인 중 9퍼센트 정도가 이미 그가 말하는 "앙코르 커리어encore career"를 시작했다고 말했다.[3] 앙코르 커리어란 프리드먼이 즐겨 쓰는 표현을 빌리자면 열정과 목적 그리고 대부분의 경우에(항상은 아니다) 임금이 결합된 재시작을 뜻한다. 중년이나 그 이후에 더 의미 있고 사회적으로 더 긍정적인 사명을 찾다 보면 영리적으로 위험을 무릅쓰고 전문적 커리어의 새로운 단계에 진입하는 사람이 많다(물론 봉사를 택하는 사람도 일부 있다).

이처럼 통념과는 달리 성인기 후반을 사는 사람들은 열성적인 사업가들이다. 유잉매리언카우프만재단Ewing Marion Kauffman Foundation에서 취합한 자료에 따르면 1996~2015년에 55~64세의 창업률이 더 젊은 층의 창업률과 동등하거나 그 이상이었던 해가 절반 이상이었다(45~54세도 크게 뒤지진 않았다).[4] Encore.org에 실린 설문 결과를 근거로 말하자면 50~70세 미국인 중 2000만 명 정도가 앙코르 커리어를 시작하기를 원한다. 프리드먼은 이것이 "총 2억 5000만 년 분량의 인적 자본과 사회적 자본이 교육, 의료, 노인 같은 분야에 투입될 수 있다는 뜻"이라고 말했다.

베이비붐 세대가 사회 변화의 선수파(배가 움직일 때 앞쪽에 이는 파도-옮긴이)다. 미국인 중 3분의 1 이상이 50세 이상이다. 그중에서 완전히 일을 그만두는 사람은 점점 줄어드는 반면 점점 많은 사람이 노동 인구에 들어갔다 나왔다 한다. 그러면서 은퇴하면 골프나 치러 다닌다는 고정 관념에서 탈피해 일, 봉사, 양육, 학습, 여가를 나름의 비율로 배합한 삶을 살고 있다. "은퇴했지만 현재 일하는 중retired but currently working"이란 말이 얼마 전까지만 해도 모순된 표현이었지만, 이제는 이미 65~74세 노동 인구 중 절반 이상과 57~64세 노동자 중 6분의 1이 자신을 그렇게 소개한다.[5]

인생 후반전을 위한
안내 지도 만들기

중년에 새롭게 2막을 시작한다는 말이 이렇게 활자로만 보면 꽤 멋있게 들리겠지만 속단하기는 이르다. 현실에서는 40대까지 깊게 파 온 고랑을 빠져나오는 것만큼 어려운 일은 없다. "내가 진정으로 원하는 건 무엇인가?" "누가 나를 원하는가?" "책임을 다하고 생계를 유지하면서 내 인생을 재창조하려면 어떻게 해야 하는가?" "내가 선택할 수 있는 것은 무엇무엇이고 그것을 어떻게 다 검토할 수 있는가?" "무엇이 성취 가능하고 무엇이 공상에 불과한가? 재출발에 실패했을 경우 대비책은 무엇인가?"

재출발을 고려하는 사람에게는 이 밖에도 수많은 질문이 매섭게 날아든다. 재출발자들은 진로를 안전하게 바꿀 수 있게 가드레일이 필요하다. 그들에게 힘이 되고 체계를 잡아 주는 제도와 프로그램과 본보기가 필요하다. 그들에게는 또 파트타임으로 일하기를 원하고, 너무 중요하지 않은 업무를 원하고, 오래된 기술을 새로운 일에 활용할 수 있기를 원하는 원숙한 노동자를 받아 줄 고용주가 필요하다. 그들에게는 중년의 재교육을 위한 교육 시설과 경제적 지원이 필요하고, "은퇴했지만 현재 일하는 중"인 상황을 고려한 융통성 있는 기초 연금과 퇴직 연금 제도가 필요하다.

새로운 사명과 기회를 찾는 은발의 구직자를 위한 직업 상담, 일자리 박람회, 인턴십, 갭이어gap year(고등학교 졸업 후 대학 생활을 시작하기 전에 1년간 다양한 경험을 쌓는 기간-옮긴이)가 필요하다.

또한 그들에게는 실험과 실수를 통해 성장하는 것에 대한 사회적 승인이 필요하다. 10~20대에게는 당연히 주어지는 이런 승인이 원숙한 성인에게도 똑같이 필요하다. 그리고 55세에 갭이어를 보내거나 인턴이 되는 것이 인생을 망치거나 헛되이 청춘을 좇는 행위가 아니라 타당하고 자연스러운 행위로 인식돼야 함은 물론이다.

"그럼 현재 중년의 재출발을 위한 사회적·문화적 인프라가 얼마나 갖춰져 있습니까?" 내 질문에 마크 프리드먼은 이렇게 답했다. "없어요. 다 혼자 알아서 하란 식이죠."

2011년 출간한《빅 시프트: 중년 이후 새로운 단계 항해하기 The Big Shift: Navigating the New Stage Beyond Midlife》(한국어판:《빅 시프트: 100세 시대 중년 이후 인생의 재구성》, 한울, 2015)에서 프리드먼은 우리가 중년의 '위기'가 아닌 중년의 '격차'를 말해야 한다고 주장한다. 이때 격차란 중년에 상당한 지원이 요구되지만 실제로 사회적 지원은 빈약한 수준에 그치는 현실을 가리킨다.

프리드먼은 이렇게 쓰고 있다. "그 사이의 공간은 넓기도 넓지만 혼돈의 도가니다. 엇갈리는 신호들, 철 지난 규범들, 시대착

오적인 제도들, 숱한 오해들이 뒤죽박죽 섞여 있는 난장판이다. 점점 더 벌어지는 이 격차는 다음과 같은 일련의 문제적 요인들을 특징으로 한다. 개인 정체성 내의 공백, 일관성 있는 제도(와 정책)의 부재, 사회에 더 폭넓게 일어나고 있는 현상에 대한 몰이해." 또한 우리 부모 세대에서는 "중년 너머로 이동하는 사람은 은퇴라는 사회 제도로 직행하거나 혹시 지체된다면 2년 정도 제자리 헤엄을 친 후 정체성과 안정성의 피난항으로 들어갔다"라면서 "요즘은 대부분이 혼자서 해도海圖에도 없는 바다 위에 둥둥 떠서 다음은 무엇이고 중요한 것은 무엇인가 하는 근본적 질문에 직면하고, 또 아직 그들을 맞을 준비되어 있지 않은 사회를 마주한다"라고 쓰고 있다.

프리드먼을 비롯해 앙코르 성인기의 지도를 그리고 있는 사람들은 갭이어와 성인 교육을 위한 자금을 모을 수 있게 도와주는 개인목적계좌Individual Purpose Accounts를 도입하는 것 같은 혁신안과 다시 공부를 하거나 인턴십을 할 수 있게 사회보장연금 1년 치 수령액을 미리 사용하는 것을 허용하는 등의 개혁안을 제시한다. 가능성은 무궁무진하다. 하지만 아직 실현된 것은 거의 없다.

교육 제도와 기초 연금 및 퇴직 연금 제도는 여전히 3단계 모델에 맞춰져 있다. 1단계에 있는 사람은 교육을, 3단계에 있는 사람은 연금을 받는다. 그리고 2단계인 "생산 연령"에 있는 사람은

1단계와 3단계를 위한 돈을 댄다. 이런 모델에서는 하필이면 행복 곡선이 축 처질 때 가족에 대한 책임과 경제적 부담이 절정에 이른다. 그러니 중년기에 쫙쫙 쥐어짜지는 느낌이 든다고 한들 놀랄 일이 아니다.

전환 동지회
: 어느 풀뿌리 단체의 재출발 프로그램

이렇듯 상황이 열악하긴 하지만 현재 사회적 변화가 우리를 향해 달려오고 있다. 사실은 이미 변화가 진행 중이다. 마크 프리드먼은 "많은 업종에서 적응이 일어나고 있어요"라고 말했다. 이 적응 양상은 자연스러운 사회적 변화가 대개 그렇듯이 파편적이고 자생적이며, 위에서부터가 아니라 아래에서부터 시작된다. 업무에 자신의 능력과 경험을 모두 쏟아붓기보다는 책임을 재조정하기를 원하는 베이비붐 세대의 희망에 고용주들이 조금씩 적응해 가고 있다.

2016년 《노인학The Gerontologist》에 발표한 최신 논문에서 필리스 모언은 공저자인 에릭 코졸라Erik Kojola, 케이트 섀퍼스Kate Schaefers와 함께 미니애폴리스광역권에서 민간 기업, 정부 기관, 비영리단체 등 23개 혁신 조직을 심층 인터뷰한 결과를 공개했다.

이들 조직은 "업무 현장에서 기존에 연령을 기준으로 만든 규범을 뒤집고 새로운 방침을 실험 중"이다. 이런 실험의 예를 들면 탄력 근무제 도입, 단번의 은퇴가 아닌 점진적 후퇴를 원하는 직원을 위한 단계적 퇴직 방안 마련, 노인 노동자와 은퇴자의 고용 및 재고용, 젊은 직원뿐 아니라 나이 든 직원에게도 교육과 성장 프로그램 제공 등이다.

　지역 사회와 시민 단체, 사회적 기업에서도 새로운 틀이 만들어지고 있다. 프리드먼은 60대를 위한 바르 미츠바bar mitzvah(유대인 성인식-옮긴이)를 만들고 있는 랍비 단체를 예로 자주 거론한다. 사실 Encore.org도 시민 사회의 자생적 대응의 한 예다. 2000년 한 단체 역시 그렇게 탄생했다. 여성 운동계의 베테랑이자 같은 뉴욕에 사는 친구였던 샬럿 프랭크Charlotte Frank와 크리스틴 밀런Christine Millen은 일을 그만두면서 아직 은퇴할 준비는 되어 있지 않았다. 나는 수전 콜린스Susan Collins에게서 그들의 이야기를 들었다. "두 분이서 얘기를 나누다가 이 긴 인생 구간을 마주하고 있는 사람이 뉴욕에서 과연 본인들뿐일까 했던 거예요. '은퇴는 무슨, 누가 그런 걸 하고 싶대?'" 내가 만났을 때 60대 초반이던 콜린스는 프랭크와 밀런 두 사람이 설립한 단체 전환네트워크The Transition Network의 사무총장이다.

　프랭크와 밀런이 지역에서 소규모로 시작한 모임이 지금은

13개 도시에 지부를 두고 2200명의 회원을 거느린 비영리단체로 성장했다. 이 정도면 비영리단체로서는 작은 규모지만 그들의 취지가 타당했음을 증명하기에는 충분한 규모다. 중년 이상의 여성이 연회비 100달러를 내면 현재 재창조 단계에 있거나 이 단계를 지난 여성들의 연대 단체에 참여할 수 있다. 콜린스는 "비슷한 처지에 있는 사람들을 만나서 나만 그런 게 아니란 걸 알게 되는 거죠"라고 말했다.

전환네트워크에서는 단기 교육 프로그램, 세미나, 친목 모임 등을 제공한다. 하지만 핵심 프로그램은 따로 있다. 바로 "전환 동지회transition peer groups"다. 회원들이 매달 8~12명 단위로 모여 성인 자녀를 대하는 법, 점점 뻣뻣해지는 몸을 잘 쓰는 법, 만족감을 누리는 법, 용서하는 법 등 미리 정한 주제로 토론하는 모임이다. 그렇다고 전환 동지회가 집단 상담이나 심리치료는 아니다. 콜린스는 "심리적인 문제를 해결하려고 모이는 건 아니에요"라고 말했다. 그룹 코칭도 아니다. 고객이나 투자자를 찾거나 구직을 하기 위한 모임도 아니다. 전환 동지회는 비슷한 처지에 있는 사람들끼리 자신이 누구인지, 지금 어디로 가고 있는 것 같은지, 그곳에 도달할 방법은 무엇인지 이야기하는 모임이다. 어떤 면에서는 독서 모임과 비슷하다. 차이점이 있다면 읽고 토론하는 대상이 참석자들의 인생이며, 모임 목적이 인생의 다음 장을 계획하는 데 있다는 것이다.

나는 어느 늦여름날 아침에 필라델피아에서 전환 동지회에 참석했다. 모임에 나온 8명의 여성은 80대 한 사람을 빼고는 모두 60대였고 다들 비즈니스 캐주얼 차림이었다. 우리가 모인 아담한 아파트의 거실은 따뜻한 베이지색과 황갈색으로 꾸며져 있었다. 우리는 폭신한 의자들에 둥글게 앉았다. 근처 탁자에 다과가 마련되어 있었지만 곧장 2시간의 토론을 시작하기로 했다. 주최자가 정한 그날 주제는 "짐"을 어떻게 처리할 것인가였다. 여기서 짐은 물리적인 것뿐 아니라 감정의 짐도 의미했다. 주최자가 참석자들에게 물었다. "자신에게 짐이 무슨 의미고 어떻게 느껴지나요? 언제 어깨를 짓누르는 것을 놓아 버리세요?"

내 오른쪽 소파에 앉은 그레천은 사별한 남편이 아끼던 넥타이들 같은 물건을 버리기가 어렵다고 했다. 그 옆에 있던 하이디는 달랐다. "나는 버리기는 잘해요. 물건에는 미련이 없거든요." 하이디의 고민은 감정적이고 개인적인 집착을 잘 버리지 못하는 것과 은퇴가 주는 "과도한 자유"를 어떻게 써야 할지 모르겠다는 것이었다. 남편이 이미 3년 치 여행과 취미 활동 계획을 세워 놨지만 그녀는 그렇게 분주하게만 시간을 보내고 싶진 않았다. 자신이 시간과 에너지를 쏟을 대상을 점점 더 까다롭게 고른다고 했다. "이제 남은 시간이 한정되어 있다는 느낌이 들어요. 항상 그걸 의식하죠."

시간이 화제로 떠올라 비치볼처럼 이 사람에게서 저 사람에게로 튕겨 갔다. 프랜시스가 말했다. "예전에는 참 오만 사람이랑 다 친하게 지냈어요. 지금은 그중에 같이 있느니 차라리 혼자 있는 게 나은 사람들도 있어요. 이젠 어디에 시간을 쓸지 신중히 선택해요."

내 맞은편에 앉은 뎁이 동의했다. "나도 이제는 괜히 기분만 처지게 하는 사람들은 잘 안 만나요. 나한텐 새로운 변화예요. 전에는 뭔가 의무감에서 하는 게 되게 많았거든요. 누가 모이자고 하면 거절을 못 했죠."

몇몇 사람이 선택은 신중해졌는데 압박감은 덜 느낀다고 말했다. 내 바로 왼쪽에 앉은 앨리스가 그중 한 사람이었다. "요즘은 뭘 다 꽉 채워야 한다고 생각하지 않아요. 빈 공간이 좀 있어도 되니까요. 한가한 시간이 좀 있어도 되고요. 이제는 뭘 안 할수록 더 좋은 것 같아요. 빈틈과 구멍을 메워야 한다는 생각을 안 하는 게 나이가 들면서 생기는 지혜죠."

그레천이 맞장구쳤다. "난 이제 뭐가 어떻게 되든 상관없다예요. 내가 하고 싶은 건 이제 다 했으니까 나머지는 덤이다, 뭐 그런 것 같아요."

그러자 엘리자베스가 못마땅하다는 투로 말했다. 65세를 넘어 80세인 그녀는 다른 참석자들이 생각하는 것처럼 남은 시간이 짧지만은 않다고 말했다. "다들 세상 사람들이 예순다섯은 늙었다고 하니까 예순다섯이 늙었다고 생각하는 것 같은데 몇 년만 지나봐요, 예순다섯은 젊다는 소리 나올걸."

대화는 흐르고 흘러서 봉사 활동과 쓸데없는 물건을 버리는 법에 대한 현실적 조언으로 굽이쳐 들어갔다. 어떤 안건이나 목표를 정해 놓고 하는 모임은 아니었다. 콜린스는 "중요한 건 나와 같은 관심사를 갖고 있고 지금 인생을 새롭게 일구고 있는 여성들이 서로 뭉치는 거예요"라고 말했다.

전환네트워크가 흥미롭고 유망한 이유 중 하나는 완전한 풀뿌리 단체라는 점이다. 콜린스 사무총장과 2명의 사무국 직원을 제외하면 모든 사람이 자원봉사자다. 회비도 비싸지 않다. 지역 주민들의 주도로 새로운 지부가 만들어진다. 스스로 돕는 사람들이 모여 서로를 돕는 전환네트워크의 공동체 모델은 19세기에 프랑스인 알렉시 드 토크빌Alexis de Tocqueville이 남긴 유명한 기록대로 자발적으로 모임과 단체를 조성하는 미국인의 탁월한 능력을 근간으로 한다. 하지만 더 크고 더 구조적인 적응이 일어나려면 사회적·문화적 바늘을 더 크게 움직일 수 있는 더 큰 조직들의 동참이 필요하다.

변화가 두렵고 불안한 이들을 위한
인생 재창조 프로그램

아직 대규모 조직에서 대대적인 움직임이 포착되진 않고 있다. 하지만 초기 단계의 테스트 모델로 눈여겨볼 만한 프로그램이 존재한다. AARP는 세계 최대의 회원 수와 미국 최고의 로비력을 자랑하는 단체다. 노인 문제에서 AARP의 영향력은 워싱턴 정가에서 모르는 사람이 없다.

하지만 요즘 AARP는 베이비붐 세대와 교감이 고민이다. 베이비붐 세대가 성인기 후반에 대한 레저 월드식 모델을 거부하고, AARP가 몇 년 전 리브랜딩을 단행하기 전까지 사용했던 "미국은 퇴자협회American Association of Retired Persons"라는 단체명과《현대의 성숙Modern Maturity》이라는 대표 소식지 제목을 고루하게 여기기 때문이다. 2010년대 초에 AARP는 40~50대에게 다가갈 방법을 찾으면서 중년과 그 이후의 전환기를 지속적으로 목격했다. 그래서 2012년 '인생 재창조Life Reimagined'라는 프로그램을 개설했다.

인생 재창조는 라이프 코치 리처드 라이더Richard Leider와 언론인 앨런 M. 웨버Alan M. Webber가 쓴 같은 이름의 책《인생 재창조: 중년의 과학, 기술, 기회Life Reimagined: The Science, Art, and Opportunity of Midlife(한국어판:《이제 당신은 무엇을 할 것인가: 최고의 인생을 위한 선택》, 한국경제신문, 2017)에서 영감을 받았다. 라이더와 웨버는 이 책에서 대전환이 절대로 혼자서 알아서 할 수 있는 일이 아니라고 강조했다. 그리고 웨버는 나와 이 프로그램에 대해 이야기하면서 고립이 독이 된다고 말했다. "혼자 머릿속에 들어가서 앉아 있으면 많이 외로워요. 모든 사람의 인생은 개인의 실험이지만 그걸 꼭 혼자서 해야 할 필요는 없죠."

그런데 변화란 절대 쉽지 않고 대체로 보면 중년에 특히 더 위협적이거나 더 공포스럽게, 또는 더 불안하게 느껴진다. 당사자에게만 그런 것이 아니라 가족을 포함한 주변 사람들에게도 마찬가지다. 그리고 변화에는 많은 정보가 필요한데 정보를 충분히 가진 사람은 별로 없다. 이런 상황에서 출발점을 제공하기 위해 만들어진 프로그램이 바로 인생 재창조다. AARP의 존 F. 윌슨John F. Wilson은 "이 프로그램은 인생에서 전환기에 있는 사람들을 위한 개인 안내 시스템입니다"라고 내게 말했다.

인생 재창조는 전환네트워크와 달리 사람들이 직접 만나는 프로그램으로 시작하진 않았다. 온라인에서 정보와 서비스를 제공하는 것이 취지였다. 인생 재창조 웹사이트는 전자책, 퀴즈, 명상 안내서, 인생 설계 훈련과 워크북을 게시하고 뇌 건강, 대인 관계, 목적 찾기 등에 관한 온라인 강의를 제공했다. 이 사이트는 또 시중가보다 훨씬 저렴한 가격으로 라이프 코칭을 신청하고 예약

할 수 있는 온라인 플랫폼을 시험적으로 운영했다(하지만 이 글을 쓰고 있는 현재는 면대면 모임을 만들기 위한 계획이 논의 중이다).

AARP의 앤 마리 킬갤런Anne Marie Kilgallon은 AARP가 중년 소비자들이 원하는 것을 파악해 가는 과정에서 프로그램의 세세한 부분은 수시로 바뀌었지만 "인생의 전환기에 도움을 주겠다는 초심은 절대로 바뀌지 않을 겁니다. 나는 인생 재창조가 어떤 상황에서든 전화로 도움을 요청할 수 있는 절친한 친구와 같은 존재라고 생각해요. 우리 목표는 우리 회원들만 아니라 50세 이상인 모든 사람을 돕는 겁니다"라고 말했다.

서로 배우고 서로 돕는다
: 교육계의 사회적 지원 모델

그럼 현실의 U자 곡선을 반영했을 때 교육적인 지원은 어떤 형태로 나타날까? 이쪽 역시 초기 단계의 테스트 모델이라 할 프로그램이 존재한다.

스탠퍼드 의학전문대학원장으로 있던 소아청소년과 전문의 필립 피조Philip Pizzo는 2010년 본인 인생의 전환을 계획하면서 어떻게 하면 고등 교육이 원숙한 성인의 인생 재창조를 도울 수 있을지 고민하기 시작했다. "전 세계의 수백 명, 아니, 수천 명과 얘기했어요. 40대 후반에서 50대쯤 되면 실망하고 실의에 빠지는 사람이 얼마나 많은지 정말 깜짝 놀랄 정도입니다. 내가 예상했던 것보다 훨씬 더 일반적인 현상인 것 같단 말이죠. 그럼 문제는 이겁니다. 이럴 때 어떻게 해야 하는가? 어떻게 자신을 재정립할 것이며, 그렇게 할 수 있는 방법은 무엇인가?"

그는 중년층이 서로에게 배우고 서로를 도울 수 있는 대학 프로그램을 구상하기 시작했다. "중년층이 고등 교육을 통해 인생 초년에 했던 걸 다시 하게 만드는 겁니다. 다시 탐색하고, 다시 생각하고, 다시 관계를 맺으며 인생의 다음 단계를 계획하는 거죠. 청소년기에 했던 걸 중년에 다시 못 할 이유가 없죠."

2015년 1월에 피조를 원장으로 하는 스탠퍼드 최고위교육원Distinguished Careers Institute이 출범했다. 교육원은 수십 년의 화려한 경력과 인생을 재조정하고자 하는 열정을 가진 지원자 중에서 20명 정도를 '원생'으로 선발한다. 그들은 1년간 대학 강의와 초빙 강연을 듣고 서로의 희망과 계획과 노하우를 나눈다. "모든 원생이 전환기에 있지만 대부분이 주변에 그 문제에 대해 얘기 나눌 사람이 없어요." 피조는 원생들이 큰 성공을 거둔 사람들인 만큼 처음에는 약한 모습을 잘 안 보여 주려고 하지만, 보통은 2~3주 차가 되면 다른 누구에게도 하지 않았던 이야기를 꺼낸다고 했다.

이름에서 짐작할 수 있듯이(그리고 수십만 달러의 학비에서 확인할 수 있듯이) 최고위교육원은 누구나 들어갈 수 있는 곳은 아니었다. 피조는 이곳을 전기차 스포츠카인 테슬라 로드스터 1세대에 비유했다. 판매가가 10만 달러에 달했던 이 전기차는 얼리어댑터들의 구매력을 지렛대 삼아 도로에 나섰고, 테슬라는 이 모델을 통해 더 합리적인 가격의 실용적인 전기차가 유통될 토양이 만들어지기를 기대했다. 피조는 "우리 역시 개념 증명(기존에 없던 기술이나 제품을 본격 출시하기 전에 가능성을 타진하는 것-옮긴이) 차원에서 각종 고급 기능을 넣었다고 할 수 있습니다. 우리가 만든 것 같은 프로그램이 보편화되기를 기대하거나 바라진 않아요. 하지만 이 프로그램을 통해 비슷한 취지를 가진 훨씬 대중적인 프로그램들이 탄생하는 토양이 만들어졌으면 좋겠습니다"라고 말했다.

피조는 다른 대학 관계자들과 수시로 의견을 교환하며 그들이 인생의 리부팅을 원하는 사람들을 위한 프로그램을 마련할 수 있도록 돕고 있다. 이미 포틀랜드커뮤니티칼리지와 페이스대학교 등 몇몇 학교에서 앙코르 커리어를 추구하는 사람들을 위한 프로그램을 제공 중이다.

혹시 최고위교육원을 설립할 때 참고한 모델이 있는지 묻자 피조는 "그대로 가져다 쓸 수 있는 표준적인 모델 같은 건 아직 존재하지 않습니다"라고 말했다. 최고위교육원, 인생 재창조, 전환네트워크 같은 선구적 사업은 전례라고 할 것이 거의 없다 보니 대체로 소규모고 불안정하다. 하지만 원래 이런 테스트 모델에서 배울 것이 많은 법이라서 나는 또 다른 유형의 테스트 모델을 찾아보기로 했다.

직장에서 중년의 벽장을 파괴하고 진정으로 U자 친화적인 환경을 만든다면 어떻게 될까? 과연 그런 곳을 찾을 수 있을까 반신반의했지만, 어느 화창한 봄날 나는 시카고 중심가의 한 광고대행사로 향했다.

나이와 무관하게 누구나 코칭받는다
: 기업계의 사회적 지원 모델

나는 사무용 빌딩의 회의실에서 AEaccount executive(광고대행사에서 광고주와 커뮤니케이션하며 광고 계획을 수립하고 실행하는 직군-옮긴이)로 일하는 대니엘과 마주 앉았다. 회의실 분위기는 지극히 사무적이었다. 하지만 우리 대화는 그렇지 않았다.

대니엘은 레오버넷 월드와이드Leo Burnett Worldwide에서 10년 넘게 근무하고 있었다. 레오버넷은 세계 최대 규모를 자랑하는 광고대행사로 코카콜라, 켈로그, GM 등을 고객으로 두고 있었다. 고객, 프로젝트, 마감일의 압박이 거셌고 때로는 가혹하기까지 했다. 그래서 업무상 스트레스를 많이 받았다. 또한 대니엘은 집에서는 한 남자의 아내이자 두 아이의 엄마였고 맏이가 이제 막 사춘기에 접어들고 있었다. 설상가상으로 마흔이던 4년 전부터 일에 대한 불만까지 생겼다. "의욕이 생기지 않았어요. 내가 최종적으로 성취하려고 하는 게 뭐지? 승진하는 거? 인정받는 거? TV에 끝내주는 광고 내보내는 거? 그런 건 이제 다 의미가 없었어요."

광고는 원래 인생 만족도 지수가 높은 업종이 아니다. 광고인으로서 30초짜리 TV 광고를 만들면서 의미와 목적에 대한 질문을 하지 않는 사람이 있다면 아마 문제가 있는 사람일 것이다(영화 〈아메리칸 뷰티American Beauty〉에서 케빈 스페이시가 연기한 캐릭터가 우울한 중년의 광고인인 건 우연이 아니다). 대니엘은 "인생이 나를 앞질러 가고 있나? 내가 뒤처지고 있나?"라는 의문에 사로잡혔다.

그러던 어느 날 회사의 한 임원이 사내 코칭 프로그램을 이용해 보라고 권유했다. 그는 코칭이 리더십을 기르고 미처 몰랐던 약점을 찾는 좋은 방법이라고 말했다. 때마침 AP account planning(소비자 조사를 하고 이를 근거로 광고를 기획하는 직군–옮긴이) 쪽 친구도 같은 프로그램을 추천했다. 그래서 대니엘은 코치에게 메일을 보냈다. 제목은 "희망을 향해".

요즘 많은 기업이 코칭을 제공한다. 특히 간부를 위한 코칭 프로그램이 많다. 예전에는 기업계에서 코칭이라고 하면 문제를 교정하기 위한 수단으로 간주했다. 하지만 이제는 잠재력이 큰 임직원에게서 최고의 성과를 끌어내기 위한 수단으로 여긴다. 레오버넷 역시 마찬가지였다. 2015년 내가 레오버넷을 방문했을 때 10여 명의 사내 코치진에게 코칭을 받은 인원이 이미 수백 명에 이르렀고 코칭 대상은 간부로만 한정되어 있지 않았다.

또 요즘은 많은 기업이 직원을 최고의 자산이라고 말한다. 레오버넷 또한 그랬다. 레오버넷의 미국인재관리최고책임자Chief U.S. Talent Officer인 레네타 머캔Renetta McCann은 "우리 회사는 직원이 '유일한' 자산입니다. 우리가 도출하는 아이디어, 우리가 내보내는 광고, 우리가 고객과 맺는 관계가 모두 직원들에게서 직접 나오거든요. 우리가 만드는 것의 원재료가 직원들 안에서 나와요. 만약에 오늘 2000명이 퇴사하고 2000명이 새로 들어온다면 우리 상품은 전혀 달라질 겁니다"라고 말했다.

머캔은 키는 작지만 성격은 결코 왜소하지 않은 아프리카계 미국인 여성이다. 친절하고 온화한 성품에 누구 못지않게 지혜롭고 공감력이 풍부해 기업인이라기보다는 랍비에 가까운 이미지다. 그녀는 광고인의 중년을 1977년 작 〈스타워즈〉의 쓰레기 분쇄장 신에 비유한다. "바닥이 흔들리고, 벽이 모여들고, 천장이 출렁거려요. 우리는 회사의 허리에 있는 사람들이 제일 압박을 많이 받는다는 걸 알게 됐어요. 그 나이대에는 그렇게 인생이 다 으스러질 것처럼 느껴지는 고비가 와요. 성과는 성과 대로 내야 하고 그 와중에 온갖 관계를 잘 조율해야 하죠. 거기다 어디 회사가 인생의 전부인가요? 배우자, 연인, 자녀도 챙겨야 해요. 고생길이 훤하죠."

그녀는 레오버넷의 직원은 나이와 무관하게 누구나 코칭을 받을 수 있다고 했다. "저요, 하면 회사가 코치를 찾아서 시간을 잡아 줍니다. 코칭 내용은 비밀로 유지되고 회사에서 코칭을 적극적으로 지원해 줘요." 그런데 코칭을 받는 직원들을 보면 30대 후반과 40대의 비중이 매우 높다. 대니엘처럼 가치관에 대해 고민하는 사람들이다. 머캔은 말했다. "사회에서 그런 걸 물어볼 사람을 어디서 만날 수 있겠어요? 서른다섯부터 마흔다섯까지가 아마 가치관에 대한 고민이 제일 심할 때일 거예요. 아직 회사에서 탄탄한 입지를 다지기 위해 노력해야 할 때잖아요. 아직 부모님이 원했던 아들딸이 되기 위해 노력해야 할 때고요. 배우자나 연인도 챙겨야 하고요. 그러니까 '정답'을 알아야 한다는 압박감이 엄청나죠. 그런데 그런 압박감을 느낄 때 많은 사람이 아예 질문을 멈추거나 좋은 질문을 하지 않아요."

머캔 또한 행복 곡선을 걸어왔기에 그 심정을 잘 알았다. 한때 그녀는 레오버넷 산하 사업부의 글로벌 CEO였다. 하지만 52세에 번아웃이 와서 퇴사하고 학교로 돌아가 석사 학위를 딴 후 이번에는 사람들을 돕는 새로운 역할로 회사에 복귀했다. 그 과정에서 몇 가지 의문이 풀렸다. "그때 했던 것 중에서 하나가 내 가치관을 면밀히 검토하는 거였어요. 그랬더니 내 가치관이 2개로 나뉘어 있더라고요. 마음이 중심인 가치관과 머리가 중심인 가치관으로요. 하나는 선의를 주축으로 하고 다른 하나는 호기심을 주축으로 한 거였죠." 하지만 그녀는 주로 혼자서 전환을 수행했다. "내적 갈등도 그런 갈등이 없었어요. 사람들이 그런 내 심정을 알았는지는 모르겠어요. 만약에 지금 내가 하는 질문들을 그때 누가 나한테 했으면 U자를 더 빨리 걸어왔을 것 같아요. 어쩌면 U자의 모양이 전혀 달라졌을 수도 있겠죠."

번아웃이 흔하고 그로 인해 치러야 하는 대가가 큰 업계에 종사하는 사람은 〈아메리칸 뷰티〉가 그리는 극단적 상황에 이르기 전에 가치관에 대한 질문을 제기하고 직시하는 것이 이득일 수 있다. 머캔은 "내가 볼 때는 U자에 갇히지 않으려면 가치관에 더 깊은 관심을 가져야 해요"라고 말했다. 그래서 레오버넷은 직원들이 자신의 가치관을 알고 거기에 부합하는 인생을 살기를 권한다. 코칭의 취지가 바로 거기에 있다.

코칭에서는 코칭 대상이 어딘가 고장이 나서 수리가 필요하다고 보지 않는다. 오히려 지금 그대로 좋다고 보고 그 사람의 가치관을 명확히 파악해 거기에 부합하는 인생을 살도록 돕는 것이 코칭의 목표다. 또한 코치의 역할이 조언을 해 주거나 전문 지식을 알려 주는 것이 아니라는 점에서 코칭은 멘토링이나 상담과 다르다. 대부분의 경우 코치는 '동반자'를 자처한다. 코치는 세심한 경청과 관찰로 코칭 대상이 어떤 사람이고, 무엇을 원하고, 어떻게 그것을 이룰 수 있는지 밝힐 수 있도록 중요한 질문을 던지는 훈련을 받은 사람이다. "코칭 교육을 받을 때 많이 하는 건 내 안에 있는 걸 먼저 해결하는 거예요. 그래야 명쾌하고 강력한 질문, 매우 근본적인 질문을 할 수 있거든요." 샌디에이고 소재 어컴플리시먼트 코칭Accomplishment Coaching의 설립자 크리스토퍼 매콜리프 Christopher McAuliffe의 말이다.

여러 유형의 심리치료와 달리 코칭은 과거가 아닌 미래를 지향하고, 정서적 문제의 진단과 해결이 아닌 인생 목표의 식별과 달성에 중점을 둔다.

하지만 심리치료와 유사한 면도 있다. 일단 대화 내용이 철저히 비밀에 부쳐진다. 그리고 세션이 대개 1시간씩 진행된다. 처음에는 주 1회로 시작해 이후에는 몇 주에 1번으로 주기가 길어질 수 있다. 라이프 코칭은 직장 생활만 다루지 않는다. 직장에서 제공하는 코칭이라도 그렇다. 내가 많은 코치에게서 들은 말이 직장 생활과 사생활이 서로 얽히고설켜 있어서 깔끔하게 분리할 수 없다는 것이다.

레오버넷의 코칭 신청자용 질문지는 이렇게 시작한다. "코칭은 신체, 감정, 정신, 지성의 측면을 모두 다룹니다. 이제부터 우리는 코칭을 통해 당신이 현재 어떤 사람으로 '존재'하고 있고 무엇을 하고 있는지를 살펴보고 제가 당신을 도울 수 있는 최선의 방법을 함께 이끌어 낼 것입니다." 아래로는 다음과 같은 질문이 이어진다. "당신의 가치관에서 제일 중요한 것 5가지는 무엇입니까?" "시간과 자원이 충분하다면 무엇을 하고 싶습니까?" "당신이 '곤란한' 상황이라는 것을 제가 어떻게 알 수 있을까요?"

이런 면에서 볼 때 레오버넷의 프로그램은 보편적이면서 모범적인 코칭 프로그램의 예다. 하지만 특이한 점, 그래서 내 관심을 끈 부분이 하나 있었다. 바로 레오버넷에서는 코칭을 받는 것이 '정상'이라는 점이었다. 코치들 역시 같은 회사에 다니는 직원이었다. 그들은 다른 직원들을 알고 직무의 스트레스 요인을 알았다. 그리고 간부들이 당연하다는 듯이 코칭 프로그램을 이용하고 추천했다(어느 관리자는 "우리 직원들이 다 코칭을 받았으면 좋겠어요. 나는 실제로 그라라고 권유하고 다녀요"라고 말했다). 직원들은 대니엘처럼 엘리베이터나 휴게실에서 코칭에 대한 이야기를 예사로 들었다. 코칭은 이 회사에서 일상의 한 부분이었다.

이렇게 레오버넷은 가치관에 대한 질문을 벽장 속에 가둬 둬야 한다는, 특히 직장에서는 더더욱 그래야 한다는 통념을 깨트렸다. 레오버넷에서 임원을 지내고 이제는 사내 코치로 활동 중인 피터 다이아몬드Peter Diamond는 "우리는 코칭에 찍힌 낙인을 없애기 위해 노력했습니다. 코칭이 남들이 모르게 쉬쉬해야 하는 것에서 회사 시스템의 당연한 부분이 되기까지 3년 정도 걸렸어요"라고 말했다. 레오버넷 직원들은 내게 회의 중에는 물론이고 때로는 고객 앞에서도 코칭을 언급한다고 말했다. 이것은 회사가 그 누구에게도 완벽함이나 모든 문제에 대한 답을 기대하지 않는다는 사실을 넌지시 표현하는 것이었다.

레오버넷의 코칭 프로그램이, 그리고 그보다 더 중요한 이 회사의 코칭 문화가 구체적으로 어떤 성과를 냈는지 과학적 차원에서 말할 수는 없다. 혹시 회사에서 성과를 측정했는지 묻자 한 임원은 "굳이 측정하지 않았습니다"라고 말했다. 다만 이 프로그램이 인기가 높고 많은 직원이 효력을 믿고 있었음은 분명히 말할 수 있다.

38세의 크리에이티브creative(광고 제작을 담당하는 직군-옮긴이) 팀장 셰리는 "그 덕에 제정신으로 살아요. 코칭을 통해 균형 감각을 유지하거든요. 조직의 목표가 너무 커서 거기에만 매달리다 보면 자신의 목표를 망각하기 쉽잖아요"라고 말했다. 38세의 ADaccount director(AE들의 관리자-옮긴이) 몰리는 "밤 12시와 새벽 5시에 답 메일을 보내는 게 인생의 전부는 아니잖아요. 자기 얘기를 마음 놓고 할 수 있는 건 정말 좋은 거예요. 적절한 질문을 통해 내가 이런저런 생각을 하게 만들어 주는 사람이 있으면 진짜로 도움이 되죠"라고 말했다.

44세의 대니엘은 그런 질문들은 알아냈지만 아직 답을 찾진 못했다. 그녀가 말하는 "목표, 길"이라는 걸 찾았는지 묻자 "아직은 부족해요"라는 대답이 돌아왔다. 그래서 코칭을 통해 무엇을 얻고 있는지 물어봤다. 그러자 대답이 술술 나왔다.

"코치와 있을 때는 내가 불편하고 불안한 게 없는 척 안 해도 돼요. 내가 이러저러해서 안 좋다고 하면 그런 사람이 나 혼자가 아니라는 생각이 들게 만들어 줘요. 자신감도 주고요. 내 편에 서서 애기를 들어 주고요. 나한테 하나 마나 한 소리는 안 해요. 내가 다르게 생각하게 이끌어 주죠. 코치는 나와는 다른 관점에서 큰 그림을 봐요. 그리고 코치의 객관적인 평가가 나한테는 정말 중요해요. 코칭을 통해 정신적으로 회복력이 좋아지고 스스로 문제를 해결하는 능력이 발전하고 있어요.

다른 걸 다 떠나서 코칭을 하면 일단 내가 정상이란 느낌이 들어요."

은퇴는 없다

'정상'. 또 나왔다.

우리 삶에서 무엇이 정상인지 결정하는 건 과학이 아니라 사회다. 그리고 지금은 바로 그것이 문제다. 성인 발달과 인생 만족도에 대한 사회의 일반적 인식은 행복 곡선을 뒤집은 언덕 모양의 반원(∩)에 가깝다. 《인생 재창조》에서 라이더와 웨버는 그것을 이렇게 설명했다.

> 각 사람은 배우고 성장하고 잠재력을 발견할 준비가 된 상태에서 새롭고 풋풋하게 출발한다. 초년에 우리는 반원을 올라가며 계속 성장한다. 그리고 중년에 진입할 무렵에 인생의 정점, 포물선의 꼭대기에 도달한다. 이후 중년을 지나면서 하락이 시작돼 은퇴를 하고 노년을 지나 마침내 죽음에 이른다.

이처럼 구시대적이지만 여전히 만연한 패러다임 속에서 행복 곡선은 정상으로 취급되지 않는다. 정상의 정반대에 더 가깝다. 당연히 우리에게 익숙한 개념은 중년의 위기다. 하지만 '위기'라는 단어가 암시하듯 그것은 극단적이고 특이하고 부정적인 것이다. 우리는 가능하면 그것을 피하려 하고, 피할 수 없으면 숨긴다.

우리는 사회적으로 실제와 상충하는 정상성 이야기를 함으로써 지극히 정상적인 전환기를 실망스럽고 수치스러운 것으로 전락시킨다. 우리는 사람들이 중년에 인생에 대한 최고의 대응력을 보이기를 기대함으로써 그들이 위태롭게 표류하는 것 같은 기분이 들어도 홀로 버티게 만든다. 그들이 홀로 버티게 함으로써 고립감을, 따라서 불행감을 키운다. 50세가 되면 가장 좋은 시절은 이미 지나갔다고 말함으로써 미래에 대한 전망을 암울하게 만든다. 이렇게 성인 발달에 대해 잘못된 이야기를 함으로써 우리는 미끼를 놓고 중년의 덫을 설치한다.

어쩌면 이 덫을 완전히 해체하기는 불가능할지 모른다. 덫의 일부가 우리 안에 각인된 것으로 보이기 때문이다(침팬지나 바바리 마카크에게 물어보면 알 수 있다). 하지만 이 덫에는 사회적 착각에서 기인하는 부분 또한 존재한다.

나는 행복 곡선에 대한 이야기가 확산되면 예측 오차, 즉 우리가 45세나 50세에 실제로 느끼는 만족도와 그 나이에 '마땅히' 느껴야 한다고 생각하는 만족도의 차이가 좁혀질 거라고 믿는다. 중년의 전환기가 건전한 정서적 리부팅의 과정이며, 개인은 물론이고 사회에 대단히 긍정적으로 작용한다는 실상을 아는 사람과 조직이 늘어나면 사회적 지원이 더욱 활발해질 것이다. 지역 사회와 기업과 대학이, 그리고 최종적으로는 굼뜬 정부까지 중년의 전환기를 거치는 사람들에게 필요한 자원을 공급하고 도움의 손길을 내밀 것이다.

무엇보다 중요한 점은 우리가 나이와 인생 만족도에 대해 하는 '이야기'가 우리 삶에 부합하리란 것이다. 청소년기가 그랬듯이 행복 곡선은 지극히 정상적이고 당연한 현상으로 제도에 편입될 것이다. 예전에는 왜 이것을 수치스럽게 여겼는지 모르겠다는 말이 나올 것이다. 어쩌면 바라건대 스포츠카에 얽힌 이미지도 종적을 감출지 모른다.

이 책에서 소개한 테스트 모델과 신생 조직들은 아직 가랑비 수준의 변화에 불과하다. 그럼에도 이미 새로운 사회적 물길이 형성되고 있다. 레오버넷, 스탠퍼드, AARP, 전환네트워크 등의 자생적 대응이 속속 등장하는 건 많은 사람과 조직이 그것을 필요로 하고 남이 해 주기를 마냥 손 놓고 기다리고만 있지는 않기 때문이다.

새로운 지원 인프라의 필수 요소들이 어떻게 결합되어 우리의 전환을 도울지는 사실 지금도 볼 수 있다. 전환네트워크에 대해 조사하면서 뉴저지 지부의 회원인 클레어를 인터뷰했다. 클레어는 40대에 사내 변호사라는 직업에 불만이 커졌다. 그래서 50대("스트레스" "피로" "변화 요망")에 비영리단체 쪽 일을 알아봤지만 당혹스러웠다. 자신의 능력에는 자신이 있었지만 "이 능력을 갖고 어떻게 비영리 분야로 전환할 수 있을까? 그쪽에는 뭐가 있지? 거긴 어떻게 진입하지? 확실한 길이 존재하지 않잖아" 하는 심정이었다.

여기까지는 전형적인 전개다. 그런데 그녀는 운이 좋았다. 그 무렵에 메일 한 통을 받고 전환네트워크를 알게 됐다. "그 메일을 보니까 '그래, 이게 직업적으로나 사회적으로나 나한테 잘 맞는 것 같아' 싶었어요. 그러니까 지도 하나 없이 외딴 섬에서 헤매고 있는 것 같은 느낌이 안 들었어요." 그녀는 또 페이스대학교에 신설된 인생 전환 프로그램에 대한 메일을 받았다. 이 수업을 통해 기존 능력을 재활용하고 재출발을 계획하는 데 필요한 정보를 습득했다. 또 수업에서 커리어 전환자를 사회적 목적을 가진 조직과 연결해 1년간 일할 기회를 마련해 주는 Encore.org 연수 프로그램에 대해 알게 됐다. 이 프로그램을 통해 클레어는 출소자와 그 가족의 재활을 돕는 비영리단체를 소개받았다. 그녀의 법률 지식과 관리 역량이 조직의 필요와 잘 맞아떨어져서 1년간 연수를 마친 후 파트타임으로 법률팀장직을 맡게 됐다.

이처럼 클레어는 본인의 의지에다 행운까지 크게 작용해 성공적으로 전환을 이루었다. 이런 클레어의 사례는 다양한 종류의 사회적 지원이 서로 맞물리면 전환이 훨씬 순조롭게 이루어질 수 있으며, 그 과정에서 고립감이 크게 줄어들 수 있음을 보여 주는 좋은 증거다. 전환네트워크는 여행의 동반자를 제공했고, 페이스 대학교는 지도를 제공했으며, Encore.org는 길을 열어 주었다.

만약에 아무 도움 없이 혼자 온라인에서 정보를 검색하며 뭘 어떻게 시작해야 할지 고민했다면 어땠을까? 끝내 전환에 성공했다고 한들 그 과정에서 고생을 많이 하고 의욕도 많이 떨어졌을 것 같다고 클레어는 대답했다. "오락가락하면서 훨씬 많은 시간이 걸렸겠죠."

전환을 완료한 소감을 물었더니 그녀는 빙긋 웃으며 말했다. "딸들이 그래요. '엄마, 은퇴는 완전히 물 건너갔네요.' 그런데 지금 이렇게 사는 게 훨씬 행복해요."

나눔과 경청과 공감의 힘

이래서 사회적 물길이 중요하다. 제도와 규범과 선례의 등불이 갈 길을 비춰 준다면 우리는 매번 백지상태에서 시작할 필요가 없다. 내가 칼에게는 스스로 돕기보다 뭍의 도움이 훨씬 중요하다고 했을 때 이런 의미였다. 행복 곡선에 잘 대응하기 위해서는 토머스 콜의 그림에서 누락된 여행자들, 곧 앞서간 여행자들의 도움이 필요하다. 그들이 강물에 이정표를 세우고, 위험을 알리는 신호를 보내고, 급류 속에서 한숨 돌릴 피난처를 제공하고, 영양분을 공급해 줄 수 있기 때문이다.

사회적 지원은 이미 우리를 향해 출발했으며, 결국에는 우리에게 도착할 것이다. 이는 베이비붐 세대의 영향력이 보증하고, 영원한 휴가라는 은퇴 개념의 와해로 요구되며, 내가 여기서 소개한 여러 단체와 프로그램과 아이디어의 등장으로 예고되는 바다. 하지만 청소년기를 탄생시킨 원동력, 다시 말해 유년기와 성인기 사이의 땅을 개척하는 사회적 물길과 이야기를 만든 원동력은 수 세대에 걸친 노력이었다. 앙코르 성인기와 중년에 대한 새로운 표준을 만들기 위해서도 그만큼 긴 시간이 걸릴 수 있다. 하지만 내 친구 칼은 한 세대를 기다릴 여유가 없다. 그에게는 지금 당장 구조가 필요하다.

그래서 당신과 내가 칼을 위해 할 수 있는 것, 지금 당장 할 수 있는 것을 이 책에서 살펴봤다.

동성애를 비정상으로 취급하는 풍토가 거의 사라진 것은 동성애자의 가족과 친구와 고용주와 동료가 한 사람씩 차츰차츰 동성애를 이해하고 동성애자를 지원했기 때문이다. 그렇게 주변 사람들이 비웃거나 정신병 치료를 권하지 않고 동성애자를 받아들이고 교감하게 됐다.

이 책을 준비하는 과정에서 사람들이 중년의 불쾌감에 대해 편견 없이 사실에 근거한 대화를 나눌 때 안도감을 느끼는 모습을 누누이 목격했다. 행복 곡선이 전 세계에서는 물론이고 유인원에게서까지 관찰되는 정상적인 현상이라는 말을 들으면 사람들은 놀란 표정으로 환히 미소를 짓는다. 실제로 이 장을 쓰는 와중에 데릭이라는 낯선 캐나다인에게서 이런 메일을 받았다.

> 짧게 감사 인사를 드리고 싶습니다. 선생님이 쓰신 U자 곡선에 관한 글을 읽고 얼마나 기뻤던지요.
>
> 나는 마흔다섯 살 이혼남으로 10대 아이들을 키우며 남들이 보기에는 꽤 잘 살고 있습니다. 직업도 좋고 전반적으로 괜찮은 인생이죠. 그런데 내가 잘 살고 있다는 기분이 전혀 안 들고 지금이 인생에서 최대 고비인 것처럼 느껴지는 겁니다. 왜 그런지 모르니까 정신적으로 문제가 있는 게 아닌가 하는 걱정이 점점 심해지던 차였어요.
>
> 그럴 때 선생님의 통찰력 있는 글을 읽었으니 얼마나 다행인가요!!! 정말 감사할 따름입니다. 나만 아니라 많은 사람이 도움을 받고 있을 겁니다.

물론 이런 도움을 주는 주체는 내가 아니라, 행복 곡선이 병적인 현상이 아닌 정상적인 현상이고 비록 고약하게 작용할지언정 건설적이라는 메시지다. 이 사실을 알면 분명히 도움이 된다.

그런데 더 큰 도움이 되는 건 가족과 친구와 이웃과 동료도 이 사실을 알고 지원군이 되어 주는 것이다. 앞 장에서 테리가 말한 "친한 무리"가 서로 고꾸라지는 것을 막아 줄 수 있다.

우리는 모두 누군가에게 친한 무리가 되어 줄 수 있다. 도매급 사회 개혁을 위해서는 거대한 제도의 힘이 필요할지 모르지만, 소매급 개혁은 주변 사람들끼리 서로에게 피난처를 만들어 주는 정도로 충분히 가능하다. 중년의 위기에 대한 고정 관념을 탈피해 서로의 이야기를 나누고 경청하고 공감할 때 우리는 누군가가 중년의 전환기에 혼자 발버둥 치는 시간을 줄여 줄 수 있다.

칼 같은 사람과 편견 없이 긍정적으로 대화하고 교감할 때 우리는 사나운 물살을 헤쳐 나가는 어떤 여행자의 벗이 된다. 이것은 또한 다른 여행자들을 간접적으로 돕는 길이다. 그럼으로써 다른 여행자들도 더 안전하게 벽장에서 나올 수 있기 때문이다. 그럼으로써 새로운 사회적 대화에 우리의 목소리가 더해지기 때문이다. 그럼으로써 정상에 대한 인식이 조금 더 조정되기 때문이다. 그럼으로써 물가에 안내 표지판이 세워지기 때문이다.

원래 이 장은 앞 문단에서 끝났다. 그런데 책을 최종 퇴고하던 중 칼의 메일을 받았다. 그 전에 우리는 그의 인생과 행복 곡선에 대해 많은 대화를 나누었고 나는 그에게 이 책의 원고를 한번 읽어 보라고 보내 주었다. 책에 대한 의견을 달라고 부탁하진 않

인생은 왜 50부터 반등하는가

았고 그런 걸 기대하지도 않았다. 그런데 그가 보낸 메일은 정상에 대한 달라진 사회적 인식과 개인의 유대 관계 변화가 무엇을 가능케 하는지를 나보다 더 잘 설명하고 있었다. 칼의 이야기로 이 책의 여정이 시작됐으니 마무리 역시 칼이 짓게 하는 게 맞을 것 같다.

그는 잘 지내고 있다는 말로 메일을 시작한 후 이렇게 썼다.

일단 나 혼자만 이러는 게 아니고 이런 시기가 사춘기와 비슷하게 인생의 일부로 내재된 것일 가능성이 농후하다는 사실을 알고 마음이 많이 놓였습니다. 10대 때 자신이 서툴고 여드름투성이라고 미워하지 말아야 하듯이, 중년에 자신이 길을 잃었다고 책망하지 말아야겠죠.

그리고 나는 직업적 성공이 반드시 큰 행복을 불러오진 않는다는 걸 머리로는 이해하면서 마음으론 완전히 인정하진 않았던 것 같아요. 중년의 슬럼프가 닥치고, 나보다 훨씬 큰 성취를 이룬 사람들마저 쾌락의 쳇바퀴에 갇힌다는 걸 아니까 비로소 정신이 번쩍 들었죠. 물론 나는 앞으로도 계속 더 많은 걸 성취하려고 노력할 겁니다. 도전을 즐기는 성격이니까요. 하지만 이제는 예전처럼 그런 것에 감정적으로 많이 휘둘리진 않을 것 같아요. 직업적으로 더 많은 걸 성취한다고 해서 꼭 행복해진다는 보장이 없다는 걸 실감하고 있으니까요.

그래서 다른 데서 기쁨의 원천을 찾기 시작했고 마음속에서 직업이 차지하는 비중을 줄이고 있습니다. 별것 아닐 수 있는데, 요즘 업무용 메일을 확인하는 빈도를 의도적으로 줄이고, 시도 때도 없이 울리며 집중을 방해하는 폰 알림을 많이 껐어요. 지금 이 순간에 더 집중하고 지금 여기에 더 감사하려고 노력 중입니다. 그런 게 지혜잖아요? 그리고 지난가을부터 가족과 친구들에게 더 많이 전화를 걸고, 순전히 나를 위한 아웃도어 활동에 취미를 붙이기 시작했어요. 누구한테 잘 보이려고 하는 게 아니라 그냥 재미있어서 하는 건데, 하다 보니까 똑같은 걸 좋아하는 사람들을 또 만나게 되네요.

끝으로, 앞으로 감정적으로 더 좋아질 거란 증거를 보고 기분이 좋아졌습니다. 중년 이후의 두 번째 항해를 계획할 생각을 하니까 왠지 들뜨기도 하고요. 새로운 직업을 찾고(물론 내가 그러기를 원할 때 이야기겠죠) 인생에서 남은 시간을 가장 소중한 사람들과 가장 소중한 일들에 쓸 수 있을 거라니 좋네요.

나한테 여전히 물의 도움이 필요하냐고요? 당연하죠. 아직 난 U자 곡선의 골짜기를 지나고 있으니까요.

하지만 이제는 망망대해에 혼자 떨어진 것 같은 기분은 안 듭니다. 얼마나 다행인지요.

우리에겐 고마워할 것이 너무 많다

1990년 여름 어느 온화한 저녁. 나는 도널드 리치Donald Richie와 도쿄의 아자부주반麻布十番 일대를 걷고 있다. 리치는 세계적으로 권위 있는 일본 영화 평론가이자 성공한 에세이 작가요 소설가다. 내가 그를 찾아온 건 지금, 즉 서른 살의 내가 인생에서 무엇을 원하는지 스스로 잘 알고 있다고 생각하기 때문이다. 나는 언젠가 리치의 《내해The Inland Sea》 같은 명작을 쓰기를 원한다.

리치는 1960년대에 세토내해瀬戸内海의 섬들을 여러 차례 여행했다. 세토내해는 일본을 이루는 4개의 큰 섬 중 3개 사이에 길게 자리한, 해협에 가까운 바다다. 지금은 무미건조한 현대성에 굴복해 가고 있지만, 그곳의 섬과 마을은 1960년대 당시에는 아직 벽지로 남아 일본의 먼 과거와 원시적 가치관에 잇닿아 있었다. 리치는 "이 섬들은 빼어난 아름다움을 자랑하는데, 그 아름다움은 그것이 소멸 중이라는 데서 기인하는 측면이 있다. 그래서 나는 이 인간성의 근원으로, 사람들이 본성대로 살기에 어느 곳보다 잘 살고 있는 이 고요한 두메로 가고 싶다"라고 썼다.

리치는 그곳에서 만난 신관, 어부, 나환자, 학생, 할머니, 관리, 작부 같은 사람들을 차례로 언급하며, 살짝 허구를 가미한 그들의 이야기를 하나로 엮어 빛나는 문장과 인간에 대한 심오한 이해를 담은 작품으로 탄생시켰다. 그가 40대였던 1971년에 출간한 이 책은 금세 고전의 반열에 올랐다.

리치는 그 밖에 패망 후 일본의 재건 과정을 상술한 책을 쓰고, 일본 영화 평론계의 원로가 되고, 세 세대에 걸쳐 예술계의 명인들을 사귀고, 소설과 신문 칼럼 등을 비롯한 다양한 장르의 글을 쓰고, 전 세계를 돌며 강연을 하고, 많은 상과 영예로운 지위를 받았다.

그래서 함께 도쿄를 걷던 중에 남다른 성공을 거둔 그가 중년의 위기를 겪었다는 말을 듣고 나는 화들짝 놀란다. 중년의 위기라니? "중년의 위기는 40대에 찾아와요. 인생을 돌아보고 '이게 다야?' 하는 생각이 드는 거지. 그런데 그것도 한 10년쯤 지나면 끝나. 그때는 또 인생을 돌아보고 이렇게 생각하게 되죠. '뭐, 이 정도면 괜찮네.”

감사는 건강에 좋다. 감사가 낙관론, 행복, 신체 건강을 증진한다는 연구 결과가 있다. 감사하면 병원 방문 횟수와 불면의 밤이 줄어든다고 한다. 자기 인생에 좋은 영향을 미친 사람들에게 감사 편지를 쓰면 기분이 좋아지고 능률이 오른다. 만일 감사가 알약으로 존재한다면 모든 의사가 처방할 것이다.

감사는 또 고결한 것이다. 전 세계의 종교가 신도들에게 그들이 누리는 것에(심지어 불운까지) 신에게 감사하라고 당부하며, 고대로부터 철학자들은 감사를 윤리의 근간으로 삼았다. 고대 로마의 철학자 키케로는 “감사는 지고의 덕목이요, 모든 덕목의 어버이다”라고 말했다.

감사는 또 필수 불가결한 것이다. 인간이라는 종의 번영은 원근 각지의 수많은 타인에게 받는 도움을 인지하고 보답하는 능력에 달려 있다. 사회적으로 조직적인 감사가 가능한 인간의 고유한 역량은 세계 규모의 협력이라는, 다른 어떤 동물도 필적하지 못할 위업을 이루게 한다. 감사가 없다면 인간은 불쾌하고 야만적이고 짧은 인생을 살 것이다.

행복 곡선상의 골짜기에 있을 때 나를 가장 괴롭힌 원흉은 만성적인 감사 불능증이었다. 내가 감사해야 함을 알았고, 감사하려고 노력했고, 누가 물었으면 '당연히' 감사하다고 대답했을 것이다. 그런데 감사함을 '느끼는' 데 문제가 있었다. 나와 내 인생의 오점을 지적하기를 즐기던 내면의 비판자는 달래도 보고 꾸짖어도 봤지만 잠깐 물러나는 척만 할 뿐 이내 다시 돌아왔다. 감사 불능증이 영원히 갈지 모른다고 생각하면 의욕이 뚝 떨어졌다.

그때 내가 어떤 심오한 깨달음을 얻거나, 새로운 목적을 발견하거나, 종교에 귀의하거나, 획기적인 이론을 찾아냈다면 내 이야기는 더 좋은 시나리오가 됐겠지만, 실제로는 그렇지 않았다. 나는 직장을 그만두지도, 배우자 몰래 바람을 피우지도, 우울증에 굴복하지도, 빨간 스포츠카를 사지도 않았다. 나는 주로 정공법을, 그러니까 어떻게든 버티고 보는 전략을 썼다.

행복 곡선의 밑바닥에 있는 사람들이 대체로 그렇듯이 나는 결의에 찬 얼굴로 한 걸음씩 힘겹게 내디디며 앞으로 나아갔다. 당시에 내가 처해 있던 골짜기의 지형을 알았더라면 큰 위안이 됐겠지만, 그때는 몰랐다. 하지만 리치의 말은 기억했고 거기서 힘을 얻었다. 그렇게 비범한 사람조차 감사하는 마음을 잃어버렸다가 나중에야 회복했다는데 나라고 그러지 말란 법이 있을까!

과연 그의 말대로였다. 50대 초반에 비판자의 목소리가 잠잠해졌다. 기억을 더듬어 보면 어떤 급격한 변화가 있었던 것 같진 않고 어느 날 문득 그 목소리가 전처럼 많이 들리지 않음을 깨달았다. 아침에 눈을 떴을 때 비판자의 목소리가 들리지 않는 날이 점점 늘어났다. 이제는 내가 아직 하지 않았고 앞으로 하지 않을 것 같은 일 때문에 나를 채찍질하는 대신, 그날그날 내가 하는 일에 만족하는 경향이 해가 갈수록 현격하진 않아도 차츰차츰 강해지는 것이 느껴진다. 학계의 예측대로 해가 갈수록 긍정적인 것에 더 많은 관심이 가는 것 같다.

로라 카스텐슨의 미각적 표현을 빌리자면 나는 점점 "인생의 쓴맛보다 단맛을 더 잘 느끼게" 되는 것 같다. 내가 더 지혜로워지고 있는지는 모르겠고, 항상 행복에 겨워 사는 건 아니지만(그러고 싶지도 않다) 저류의 방향이 바뀐 것만은 분명하다. 내 배는 부서졌을지 모르고 모래시계는 점점 비어 가고 있지만, 이제는 강물이 나를 돕고 있다.

U자의 오르막을 세 단어로 표현하라면 이렇게 말하겠다.

"감사가 더 쉬워진다."

이것이 행복 곡선의 숨은 선물이다.

기다림이 헛되지 않았다.

당당하게 나이 들기

내가 마지막으로 낚시를 한 것은 여덟 살 때였다. 내 고향 피닉스는 사막 도시라 인공적으로 조성된 것이 아니면 근처에서 호수와 강을 보기 어려웠다. 또 뉴욕 출신인 부모님은 야생의 수생 생물이라고 하면 어니언 베이글 위에 얹은 훈제 연어를 떠올리는 분들이었다.

그런데 어느 날, 아버지가 친구분과 함께 낚시용품을 챙겨 나를 애리조나 북부의 소나무가 울창한 고장으로 데려갔고, 우리는 그래닛베이신호수에서 운을 시험해 보기로 했다. 우리는 물가에 서서 어설픈 솜씨로 미끼를 꿰고 봉돌을 단 후 낚싯줄을 던졌다 감고 던졌다 감았다. 끝내 한 마리도 못 잡았다. 그렇지만 그날은 세상이 한가롭고 학교와 하찮은 다툼이 멀게만 느껴졌던 날로, 행복했던 날로 오랫동안 기억에 남아 있었다.

그 후로 50년이 흐르도록 낚시를 할 기회가 없었다. 굳이 그런 기회를 찾지도 않았다. 나는 여가 시간조차 스케줄이 꽉 차 있었다. 그런데 어느 날 칼이 메일로 물었다. 워싱턴에서 같이 출조한번 가지 않겠냐고.

나처럼 도시내기인 그는 몇 년 전 아이 학교의 자선 모금 행사에서 경품으로 낚시 체험권을 받았다고 했다. 다른 학생의 아버지를 따라서 간 워싱턴 북쪽의 포토맥강에서 그는 떼 지어 헤엄치는 물고기 무리를 보고 감탄했고 강물은 마치 살아 있는 듯 맥동했다. 이후 칼은 홀린 듯이 낚시용품을 사서 낚시인이 됐다. 하지만 유감스럽게도 가정과 직장에서 바쁘게 살다 보니 자투리 시간이라고 해 봤자 기껏해야 1~2시간 남짓이었다. 그래서 그는 출근 전 아이들이 아직 자고 있는 시간에 다닐 수 있는 시내의 낚시터를 물색했다.

워싱턴의 하천은 한때 오염이 심했지만 수질관리법 제정과 환경보호청의 노력 덕분에 이제는 큰 도로와 상업 지구에서 돌 하나 던지면 퐁당 빠질 거리에 풍부한 수생 생물을 만날 수 있는 곳이 많다.

도시의 낚시꾼들에게는 물고기를 상대하는 게 차라리 쉬운 일일지 모른다. 어느 날 새벽 칼이 다리 밑 공원에서 혼자 낚시를 하고 있는데 눈빛이 흐리멍덩한 청년 둘이 다가와 섹스를 하자며 수작을 걸었다(그는 거절했다). 또 어떤 날은 자동차전용도로 근처 포인트에서 낚시에 열중하고 있는데 자전거를 타고 지나가던 10대 3명이 멈춰서더니 도발했다. "저런 데서 물고기가 잘도 잡히겠다!" 그는 어디 가지 말고 잘 보라고 큰소리치고는 그들에게 낚시를 한 수 가르쳐 주었다(당연히 그날 그들은 고기를 잘도 잡았다).

그래서 어느 가을날 새벽 미명에 나는 워싱턴 내셔널스 구장 뒤편 노상 주차장에 차를 대고 둔치로 걸어갔다. 600만 명이 넘게 모여 사는 광역도시권의 한복판에 그렇게 인적이 드문 곳이 있었을 줄이야. 내 앞으로 애너코스티어강이 흐르고 뒤로는 워싱턴DC 양수장이 버티고 있었다. 맞은편 강변이 놀라울 만큼 멀게 느껴졌다. 여덟 살의 나는 그보다 더 아득하게 느껴졌다. 숨죽여 인사를 건네는 칼은 이미 낚싯대 6개를 준비해 두었고, 지퍼백에는 탄산음료에 마늘과 함께 절인 닭고기가 들어 있었다. 그 시간이면 메기가 미끼를 덥석 물 거라고 했다.

내가 이 책을 헌정하는 고 도널드 리치는 자식이 없었지만 자신의 책들이 자식이라고 했다. 일단 세상에 나간 책들은 제 나름으로 뜻을 펼치다가 반드시 그를 놀라게 한다면서. 이 책이 출간된 후(이 글은 하드커버 판이 출간된 후 나온 페이퍼백 판의 후기다 - 옮긴이) 책에 대해 이야기할 기회가 많았고, 많은 사람이 책을 읽고 좋은 영향을 받았다고 말했다. 구체적인 사연을 듣고 나서 뿌듯했고 가끔은 놀랍기도 했다.

내가 이 아이, 이 책에 거는 기대 중 하나는 도무지 이해되지 않는 중년의 슬럼프로 고생하고 있는 독자에게 얼마간이나마 위로와 안도감을 주는 것이다. 하네스 슈반트가 보여 주었듯이 행복 곡선이 무엇인지 알기만 해도, 실망과 걱정이 자가 증식하며 생기는 되먹임의 고리가 약해지면서 타격이 줄어든다. 내 메일함이 그 증거다.

어떤 독자는 "내가 지극히 정상이었군요!"라고 썼다. 또 어떤 독자는 "내가 이상한 게 아니었어요"라고 썼다. 행복 곡선의 반등을 증언하는 노년의 독자들도 있었고, 그중에는 고령인데 반등세가 여전하다는 사람들마저 있었다. "내 '행복 곡선'은 예순이나 일흔일 때보다 지금이 더 높아요. 앞으로 또 뭐가 날 기다리고 있을지 궁금하군요"라고 쓴 84세 여성처럼.

독자의 편지를 통해 또 하나 새삼 깨닫는 건 모든 사람의 곡선이 동일하지 않다는 사실이다. 내가 누차 강조했듯이 우리의 인생길은 저마다 다르다. 많은 사람이 지금까지 내가 그랬듯이 평균적인 길을 걷지만, 반대로 왜 자신의 길은 평범하지 않은지 의문인 사람도 있을 것이다.

어떤 독자는 종잡을 수 없는 불만감과 실망감에 대한 나의 설명이 자신에게 완벽히 부합한다면서 이렇게 썼다. "그런데 나는 지금 40대도, 30대도 아닌 스물아홉이에요." 또 어떤 독자는 60대 중반에 슬럼프를 겪고 있다고 했다. 이런 사람들에게 건넬 명쾌한 답변이 있었으면 나도 좋겠다. 말했다시피 U자 곡선의 저류가 행복에 강한 영향을 미치긴 하지만 그것만이 유일한 영향 요인은 아니기 때문에 어떤 여행자의 여정도 남과 같을 수는 없다. 시간은 분명히 우리의 정서적 안녕에 입김을 발휘하지만 그 양상과 구도는 다양하고 복잡하게 나타난다.

그렇지만 매년 새로운 연구 성과가 쌓이고 있다. 특히 심각성이 큰데 여전히 관심이 부족하거나 전혀 관심을 못 받고 있는 중년의 문제들에 대한 증거가 축적되고 있다.

예를 들어 앤드루 오즈월드와 피츠버그대학교 경제학자 오세아 준텔라Osea Giuntella는 중년의 수면 위기라고 할 현상을 발견했다. 9개 선진국에서 취합한 대형 데이터 세트(그중에는 개개인을 장기간 관찰하기 때문에 최고의 데이터 유형이라고 할 종단적 데이터가 포함되어 있었다)에서 50세 무렵에 수면 시간이 최저점을 찍고 다시 꾸준히 증가하는 경향이 포착됐다. 이들은 "각국에 현저한 U자 곡선이 존재했다"라고 썼다. 국가, 성, 취업, 자녀, 결혼과 무관하게 중년의 수면 부족 현상이 존재하는 것이다.

더욱 우려되는 현상은 실존적 불행의 가장 위험한 지표인 자살률이 나이와 분명한 관련성이 있으며, 짐작하다시피 중년이 특히 위험한 시기라는 것이다. 아닌 게 아니라 중년과 자살의 연결고리가 점점 더 두터워지고 있는 것으로 보인다. 2015년 《이코노미스트》는 "이제까지 가장 자살률이 높았던 연령대는 75세 이상이었고 특히 독거인이나 유병자의 자살률이 높았다. 하지만 지금 가장 위험한 연령대는 중년이다. 2012년 45~54세 미국인의 자살률은 10만 명당 20명으로, 어떤 연령 집단보다 높았다"라고 보도했다. 2018년 미국질병통제예방센터Centers for Disease Control and Prevention에서 2000~2016년에 중년(특히 여성)의 자살률이 급증했다는 데이터를 공개했다.

2018년 앤드루 오즈월드 역시 "대부분의 선진국에서 자살은 중년의 지배적인 위험 요인이며 특히 40대 후반 남성에게서 위험성이 크다"라고 썼다. 그는 이 같은 중년과 자살의 교집합이 선의의 무시benign neglect(민감한 문제를 의도적으로 외면하는 정치·외교 전략-옮긴이)가 아닌 정조준된 관심을 요구하는 시급한 문제라고 본다.

중년의 위기라는 개념에서 점점 멀어졌던 사회과학의 추가 다시 그쪽으로 돌아가고 있다. 엘리엇 자크와 대중문화가 착각했느냐 아니냐는 차치하고 분명히 '뭔가'가 일어나고 있긴 하다. 위기냐 아니냐를 떠나서 중년은 중요한, 하지만 대체로 잘못 해석되는 정서적 취약성이 존재하는 시기다.

물론 많은 사람이 40대를 힘들게 보낸다. 회사 다니랴, 어린 자녀를 돌보고 학교 행사 쫓아다니랴, 연로한 부모님 모시랴, 그 밖에도 여러모로 분주하고 고단하다. 누구나 아는 현실이다. 그런데 우리에게는 중년이 인생에 대한 대응 능력이 최고조에 이르는 시기라는, 또는 최고조에 이르는 것이 당연한 시기라는 사회적 통념이 있다. 중년은 청년의 활력과 노장의 지혜를 겸비한 시기라고, 어느 때보다 강인하고 유능한 최전성기라고! 적어도 그래야 함이 '마땅하다'고 여긴다. 하지만 현실을 보자면 대부분의 사람이 정서적으로 표류하는 기분을 느끼면서도 감히 자기 안의 의구심을 입 밖으로 꺼내지 못한다. 그래서 고립감과 수치심을 느끼며 혼자 묵묵히 버티려고 하고, 그러다 보니 당연히 더 비참한 기분이 든다.

이 책이 출간된 후 1장에서 아리스토텔레스의 연구 조교를 자처한 경제학자 존 헬리웰이 중년의 고립이 정서에 끼치는 악영향을 간접적으로 조명하는 논문을 맥스 B. 노턴Max B. Norton, 하이팡 황Haifang Huang, 슌 왕Shun Wang과 함께 발표했다. 그와 공저자들은 여러 나라에서 수집된 데이터를 토대로 대인 관계가 그 자체로 어떻게 작용하고 또 어떤 식으로 나이와 맞물려 주관적 안녕에 영향을 미치는지를 장기적 관점에서 연구했다. 구체적으로 말하면 든든한 협력자 같은 상사, 든든한 친구 같은 배우자, 지역 사회에서 장기간 안정적으로 유지된 소속감이 어떤 효과를 발휘하는지 살펴봤다. 그 결과는 상사, 배우자, 지역 사회에 강한 신뢰감과 유대감을 느낄 때 U자 곡선이 중년에 미치는 영향이 완화될 수 있고 경우에 따라서는 완전히 상쇄된다는 것이었다.

이 책에서 계속 강조했지만 사회적 유대 관계는 인생에서 안녕에 영향을 미치는 변수 중에서 가장 중요하다. 어떤 연령대에서나 마찬가지다. 하지만 헬리웰과 공저자들이 말하는 것은 이 관계가 특히 중년에 큰 차이를 만들 수 있다는 이야기다.

우리는 서로의 안전망이다. 중년이 최고의 대응력을 발휘하는 시기라는 착각, 약점이나 불만을 드러내는 것이 비정상적이고 우려스러운 "위기"의 방증이라는 착각을 되도록 빨리 버려야만 한다. 그래야 우리는 자신을, 그리고 서로를 더 적극적으로 도울 수 있다. 자살률 통계가 보여 주듯, 거기에 우리의 생존이 달려 있다.

중년은 이제껏 살펴본 대로 자연스러운(그리고 일반적으로 비밀에 부쳐지는) 취약성의 시기일 뿐 아니라, 자연스러운(그리고 일반적으로 당혹스러운) 전환의 시기다. 기대치가 더 현실적으로 조정되고, 가치관이 더 타인 지향적으로 바뀌고, 뇌가 긍정성 쪽으로 기운다. 8장에서 말한 대로 이 전환기를 헤쳐 나가는 건 절대로 혼자 알아서 할 일이 아니다. 중년에는 가치관의 변화를 반영하는 생활 양식의 변화로 나아갈 수 있도록 길을 안내해 주는 표지판이 필요하다. 그래서 나는 코칭, 지원 단체, 교육, 탄력적인 노동 환경과 연금 제도 등이 중요하다고 말했다. 그리고 앙코르 커리어가 표준으로 자리 잡으면 개인과 사회가 거두게 될 전례가 없을 만큼 어마어마한 보상에 대해서도 말했다.

하지만 이 책이 출간된 후 중년과 성인기 후반의 재창조에 방해가 되는 현실적 요소들을 충분히 고려하지 않았다는 생각이 들었다. 구체적으로 말하면 우리가 나이 드는 것을 상상할 때 목을 조르는 잘못된 고정 관념을 간과했다. 바로 이런 고정 관념이다.

노년의 노동자는 생산성, 몰입도, 열의가 떨어진다. 노년의 노동자는 변화를 거부하고, 학습 능률이 떨어지며, 신기술을 못 받아들인다. 노년의 노동자는 건강이 안 좋기 때문에 결근과 조퇴가 잦고 근속 기간이 짧다. 노년의 노동자는 젊은 사람들에 비해 분석력, 활동력, 적응력이 부족하다. 마크 저커버그가 스물두 살 때 한 유명한 말이 있다. "젊은 사람들이 당연히 더 똑똑하다."

미안하지만, 마크. 앞 문단에서 열거한 이미지는 모두 틀렸다. 칩 콘리Chip Conley의 최신작《일터의 지혜: 현대식 노인의 탄생

Wisdom at Work: The Making of a Modern Elder》(한국어판:《일터의 현자: 왜 세계 최고의 핫한 기업들은 시니어를 모셔오는가?》, 쌤앤파커스, 2019)에 그 증거가 잘 요약되어 있다. 노화 전문가들의 의견도 대체로 일치한다.

노년의 노동자는 젊은 노동자만큼 생산적일 뿐 아니라, 그간 많은 갈등과 문제를 해결해 온 경험 덕분인지 주변의 노동자들까지 더 생산적으로 일하게 만든다. 그래서일까, 다양한 연령으로 구성된 조직이 업계 평균보다 좋은 성과를 낸다.

또한 노년의 노동자는 젊은 노동자들만큼 몰입도가 높고 열의가 뜨겁다. 콘리는 "노년의 노동자들만큼 높은 몰입도를 보이는 연령 집단도 없다"라고 쓰고 있다. 노년의 노동자들이라고 교육하기 어렵거나 변화를 거부하거나 하지 않는다. 다만 젊은이들과 다른 교육 방식이 더 잘 맞을 수는 있다. 일반적으로 나이가 들면서 인지의 화력이 감소하긴 한다. 하지만 대신 뇌에서 더 많은 부위를 동시다발적으로 사용할 수 있게 된다(이런 현상을 "사륜구동"이라고 부르기도 한다). 평균 연령이 높은 조직이 느릴 수는 있지만 그만큼 실수를 덜 저지른다.

건강의 측면에서 보자면 콘리는 "노년의 노동자와 젊은 노동자는 건강 상태가 동일하다(신체적으로나 심리적으로나). 최소한 하루하루를 기준으로 보자면 그렇다. 그리고 평균적으로 볼 때 노년의 노동자가 젊은 노동자보다 휴가를 덜 쓴다"라고 쓰고 있다. 또 자녀가 독립한 노년의 노동자는 건강보험에 가입해야 하는 식구가 많이 딸린 젊은 노동자보다 회사 측 보험료 부담이 적을 수 있다. 그리고 노년의 노동자는 퇴사하고 일자리 쇼핑을 하는 비율이 더 낮기 때문에 근속 기간이 젊은 노동자와 비슷하다.

나이 들면 창의성과 독창성이 떨어진다는 생각 역시 착각이다. 특허 출원의 절정기는 40대 후반이지만 그 후로도 혁신은 계속된다. 발명가들은 커리어 후반부까지 고도의 생산성을 유지한다. 페이건 케네디Pagan Kennedy가 2017년 《뉴욕타임스》 기사 〈천재가 되려면 94세처럼 생각하라To Be a Genius, Think Like a Ninety-Four-Year-Old〉에서 말했듯이 최고의 값어치를 가진 특허는 주로 55세 이상의 발명가에게서 나온다.

와튼경영대학원 경영학 교수이자 《노년 노동자 관리법: 새로운 조직 질서에 대비하는 법Managing the Older Worker: How to Prepare for the New Organizational Order》의 저자인 피터 카펠리Peter Cappelli는 2015년 《AARP매거진》에 이렇게 말했다. "어떤 측면에서 보든 간에 나이 들수록 업무 성과가 향상됩니다. 처음에는 나도 어떤 복잡한 그림이 그려질 거라 생각했지만 아니에요. 노년 노동자의 우월한 성과와 그들에 대한 직장 내 차별이 공존한다는 건 말이 안됩니다." 더 나아가 그의 주장을 이렇게 일반화할 수 있을 법하다.

현대인의 삶에서 전문가들의 중론과 대중의 인식이 이렇게 상충하는 영역은 없을 것이라고.

착각과 현실 사이에 노인 차별의 수렁이 있다. 심리학자 리앗 아얄론Liat Ayalon과 클레멘스 테슈-뢰머Clemens Tesch-Römer가 2017년 《유럽노화저널European Journal of Aging》에 발표한 글에 따르면, 노인 차별은 18세 이상 연구 참가자 가운데 3분의 1 이상이 목격하거나 경험한 적 있다고 응답했을 만큼 유럽에서 가장 만연한 차별이다. 게다가 미국에서 실시된 조사를 포함해 다른 여러 조사에서는 비슷한 응답을 한 사람이 3분의 2 이상일 정도로 비율이 더 높았다.

의료인들은 노인 환자에게 더 적은 정보를 제공하고, 혁신적인 치료법을 덜 제안하며, 가르치듯 말하거나 어차피 말해 봤자 못 알아듣는다는 식으로 말한다. 나 역시 몸이 편찮은 아버지를 모시고 다니면서 이런 현상을 많이 경험했다. 아버지가 내 옆에 앉아 있는데 의료인과 안내인들은 굳이 내게 뭔가를 설명하고 질문했다. 또 예일대 로스쿨 출신으로 여전히 예리한 정신력을 유지하고 있는 아버지에게 어린아이 대하듯 말했다. 노인을 어린아이 취급하는 건 모욕일 뿐 아니라 치료와 간호에도 좋지 않다.

직장에서는 편견이 훨씬 무성하다. 아얄론과 테슈-뢰머는

"고용주들은 노년의 노동자를 비용은 많이 들고 생산성은 떨어진다고 여긴다. 그러다 보니 노인들은 일자리를 구하기가 어렵고 경제적 고려에 따라 1순위 해고자가 되기 쉽다"라고 쓰고 있다. 실험에서 나이를 제외하고 모든 면에서 요건을 만족하는 입사 지원서를 작성해 보내면 어김없이 노인 지원자들이 면접 기회와 회신을 더 적게 받는다(이런 차별은 특히 여성에게서 심하게 나타나는 듯하다). 노인들은 장기 실업을 경험하는 비율이 더 높다.

이런 예를 다 열거하자면 끝이 없다. 요컨대 노인 차별은 가장 흔하게 벌어지지만 가장 당연하게 여기는 차별 아닐까 싶다.

일반적으로 볼 때 문제는 적대감이 아니다. 문제는 무지다. 칩 콘리에 따르면 "노인들이 오히려 노인 차별적인 고정 관념을 젊은 사람들보다 더 잘 받아들이는" 실정이다. 노화에 대한 부정적인 태도는 무려 초등학교 4학년 때부터 형성된다는 증거가 있다. 미국만 아니라 전 세계의 수많은 나라와 문화권에서 그렇다. 이렇게 일찍부터 주입된 고정 관념은 썩은 씨앗처럼 우리 안에 수십 년간 묻혀 있다가 멸시적 자아상과 언사로 자라난다. 그러면 우리는 고정 관념에 따라 행동하고 고정 관념을 전파하면서 고정 관념을 진실로 만들어 버린다.

예를 들어 우리는 그냥 잊어버릴 수 있는 경우를 갖고 "미안해요, 늙어서 깜빡깜빡해요"라는 말을 아무렇지 않게 한다. 나이가 부끄러운 것처럼 행동하고 생일이 나쁜 소식이라도 되는 것처럼 말한다.

　이 책이 출간된 후 여행을 다니던 중 어느 호텔에 들어갔더니 70대로 보이는 프런트 직원이 나를 맞았다. 보통은 내게 자녀가 있었다면 자식뻘이라고 해도 좋을 만큼 젊은 직원들이 제공하는 서비스를 "어르신"이 제공한다니 깜짝 놀랐다. 그가 효율적으로 일하고 기운차게 나를 엘리베이터로 안내하는 모습을 보고 나도 모르게 '이야, 저 나이에 대단하시네'라고 생각했다. 그 순간 이 상황에서 잘못된 건 내 태도밖에 없다는 사실을 깨닫고 또 깜짝 놀랐다. 방금 전까지만 해도 나한테는 그런 태도가 없다고 철석같이 믿고 있었기 때문이다.

　성인기 후반을 폄하하는 고정 관념은 여러모로 유해하다. 일단 50대 이상인 사람들이 커리어를 전환하거나 다시 노동 시장에 진입하려 할 때 장벽을 만든다. 다른 유형의 차별이나 고정 관념과 마찬가지로 이것은 귀한 재능과 경험을 제대로 활용하지 못하거나 엉뚱한 곳에 쓰게 만든다.

　게다가 내면화된 고정 관념은 정신과 신체의 건강에 해롭다(자기혐오와 싸우고 있는 동성애자에게 물어보면 잘 알 수 있다). 2018년 예일대학교의 베카 레비Becca Levy, 마틴 슬레이드Martin Slade, 로버트 피터잭Robert Pietrzak과 미국국립노화연구소National Institute on

Aging의 루이지 페루치Luigi Ferrucci는 60대 이상에서 노화에 대한 긍정적인 태도가 치매 발생률을 크게 감소시키는 현상을 발견했다. 나이에 대해 긍정적일수록 장수한다는 연구 결과도 존재한다.

다행히 이런 차별에 대한 비판의 목소리가 나오고 있다. 노인 차별 규탄문이라고 할 책《이 의자는 들썩거린다: 에이지즘 반대 선언문This Chair Rocks: A Manifesto Against Ageism》(한국어판:《나는 에이지즘에 반대한다》, 시공사, 2016)의 저자 애슈턴 애플화이트Ashton Applewhite는 "노인 차별에 대한 인식이 다양한 양태로 대중에게 침투하고 있어요"라고 내게 말했다. 마크 저커버그가 틀렸다는 인식이 조금씩 확산되는 중이다(저커버그 본인도 젊은 사람들이 당연히 더 똑똑하다는 발언을 철회했다). 하지만 노인 차별과 관련해 아직 충분히 인식되지 않고 있는 문제가 있다. 노인 차별이 성인기 후반만 아니라 중년에도 똑같이 유해할 수 있다는 것이다.

왜 그렇게 많은 사람이 중년에 인생에 만족하지 못한다면 앞으로도 만족하지 못할 거라고 생각할까? 왜 50세에 시간이 짧아진다고 생각해서 '지금 당장' 급격한 변화를 시도해야 한다고 생각할까?(그러다 성급한 실수를 저지르곤 한다.) 왜 미래를 볼 때 쇠락의 전망만 볼까? 그건 무엇보다 성인기 후반에 대한 고정 관념이 중년으로 역류하기 때문이다.

다음과 같은 사실이 상식으로 여겨지면 어떨까. 노년에 인생 만족도가 상승하는 경향이 있다는 사실. 우리가 건강하고 행복하게 살 날은 50세가 된다고 짧아지지 않고 이후로 수십 년간 이어진다는 사실(그리고 100세 인생이 전례 없이 많은 사람에게 손짓하고 있다는 사실). 우리 가치관이 우리 육체보다 빨리 변하고, 나이가 들면서 잃는 걸 상쇄할 만큼 얻는 것이 많다는 사실. 성인기 후반이 일손을 놓고 죽음을 준비하는 시기가 아니라 자연스러운 재창조와 재조정의 시기라는 사실. 이런 것이 상식이 되면 50세에 보는 인생이 너무나 달라질 것이다!

행복 곡선은 전 생애를 관통한다. 어느 한 시기만 특별하지 않다. 우리가 몇 살이든 미래 전망이 현재 감정을 좌우한다. 노년을 보는 방식이 달라지면 그 이전 시기를 경험하는 방식 역시 달라진다. 무려 초등학교 4학년 때부터 말이다.

노인 차별의 해법을 묻자 애플화이트는 좋은 아이디어를 술술 내놓았다. 학교에서 학생들에게 노화에 대해 더 온전한, 따라서 더 긍정적인 시각을 가르칠 것. 기업에서 관리자들에게 연령 다양성이 존재하는 조직을 만드는 법을 가르치고 기업의 다양성 지침에 나이를 포함할 것. 대중에게 노화에 대한 진실을 전파하고 노인 차별을 공중 보건 문제로 취급할 것.

나도 전심으로 동의한다. 하지만 요즘 나는 가장 강력한 변화의 동력은 우리의 머릿속에 있다고 생각한다. 하네스 슈반트는 개인의 내면에서 기대와 실망이 서로 쫓고 쫓기며 중년을 불행하게 만드는 되먹임 고리를 말했다. 그와 유사한 되먹임 고리가 사회에도 존재한다.

우리가 스스로에게 말하는 노화와 정서 발달에 관한 이야기, 즉 청춘의 정서적 격랑(진실)과 중년의 정서적 통달(반드시 진실은 아님)과 노년의 정서적 쇠락(거짓)에 관한 이야기가 인생의 모든 시점에서 우리의 기대를 왜곡한다. 그래서 중년에 공연히 더 힘들어지고 성인기 후반에 공연히 더 생산성이 떨어진다. 툭 터놓고 말해 사람들이 행복과 나이에 관해 진실로 알고 있는 것 대부분은 거짓이며, 이러한 무지는 사람들에게 독이 된다.

이 책에서 나는 중년에 대한 편견을 중년에 대한 지원으로 바꿔야 한다고 강조했다. 이 우선순위의 가치를 떨어뜨리려는 의도는 전혀 없지만, 거기에 이런 말을 덧붙이고 싶다. 노인 차별은 '모든' 연령을 괴롭힌다고.

애플화이트는 말했다. 우리 각자가 진실을 알고, 진실을 전파하고, 진실에 걸맞게 행동하기만 해도 큰 변화를 일으킬 수 있다고. "노화에 대한 자신의 인식을 돌아보지 않으면 구조적 변화는 요원할 뿐입니다."

내가 그 나이가 되어 보니 쉰여덟은 낚시를 시작하기에 너무 늙은 나이가 아니다. 여덟 살 때 이후 처음 던져 보는데 미끼를 꿴 바늘이 포물선을 그리며 강물로 잘 날아갔다. 처음에는 아무 소식이 없었다. 무슨 이유에서인지 물고기들이 의욕을 잃은 것 같았고, 덕분에 칼과 나는 쌀쌀한 새벽 공기 속에서 한참 대화를 나눌 수 있었다. 그날 우리는 서로가 경험한 중년의 안녕감에 대해 말하지 않았다. 그저 물고기에 대해, 그리고 그 순간의 소회에 대해 이야기했을 뿐이고, 그것만으로 좋았다.

내가 이 책 이야기를 하면 관련 내용을 조사하고 책을 쓰면서 내 인생이 어떻게 바뀌었는지 묻는 사람이 많다. 그럼 나는 미래를 내다볼 때 보이는 세상이 달라졌다고 대답한다. 노년이 황혼기라고? 무슨 섭섭한 소릴!

무릎과 어깨 사이에서는 내가 좋아하던 운동 습관을 포기해야만 했다. 이제는 멀리도 아니고 2~3년 전보다 육체가 약해진 것이 느껴진다. 하지만 관절이 삐걱대고 시계가 째깍대는 것이 더는 불길하게 느껴지거나, 그게 인생의 전부라고 느껴지지 않는다. 이제는 어릴 때보다 더 생일이 기대된다. 나는 나이를 당당히 말한다. 짐짓 부끄러운 척하지 않고!(당연히 누구나 내 나이를 편하게 물어봐도 된다.)

나보다 나이 많은 사람을 볼 때는 두려움과 안쓰러움이 아니라 존경심과 낙관론이 고개를 든다. 나는 아직 야심의 짐을, 경쟁하고 비교하고 지위를 의식하는 나를 완전히 내려놓지 않았고 그럴 마음 또한 없다. 하지만 아침마다 내가 아무것도 이루지 못하고 인생을 낭비하고 있다는 악마의 독설로 시끄럽던 날은 다 지나갔다.

한 가지 측면에서는 거의 변화가 없었다. 이 책을 쓰면서 내가 타인을 먼저 생각하는 사람이 되기 위해 아직 얼마나 갈 길이 먼지, 그리고 그 목표가 얼마나 가치 있는지 알게 됐다. 배려 배우기가 앞으로 남은 수십 년간 내 삶의 이정표가 됐으면 좋겠다. 개선의 여지가 아직 많이 남아 있다는 것이 긍정적이라면 긍정적인 면이다.

여전히 갈등과 딜레마와 시련이 많이 생기고, 그럴 때 분노와 걱정과 스트레스가 같이 생긴다. 하지만 예전만큼 심하지 않다. 로라 카스텐슨의 예언처럼 성인기 후반에 접어드니 가장 중요한 사람과 활동에 더 집중하게 되는 것 같다. 그리고 낚시에도. 낚시도 중요하니까.

오래 걸리진 않았다. 낚싯대가 흔들리고 방울이 딸랑거리자 칼이 열심히 릴을 감았다. 팔뚝만 하고 미끈한 메기가 끌려 올라왔다. 칼이 내게 메기를 보여 주면서 주둥이에서 바늘을 뺐다. 메기는 눈을 동그랗게 뜨고 입을 쩍 벌리고 있었다. 그 눈을 마주 봤다. 메기의 얼굴에서 지혜를 볼 수 있을까? 그날은 그럴 수 있을 것 같았다.

우리는 메기를 강물로 돌려보내고 다시 바늘에 미끼를 꿰었다. 나는 다시 낚시를 하고 있었다. 50년의 세월이 오간 데 없이.

주

이 책을 쓰기 위해 많은 사람을 인터뷰하며 그들이 걸어온 인생의 궤적을 물었다. 이때 나는 어떤 과학적 방법을 쓰지 않고 다만 그들의 이야기를 듣고 기록했다. 이 책에서 연구 성과를 소개한 빅 데이터 연구자들과 달리 나는 사회학자들이 말하는 모집단의 대표 표본 집단이나 무작위 표본 집단을 만들려는 시도를 하지 않았고 그럴 마음도 없었다. 그 대신 좋은 예시가 될 만한 이야기나 좋은 참고가 될 만한 생각을 가진 사람들, 그리고 그런 이야기나 생각을 상세히 들려줄 의향이 있는 사람들을 찾았다.

내 인터뷰는 지극히 사적인 부분을 파고들고 때로는 타인에게 거의 드러내지 않던 감정까지 탐색했기 때문에 깊은 신뢰가 필수였다. 당연한 말이지만 나와 일면식도 없었던 사람들은 대부분 자신의 사생활과 내면에 대해 묻는 언론인을 경계하거나 배척했다. 그래서 어쩔 수 없이 인터뷰 대상자 중에는 내 활동 반경 안에 있는 사람과 나와 사적으로 친분이 있는 사람의 비중이 높았다(하지만 이들이 전부는 아니었다). 그러다 보니 전문직 종사자와 고성과자에 편향됐다는 점을 독자가 유념하기를 당부하며, 차후에는 이런 한계점을 극복할 수 있었으면 하는 바람이다. 인터뷰 대상자가 친구나 지인일 때는 익명성이 훼손되지 않는 한(즉 대부분의 경우) 친구나 지인임을 밝혔다.

인터뷰 대상자의 신원이 이야기에서 중요하고 당사자의 동의를 구한 몇몇 경우를 제외하고는 가명을 사용했다. 그리고 신원이 드러날 만한 내용은 적절히 바꾸었다. 하지만 사회적·인구통계학적 맥락은 유지했다.

글이 현학적으로 느껴지는 걸 피하기 위해 본문에서 참고 자료를 명기하는 것이 과해 보이지 않는 경우에만 출처를 밝혔다. 그 외에 참고 자료와 관련해 본문에 다 싣지 못한 내용은 다음과 같다.

프롤로그

1 토머스 콜의 〈인생 여로〉를 복원해 뉴욕이나 워싱턴에 전시할 것을 촉구하는 발언의 출처는 다음이다. Anonymous, "Thomas Cole's Voyage of Life", *The Art World* (October 1916). 그 외에 콜 과 관련해 다음 자료를 참고했다. Earl A. Powell, *Thomas Cole* (Harry Abrams, 1990); Joy Kasson, "The Voyage of Life: Thomas Cole and Romantic Disillusionment", *American Quarterly, 27 (1975); The Correspondence of Thomas Cole and Daniel Wadsworth* (Connecticut Historical Society, 1983). 또 국립 미술관에 명시된 콜 연작의 전시 이력도 참고했다. 콜에 대한 조사에 도움을 준 연구자 매슈 퀄 런Matthew Quallen에게 감사한다.

1장

1 방대한 데이터와 다양한 분석적 관점을 얻을 수 있었던 제일 중요한 참고 자료는 2012년부터 거의 매년 발행되고 있는 《세계 행복 보고서World Happiness Report》다. 경제학자 존 헬리웰John Helliwell, 리처드 레이어드Richard Layard, 제프리 삭스Jeffrey Sachs의 수고로 이 보고서는 행복을 연구하는 학자들에게 하나의 표준이 됐다. worldhappiness.report에서 모든 발행본을 다운로드할 수 있다.

2 이 책의 근간이 된 것은 캐럴 그레이엄이 단독으로, 또 동료 학자들과 공동으로 쓴 여러 논문과 저서다. 본문에서 대부분 거론했지만 그 외에 그녀의 다음 논문을 참고했다. "Adaptation Amidst Prosperity and Adversity: Insights from Happiness Studies from Around the World", *World Bank Research Observer* (2010). 많은 시간을 할애해 나와 대화와 메일을 주고받고 내게 데이터 분석 결과를 제공해 준 그레이엄에게 이루 다 말할 수 없이 감사한다.

3 케냐의 지원금 수령자에 대한 하우스호퍼 등의 논문은 미완성 논문working paper으로 하우스호퍼 의 프린스턴대학교 웹사이트(www.princeton.edu/haushofer/)에서 확인할 수 있다.(현재 하우스호 퍼는 스톡홀름대학교로 적을 옮겼고 해당 논문은 그의 새 웹사이트인 https://haushofer.ne.su.se/ 에서 볼 수 있으며 논문명도 "Psychological Well-being Is Much More Strongly Related to Income than to Inequality"로 변경됐다-옮긴이)

4 Stefano Bartolini and Francesco Sarracino, "Happy for How Long? How Social Capital and GDP Relate to Happiness Over Time", *Ecological Economics*, 108 (2014).

5 파경과 실업의 파괴력을 달러로 환산한 금액은 다음을 참고했다. David G. Blanchflower and Andrew J. Oswald, "Wellbeing over Time in Britain and the USA", *Journal of Public Economics*, 88 (2004).

6 Angus Deaton and Arthur Stone, "Evaluative and Hedonic Wellbeing Among Those With and Without Children at Home", *Proceedings of the National Academy of Sciences (PNAS)*, 111: 4 (2014).

7 Rachel Margolis and Mikko Myrskyla, "Parental Wellbeing Surrounding First Birth as a Determinant of Further Parity Progression", *Demography*, 52 (2015).

2장

1 데이비드 블랜치플라워와 앤드루 오즈월드는 인생 만족도와 관련해 반드시 읽어야 할 흥미

로운 논문을 다수 발표했다. 본문에서 언급한 여러 논문 외에 다음을 참고했다. "The U-Shape Without Controls: A Response to Glenn", *Social Science & Medicine*, 69 (2009); "International Happiness", National Bureau of Economic Research, working paper (January 2011). 나이와 항우울제 처방 건수에 대한 자료의 출처는 그들의 다음 논문을 참고했다. "Antidepressants and Age in 27 European Countries: Evidence of a U-Shape in Human Wellbeing Through Life" (March 2012); "The Midlife Crisis: Is There Evidence?" (July 2013). 이 두 논문은 그들의 웹사이트에서 볼 수 있다.

2 Arthur A. Stone, Joseph E. Schwartz, Joan E. Broderick and Angus Deaton, "A Snapshot of the Age Distribution of Psychological Wellbeing in the United States", *PNAS*, 107: 22 (2010).

3 장기적으로 개인 내에서 U자 곡선이 발생한다는 파우드타비, 오즈월드, 청의 연구 결과는 그들의 다음 논문에 설명되어 있다. "Longitudinal Evidence for a Midlife Nadir in Human Well-being: Results from Four Data Sets", *The Economic Journal* (October 15, 2015).

4 Alexander Weiss, R. Mark Enns and James E. King, "Subjective Wellbeing Is Heritable and Genetically Correlated with Dominance in Chimpanzees", *Journal of Personality and Social Psychology*, 83: 5 (2002).

5 Alexander Weiss and James E. King, "Great Ape Origins of Personality Maturation and Sex Differences: A Study of Orangutans and Chimpanzees", *Personality and Social Psychology*, 108: 4 (2014). 또한 다음 논문의 침팬지와 인간의 안녕 비교를 참고했다. Alexander Weiss and Michelle Luciano, "The Genetics and Evolution of Covitality", *Genetics of Psychological Wellbeing: The Role of Heritability and Genetics in Positive Psychology*, ed. Michael Pluess (Oxford University Press, 2015), pp.146~60.

6 이 논문의 나머지 공저자는 심리학자인 제임스 E. 킹, 영장류학자인 미호 이노우에-무라야마 Miho Inoue-Murayama와 데쓰로 마쓰자와Tetsuro Matsuzawa다.

3장

1 Susan Krauss Whitbourne, "Worried About a Midlife Crisis? Don't. There's No Such Thing", *Psychology Today* (www.psychologytoday.com, 2015).

2 Andrew J. Oswald, David G. Blanchflower and Sarah Stewart-Brown, "Is Psychological Wellbeing Linked to the Consumption of Fruit and Vegetables?" (National Bureau of Economic Research, 2012).

3 Carol Graham and Julia Ruiz Pozuelo, "Happiness and Age: People, Place, and Happy Life Years", *Journal of Population Economics* (2016).

4장

1 Daniel Kahneman, Jack Knetsch and Richard Thaler, "Anomalies: The Endowment Effect, Loss Aversion, and Status Quo Bias", *Journal of Economic Perspectives*, 5:1 (1991).

2 Tali Sharot, *The Optimism Bias: A Tour of the Irrationally Positive Brain* (Pantheon, 2011)(한국어 판:《설계된 망각》, 리더스북, 2013). 탈리 샤롯은 여러 공저자와 함께 낙관 편향에 대해 많은 논문을 발표했다. 샤롯의 연구 성과는 전자책《낙관의 과학The Science of Optimism》에 이해하기 쉽

게 요약되어 있다. 그 밖에 참고한 샤롯의 저작은 다음과 같다. Tali Sharot, "The Optimism Bias", *Current Biology*, 21: 23(2011); Tali Sharot, Alison Riccardi, Candace Raio and Elizabeth Phelps, "Neural Mechanisms Mediating Optimism Bias", *Nature*, 450(2007); Tali Sharot, Ryota Kanai, David Marston, Christoph W. Korn, Geraint Rees and Raymond J. Dolan, "Selectivity Altering Belief Formation in the Human Brain", *PNAS*, 109: 42(2012); Tali Sharot, "The Optimism Bias", *Time* magazine (May 28, 2011); Tali Sharot, R. Chowdhury, T. Wolfe, E. Düzel and R. J. Dolan, "Optimistic Update Bias Increases in Older Age", *Psychological Medicine*, 44: 9(2013); Tali Sharot, Christina Moutsiana, Neil Garrett, Richard C. Clarke, R. Beau Lotto and Sarah-Jayne Blakemore, "Human Development of the Ability to Learn from Bad News", *PNAS*, 110: 41(2013); Tali Sharot, Christoph W. Korn and Raymond J. Dolan, "How Unrealistic Optimism Is Maintained in the Face of Reality", *Nature Neuroscience*, 14(2011).

3   Jonathan Haidt, *The Happiness Hypothesis: Finding Modern Truth in Ancient Wisdom* (Basic Books, 2006). 행복의 심리학을 이해하기 쉽게 정리해 놓은 개론서로는 조너선 하이트의 이 저서를 따라올 책이 없다. 4장에서는 이 책의 143쪽을 비롯해 여러 곳을 인용했다. 또 중요한 자료가 마틴 E. P. 셀리그만의 다음 저서다. *Authentic Happiness: Using the New Positive Psychology to Realize Your Potential for Lasting Fulfillment* (Atria Books, 2002). 이 책에는 내가 차용한 행복 공식을 포함해 유익한 내용이 많이 담겨 있다.

5장

1   로라 카스텐슨의 다채롭고 다각적인 연구가 이 장의 근간이 됐지만 그녀의 관련 논문이 워낙 많아 여기에 다 열거하기에는 무리가 있다. 그중에서 탐구의 출발점으로 다음 선구적인 논문과 저서를 추천한다. Laura Carstensen, Derek M. Isaacowitz and Susan T. Charles, "Taking Time Seriously: A Theory of Socioemotional Selectivity", *American Psychologist*, 54: 3 (1999); Laura Carstensen, *A Long Bright Future: Happiness, Health, and Financial Security in an Age of Increased Longevity* (PublicAffairs, 2009). 그녀의 연구 성과를 흥미롭게 요약한 강연으로는 다음이 있다. April 2012 TED talk, "Older People Are Happier" (www.ted.com/talks/laura_carstensen_older_people_are_happier); 2015 Aspen Ideas Festival talk, "Long Life in the 21st Century" (https://www.aspenideas.org/podcasts/long-life-in-the-21st-century-aspen-lecture). 그 밖에 카스텐슨의 다음 논문을 참고했다. Laura Carstensen, John M. Gottman and Robert W. Levenson, "Emotional Behavior in Long-Term Marriage", *Psychology and Aging*, 10: 1 (1995); Laura Carstensen and Corinna E. Löckenhoff, "Aging, Emotion, and Evolution: The Bigger Picture", *Annals of the New York Academy of Sciences*, 1000 (2003). 이 책에 많은 도움을 준 카스텐슨에게 큰 빚을 졌다.

2   슈테파니 브라센과 함께 이 논문을 쓴 학자들은 크리스티안 뷔셸Christian Büchel, 마티아스 가머Matthias Gamer, 제바스티안 글루트Sebastian Gluth, 얀 페터스Jan Peters다.

3   Dan G. Blazer, "Depression in Late Life: Review and Commentary", *The Journals of Gerontology, Series A: Biological Sciences and Medical Sciences*, 58: 3 (2008).

4   Yang Claire Yang, "Social Inequalities in Happiness in the United States, 1972 to 2004: An Age-Peri-

od-Cohort Analysis", *American Socological Review*, 73: 2 (2008).

5   Angelina R. Sutin, Antonio Terracciano, Yuri Milaneschi, Yang An, Luigi Ferruci and Alan B. Zonderman, "The Effect of Birth Cohort on Wellbeing: The Legacy of Economic Hard Times", *Psychological Science*, 24: 3 (2013).

6   Kamel Gana, Nathalie Bailly, Yaël Saada, Michèle Joulain and Daniel Alaphilippe, "Does Life Satisfaction Change in Old Age? Results from an 8-Year Longitudinal Study", *The Journals of Gerontology, Series B: Psychological Sciences and Social Sciences*, 68: 4 (2013).

7   Laura Carstensen, Susan Scheibe, Hal Ersner-Hershfield, Kathryn P. Brooks, Bulent Turan, Nilam Ram, Gregory R. Samanez-Larken and John R. Nesselroade, "Emotional Experience Improves with Age: Evidence Based on over Ten Years of Experience Sampling", *Psychology and Aging*, 26: 1 (2011).

8   Heather P. Lacey, Dylan M. Smith and Peter A. Ubel, "Hope I Die Before I Get Old: Mispredicting Happiness Across the Adult Lifespan", *Journal of Happiness Studies*, 7 (2006). 행복한 노인들이 다른 노인들은 행복하지 않을 거라고 믿는 현상에 대한 더 많은 증거는 다음에서도 찾을 수 있다. Laura Carstensen and Susan Scheibe, "Emotional Aging: Recent Findings and Future Trends", *The Journals of Gerontology, Series B: Psychological Sciences and Social Sciences*, 65B: 2 (2010).

9   노년과 불운에 대한 쿠니의 재치 있는 표현은 쿠니가 내게 보내 준 원고 〈늙은 여성을 위한 나라는 없다No Country for Old Women〉에서 인용했다.

10   D. Jeste, L. P. Montross, C. Depp, J. Daly, J. Reichstadt, S. Golshan, D. Moore and D. Sitzer, "Correlates of Self-Rated Successful Aging Among Community-Dwelling Older Adults", *The American Journal of Geriatric Psychiatry*, 14: 1 (2006).

11   Dilip Jeste, Gauri N. Salva, Wesley K. Thompson, Ipsit V. Vahia, Danielle K. Glorioso, A'verria Sirkin Martin, Barton W. Palmer, David Rock, Shahrokh Golshan, Helena C. Kraemer and Colin A. Depp, "Association Between Older Age and More Successful Aging: Critical Role of Resilience and Depression", *American Journal of Psychiatry* (2013). 2016년에 제스트는 나이가 들면서 정신 건강이 향상되는 현상에 대한 후속 연구 성과를 정리해 발표했다. Dilip Jeste, Michael L. Thomas, Christopher N. Kaufmann, Barton W. Palmer, Colin A. Depp, A'verria Sirkin Martin, Danielle K. Glorioso and Wesley K. Thompson, "Paradoxical Trend for Improvement in Mental Health with Aging: A Community-Based Study of 1,546 Adults Aged 21 - 100 Years", *The Journal of Clinical Psychiatry*, 77: 8 (2016).

12   Ute Kunzmann, Todd D. Little and Jacqui Smith, "Is Age-Related Stability of Subjective Well-Being a Paradox? Cross-Sectional and Longitudinal Evidence from the Berlin Aging Study", *Psychology and Aging*, 15: 3 (2000).

13   Mara Mather, "The Emotion Paradox in the Aging Brain", *Annals of the New York Academy of Sciences*, 1251: 1 (2012).

14   노인이 긍정적인 자극에 더 주목하고 더 민감하게 반응하는 현상의 증거는 다음에 잘 정리되어 있다. Susan Turk Charles and Laura L. Carstensen, "Emotion Regulation and Aging", chapter 15 of *Handbook of Emotion Regulation*, ed. James J. Gross (Guilford Press, 2007). 그 밖에 나이와 긍정성

에 대한 논문으로 다음을 추천한다. Raeanne C. Moore, Lisa T. Eyler, Paul J. Mills, Ruth M. O'Hara, Katherine Wachmann and Helen Lavretsky, "Biology of Positive Psychiatry", *Positive Psychiatry: A Clinical Handbook*, ed. Dilip V. Jeste and Baton W. Palmer (American Psychiatric Publishing, 2015); Laura L. Carstensen, "The Influence of a Sense of Time on Human Development", *Science*, June 30, 2006.

15 Laura Almeling, Kurt Hammerschmidt, Holger Sennhenn-Reulen, Alexandra M. Freund, and Julia Fischer, "Motivational Shifts in Aging Monkeys and the Origins of Social Selectivity", *Current Biology*, 26 (2016).

6장

1 Dilip Jeste and Ipsit V. Vahia, "Comparison of the Conceptualization of Wisdom in Ancient Indian Literature with Modern Views: Focus on the *Bhagavad Gita*", *Psychiatry*, 71: 3 (2008).

2 현재 태동 중인 지혜의 과학은 논문들이 파편화되어 있어 다면적이고 종합적인 논문이 절실하다. 그나마 기존 논문 중에서는 딜립 제스트, 모니카 아르델트, 이고르 그로스만의 논문들이 근간이라고 할 내용을 가장 많이 다루고 있다. 현대 지혜의 과학을 탐구하기 위한 출발점으로는 다음을 추천한다. Katherine J. Bangen, Thomas W. Meeks and Dilip Jeste, "Defining and Assessing Wisdom: A Review of the Literature", *The American Journal of Geriatric Psychiatry*, 22: 4 (2014).

3 나는 《뉴욕타임스》의 다음 웹사이트에서 모니카 아르델트의 39문항 지혜 검사를 했다. www.nytimes.com/packages/flash/multimedia/20070430_WISDOM/index.html.

4 한 사람 안에서 지혜로운 생각과 행동의 편차가 나타나는 현상은 다음에 설명되어 있다. Igor Grossmann, Tanja M. Gerlach and Jaap J. A. Denissen, "Wise Reasoning in the Face of Everyday Life Challenges", *Social Psychological and Personality Science*, 7: 7 (2016).

5 Igor Grossmann and Ethan Kross, "Boosting Wisdom: Distance from the Self Enhances Wise Reasoning, Attitudes, and Behavior", *Journal of Experimental Psychology: General*, 141: 1 (2011).

6 Igor Grossmann, Jinkyung Na, Michael E. W. Varnum, Shinobu Kitayama and Richard E. Nisbett, "A Route to Wellbeing: Intelligence vs. Wise Reasoning", *Journal of Experimental Psychology: General*, 142: 3 (2013). 흥미롭게도 대단히 포괄적인 다음 논문에서 저자들은 지능과 지혜가 뇌에서 서로 다른 부위와 관련이 있다고 썼다. Dilip Jeste and Thomas Meeks, "Neurobiology of Wisdom: A Literature Overview", *Archives of General Psychiatry* (April 2009). 그 외에 지혜와 지능의 차이에 대한 주요 논문으로는 다음이 있다. Dan Blazer, Helena C., George Vaillant and Thomas W. Meeks, "Expert Consensus on Characteristics of Wisdom: A Delphi Method Study", *The Gerontologist* (March 2010); Monika Ardelt, "Intellectual Versus Wisdom-Related Knowledge: The Case for a Different Kind of Learning in the Later Years of Life", *Educational Gerontology*, 26 (2000).

7 Jamie Holmes, *Nonsense: The Power of Not Knowing* (Crown, 2015).

8 Katherine J. Bangen, Thomas W. Meeks and Dilip Jeste, "Defining and Assessing Wisdom: A Review of the Literature", *The American Journal of Geriatric Psychiatry*, 22: 4 (2014).

9   Susan Bluck and Judith Glück, "Making Things Better and Learning a Lesson: Experiencing Wisdom Across the Lifespan", *Journal of Personality*, 72: 3 (2004).

10   지혜의 신체적·정서적 이점과 관련해 다양한 논문을 참고했다.

11   모니카 아르델트는 다음 논문에서 지혜가 인생 만족도에 큰 영향을 미친다고 밝혔다. "Wisdom and Life Satisfaction in Old Age", *The Journals of Gerontology, Series B: Psychological Sciences and Social Sciences* 52: 1 (1997). 지혜와 건강에 대한 연구 성과는 다음에 잘 요약되어 있다. Dilip Jeste, Katherine Bangen and Michael Thomas, "Development of a 12-Item Abbreviated Three-Dimensional Wisdom Scale (3D-WS-12): Item Selection and Psychometric Properties", *Assessment* (July 24, 2015). 지혜로운 사고의 여러 가지 건강상 이점에 대한 그로스만의 견해는 다음을 참고하라. Igor Grossmann, Jinkyung Na, Michael E. W. Varnum, Shinobu Kitayama and Richard E. Nisbett, "A Route to Wellbeing: Intelligence vs. Wise Reasoning", *Journal of Experimental Psychology: General*, 142: 3 (2013). 제스트는 다음 논문에서 지혜가 신체적 쇠퇴에 대한 보상이 될 수 있다고 썼다. Dilip Jeste and James C. Harris, "Wisdom—A Neuroscience Perspective", *Journal of the American Medical Association* (October 13, 2010).

12   Igor Grossmann, Tanja M. Gerlach and Jaap J. A. Denissen, "Wise Reasoning in the Face of Everyday Life Challenges", *Social Psychological and Personality Science*, 7: 7 (2016).

13   Dilip Jeste and Thomas Meeks, "Neurobiology of Wisdom: A Literature Overview", *Archives of General Psychiatry* (April 2009).

14   David Blankenhorn, "In Defense of the Practical Politician", *The American Interest* (May 24, 2016).

15   Igor Grossmann, Jinkyung Na, Michael E. W. Varnum, Shinobu Kitayama and Richard E. Nisbett, "A Route to Wellbeing: Intelligence vs. Wise Reasoning", *Journal of Experimental Psychology: General*, 142: 3 (2013).

16   Igor Grossmann and Ethan Kross, "Exploring Solomon's Paradox: Self-Distancing Eliminates the Self-Other Asymmetry in Wise Reasoning About Close Relationships in Younger and Older Adults", *Psychological Science*, 1: 10 (2014).

17   Igor Grossmann, Mayumi Karasawa, Satoko Izumi, Jinkyung Na, Michael E. W. Varnum, Shinobu Kitayama and Richard E. Nisbett, "Aging and Wisdom: Culture Matters", *Psychological Science*, 23: 10 (2012). 다음 논문도 참고하라. Igor Grossmann, Jinkyung Na, Michael E. W. Varnum, Denise C. Park, Shinobu Kitayama, and Richard E. Nisbett, "Reasoning About Social Conflicts Improves into Old Age", *PNAS*, 107: 16 (2010).

7장

1   내가 중년에 스스로를 돕고 재창조를 하는 방법에 대한 각종 조언을 요약, 정리하지 않은 건 애초에 그것이 불가능하거니와 다음 책을 뛰어넘을 자신이 없었기 때문이다. 좋은 조언과 탄탄한 과학적 근거로 무장한 흥미로운 책이다. Barbara Bradley Hagerty, *Life Reimagined: The Science,*

Art, and Opportunity of Midlife (Riverhead, 2016)(한국어판:《인생의 재발견: 마흔 이후, 어떻게 살 것인가》, 스몰빅인사이트, 2017).

2 마음챙김을 기반으로 하는 기법들의 의학적 가치에 대해서는 다음을 참고했다. Samantha Boardman and P. Murali Doraiswamy, "Integrating Positive Psychiatry into Clinical Practice", *Positive Psychiatry: A Clinical Handbook*, ed. Dilip V. Jeste and Baton W. Palmer (American Psychiatric Publishing, 2015).

3 Jonathan Haidt, *The Happiness Hypothesis: Finding Modern Truth in Ancient Wisdom* (Basic Books, 2006).

4 Carlo Strenger and Arie Ruttenberg, "The Existential Necessity of Midlife Change", *Harvard Business Review* (February 2008).

5 Susan Krauss Whitbourne, "Four Surefire Ways to Change Your Life for the Better", *Huffington Post* (February 16, 2015).

8장

1 청소년기의 등장에 대해서는 다음을 참고했다. Greg Hamilton, "Mapping a History of Adolescence and Literature for Adolescents", *The ALAN Review* (the peer-reviewed journal of the Assembly on Literature for Adolescents of the National Council of Teachers of English) (Winter 2002); David Bakan, "Adolescence in America: From Idea to Social Fact", *Daedalus*, 100: 4 (1971); John Demos and Virginia Demos, "Adolescence in Historical Perspective", *Journal of Marriage and Family*, 31: 4 (1969); Marc Freedman, *The Big Shift: Navigating the New Stage Beyond Midlife* (PublicAffairs, 2011).

2 앙코르 성인기라는 미답 지역의 지도를 그리려면 다음 3권을 꼭 읽어 봐야 한다. Marc Freedman, *The Big Shift: Navigating the New Stage Beyond Midlife* (PublicAffairs, 2011). 이 책은 폭넓은 시각에서 관련 내용을 잘 요약했다. Phyllis Moen, *Encore Adulthood: Boomers on the Edge of Risk, Renewal, and Purpose* (Oxford, 2016). 이 책은 이 새로운 인생의 단계가 사회에 시사하는 바를 선구적으로 탐구했다. Richard J. Leider and Alan M. Webber, *Life Reimagined: Discovering Your New Life Possibilities* (Berrett-Koehler, 2013). 이 책에는 좋은 조언이 수록되어 있다.

3 "Encore Careers: The Persistence of Purpose", Encore.org. 이 보고서에는 2014년 글로벌 리서치 컨설팅 그룹인 PSBPenn, Schoen & Berland에서 50~70세 성인을 대상으로 실시한 온라인 설문 조사 (총응답자 1694명)의 결과가 정리되어 있다.

4 *The 2016 Kauffman Index of Startup Activity*, Table 5.

5 Phyllis Moen, *Encore Adulthood: Boomers on the Edge of Risk, Renewal, and Purpose* (Oxford, 2016).

찾아보기

인생은 왜 50부터 반등하는가